格差という虚構

小坂井敏晶
Kozakai Toshiaki

ちくま新書

JN052169

1612

格差という虚構【目次】

はじめに――的外れの格差批判

格差を告発する書がたくさん出ている。国民の貧富差が大きい、さらに拡大しているとデータで示す。学歴格差の分析も多い。格差は悪いものとして議論が進むのが普通だ。

ところで我々は何を求めているのか。格差のない理想社会とは何を意味するのか。全員が同じ収入を稼ぎ、地位の違いがまったくない社会ではないだろう。誰もが同じ学歴と資格を持ち、家庭環境も等しくすべきだと言わないだろう。社長・役員・部長・課長・平社員の区別なく、すべての人々が平等に扱われる組織が理想だろうか。議員も大臣も大統領もくじ引きで決める期間限定の持ち回り制度を望む人は少ないにちがいない。裁判官・警察官・軍人がすべての市民と同じ権力を持つ社会でもないはずだ。完全に平等な社会が実現不可能なのは言うまでもないが、仮に可能だとしても、それは我々の求める社会ではないだろう。到達すべき理想の姿を我々は知っているのか。

格差自体が悪いのでなく、社会の流動性不足が問題なのか。貴族制の西洋や士農工商の日本では生まれによって一生が決まっていた。同様に、貧困層に誕生した子の出世が妨げられる一方で富裕層の子だけが成功する階層構造が不公平なのか。オルダス・ハクスリーのディストピア小説『すばらしい新世界』(Huxley, 1932/2004) が描く未来社会では人間の受精卵が培養瓶の中で製造され、選別される。予め定められた所属階級にしたがって体格も知能も作られる。親子や家族の観念が払拭され、異性の取り合いや結婚、そして相続の問題も生じない「楽園」だ。こんな恐ろしい世界は誰も望まないだろう。

均等な機会を全員に与え、自由競争させよ。その結果生まれる格差は公平だと言う。能力と功績に応じた収入と地位を保障する原理、これをメリトクラシーと呼ぶ。法の下の平等も同じ考えだ。フランスの経済学者トマ・ピケティ『21世紀の資本』から引く。

資本主義が機械的かつ不法に不平等を生み、我々の民主主義社会を基礎付けるメリトクラシー的価値観を根本から揺るがす。(Piketty, 2013。断りのない限り、外国文献からの引用はすべて拙訳)

労働による収入を資本収益が上回り、金持ちがどんどんと富む一方で庶民はますます貧しくなる。だから累進課税・富裕税・相続税などを通して富を再配分する必要があると論じる。だが、メリトクラシーは正しいのか。米国の政治哲学者マイケル・サンデルが指摘する。

メリトクラシーの理想は社会移動に関するのであり、平等ではない。それにまず気づくべきだ。富者と貧者の深い溝が悪いとは一切言わない。金持ちの子も貧乏人の子も時間の経過とともに、能力に応じて地位が変わる、つまり彼らの努力と才能の結果で上昇も下降も可能でなければならない。偏見や特権により底辺に縛り付けられたり、頂上に安住できたりしてはならないと主張するだけだ。［……］メリトクラシーの究極の目的は不平等の改善ではない。格差の正当化だ。(Sandel, 2020)

だが、本当の問題は格差の程度でも社会の流動性不足でもない。ピケティもサンデルも気づいていない事実がある。社会構造をいったん離れて、生まれてくる子どもに目を向けよう。子は親を選べない。授かる遺伝子も生育環境も子にとっては偶然の条件であり、それらが育む能力もくじ引きの結果だ。サイコロを振って能力を決めれば、目がすべて違う以上、誰もが同じ能力にはならない。子どもから見れば、過去の身分社会やハクスリーの未来社会も振り分け自体は公平だ。それは我々の近代社会も変わらない。違うのは自己責任論を持ち出すおかげで、くじ引きの仕組みが近代ではうまくカモフラージュされている点だ。本書の主眼はこのカラクリの暴露にある。能力とは何なのか。格差を告発する書はこの問いに正面から対峙しない。能力という概念はどんな社会機能を担うのか。自由と平等の意味を私たちはわかっているのか。酷い格差が実際にあるじゃないか、それなのに格差を虚構とは何たる言いぐさか。本書のタイトルを見て憤る読者も少なくないだろう。格差をごまかし、正当化するための新自由主義プロパガンダか、と。格差という社会現象はもちろん確固たる現実だ。本書が示すのは、格差が何らの根拠にも支えられていない事実だ。能力という架空の概念を持ち出して格差を正当化する論理の分析である。

虚構と言うと、嘘・偽り・空言のように事実と相違するという消極的な意味で理解されやすい。しかし虚構は事実の否定でない。個人心理から複雑な社会現象にいたるまで虚構が重要な役割を担う。虚構にもかかわらず現実が生まれるのでない。虚構のおかげで現実が生成されるのである。

本書は『民族という虚構』（小坂井 2011b）『責任という虚構』（小坂井 2020）に続く三作目、格差をめぐる虚構論である。虚構としての根拠が成立すると同時に、その虚構性が隠されるメカニズムの検討だ。集団同一性の虚構が民族という社会現象を生む。自由意志と呼ばれる虚構が責任という社会装置を機能させる。そして能力という虚構が格差のヒエラルキーを正当化する。本書はその仕組みの分析である。

格差の何が問題なのか

本論に入る前に小著の全体像と各章の繫がりを素描して、格差を扱う類書との違いを明示しておく。能力と格差の正体を暴く私論の骨格は二つの論点に集約される。

①能力の差は遺伝によるのか環境によるのか。この論争は的外れであり、その本質は階級闘争である。遺伝と環境は複雑に絡み合い、分離できない。仮に遺伝と環境のどちらが原因かを突き止められたとしても能力の正体は明らかにならない。能力が原因で格差が現れるのではないからだ。逆に、社会における地位や貧富の差を正当化するために能力という架空の概念が援用される。

②格差は平等と対比して考察される。だが、この発想がすでに躓きの元であり、近代が仕掛ける罠にかかっている。平等概念の空疎に気づかねばならない。平等は階層構造の欺瞞から目を逸らせるための囮《おとり》であり、前近代身分制の嘘に対応している。身分制が秘匿していた人間社会の構成原理を近代も依然として踏襲し、我々の視野の外に隠し続ける。そのために平等とい

う擬似問題が捏造され、人間が踊らされる。

†能力という虚構

正当な格差と不当な格差をどう区別するか。知能テストで良い点を取ったからといって褒美に上流階層に振り分けたり、高収入を保証したりしない。知能指数（ＩＱ）と階層との間に相関が見いだされてもＩＱと能力は違う。能力自体の測定は可能だろうか。

実際に生ずる差を能力という不可視の定規で説明する。これは循環論であり、能力に応じた格差は正当という文は同義反復だ。能力は実質に支えられた概念でなく、格差を正当化するために持ち出される社会装置である。

この手の循環論は多い。物理学における力もそうだ。静止あるいは等速直線運動する物体に外力が働くと運動状態が変化する。これが力の定義だ。だが、実際に観察できるのは物体の位置と運動量であり、力自体は測定できない。運動状態が変化する時、力が加わったと理解し逆算するのである。運動の原因が力なのかは明らかでない（Hume, 1969; Poincaré, 1917; Saint-Sernin, 2002）。

ニュートンの万有引力も仮説である。二つの離れた物体が何らの媒介もなく、相互作用を瞬時に及ぼす遠隔作用は不条理ゆえに物理学で斥けられてきた。離れた物体が手品のように引き合うはずがない。引力の非論理性をニュートン自身承知しており、ベントレー卿に宛てた書簡で語った。

非物質的な他の媒介を経ずして、また相互接触なしに、無生命の単なる物質が他の物質に作用を及ぼすとは考えられない。［……］だからア・プリオリな引力概念を私が提唱したとは絶対に思わないで欲しい。内在的な引力が物質に存在し、物体が真空中で媒介なしに他の物体に作用するなどとは、あまりにも馬鹿げている。(Koestler, 1959)

このオカルト力を否定し、場の理論への道を開いたのはマイケル・ファラデーだが、それ以前にもライプニッツやホイヘンスが遠隔作用の不思議を指摘していた。引力を及ぼす物体は、引力を受ける物体の位置をどのようにして知るのだろうか、と (Balibar, 1992)。

優良だから売れるのでなく、売れるから良い商品なのか。強いから勝つのでなく、勝った者が強いのだというスポーツ界の定義もある。美人だから愛されるのか、あるいは愛されるから美人と称されるのか。悪だから非難されるのか、非難される行為が悪と呼ばれるのか。真理だから受け入れるのか、あるいは受け入れられたから真理と映るのか。

能力を規定するのは遺伝か環境か。この論争に科学が関心を寄せた元々の理由は人種・階級・性別間などに生ずる功績や地位の違いを説明するためだった。人格や能力が遺伝で決まり、どんな教育を施しても変えられないならば、劣悪な人間にはそれに見合った生活を強いてかまわない。劣等人種の植民地支配や男尊女卑は正当化されるし、下級労働者の待遇改善も必要ない。この発想が社会進化論や優生学の素地を用意する。だが、社会環境が格差の原因ならば、教育を施して改善しなければならない。こうして保守と革新陣営の対立が一世紀以上続いてきた。

この論争には二つの対立軸が絡んでいる。第一の軸は不変／可変の対立である。人間の能力や性格を遺伝が決定するならば、教育に期待しても無駄だ。だが、学校教育により能力を伸ばし、劣悪な人格を矯正する余地があれば、社会政策に期待がかかる。これは変化の可能性をめぐる問いである。

もう一つの軸は内因／外因の対立だ。遺伝は内因であり当人の責任だが、環境は外因であり当人に責任はない。こう誤解する者が多い。だが、両親から伝わる遺伝子は当人に選択できない。遺伝も外因だ。

遺伝要素を親から授かると言うが、そこには多くの偶然が介入する。男に生まれるか女に生まれるかは偶然で決まる。裕福な家庭で育つか貧困な親の下で苦しむか。これも偶然の結果だ。親は選べない。ナチス時代のドイツにユダヤ人として生まれるかキリスト教徒の親を持つか、黒人差別の激しい社会に黒人として生を受けるか白人として誕生するか、敗戦直後の困窮を生きるか豊かな時代を享受するか、どれをとっても当人に決められる条件でない。花形産業への就職を夢見て学部を選んだのに卒業一〇年後に斜陽産業へと転落し、貧乏くじを引いたと嘆く。人生を分かち合う伴侶とのめぐり合い、秀でた指導者との幸運な出会い、自分の才能の思いがけない発見なども偶然のなす業《わざ》だ。人間の思考や行動の原因は多岐にわたる。遺伝要素と家庭環境という外因によって性格や能力が決まるだけでなく、刻々と変わる社会状況に我々は敏感に反応する。ここにも偶然が作用する。

一九世紀後半にイギリスの統計学者フランシス・ゴルトンが議論の原型を提示して以来、遺伝・環境論争が一五〇年間ほぼ同じ形で続く。なぜ水掛け論が繰り返されるのか。それはこの論争が能力の因果関係と実は無縁であり、階級闘争だからだ。遺伝・環境論争は出発点で既に躓いている。どちらの影響が強くても、遺伝も環境も当人に制御不可能な外因だ。そして偶然も外因だ。ならば、能力に応じて生ずる貧富の差をどう捉えるべきか。メリトクラシーは公正な競争原理なのか。法の下の平等という理念は正しいのか。

人間の出発は一つの受精卵であり、誕生後に家庭や周囲の影響が加わって人格や能力が次第に形成される。初めに外因しかないのに、どうして主体が生まれ、行為と能力の自己責任を問われるのか。米国の風刺画家シドニー・ハリスの作品に物理学者二人が議論する場面がある。

新理論の証明が記された黒板の前で年配の学者が若い同僚に指摘する。「この第二段階だが、もっと明確に示すべきじゃないか」。見ると「ここで奇跡が起こる」と書いてある（Harris. 1992）。どうして外因から内因が生まれるのか。この風刺画と同じように論理飛躍つまり奇跡が起きている。この問題を真正面から見据えよう。

自由意志と決定論をめぐって今でも不毛な議論が続く。自由や責任は因果律と無関係であり、主体や意志が原因で行為が結果だという了解がそもそもおかしい（小坂井 2020「補考」）。同様に遺伝と環境をめぐる対立もどちらが能力や性格の原因なのかという問いが的外れであり、隠された政治機能を担うから論争が続くのである。

†近代が仕掛ける囮《おとり》

格差の問いはより広い問題群に連なっている。制度の正しさをどう判断するのか。普遍的価値とは何か。平等という概念に意味はあるのか。格差を批判する出発点ですでに我々は考え違いをしている。それに気づかなければ、格差をいくら議論しても無駄だ。

政治哲学や法哲学が応報正義と分配正義を区別する。前者は処罰の論理を扱い、後者は格差を考察する。『責任という虚構』は応報正義の検討だった。その続編として本書は分配正義を分析する。処罰も分配も問題の根は同じだ。意志は処罰を正当化するための虚構であり、能力は格差を正当化するための架空概念である。自由に選ばれた行為だから責任を負うのでない。責任を問う必要があるから、人間は自由だと社会が宣言する。能力が違うから格差が生まれるのでない。格差を正当化するために、人間の能力には差があると社会が宣告するのである。意志と能力は責任や格差の原因でなく逆に、責任を定立し、格差を受け入れさせるための政治装置だ。

身分制が打倒され、不平等が緩和されたにもかかわらず、さらなる平等が求められる。何故なのか。理想の平等状態にいまだ到達していないという単純な理由からではない。平等は囮であり、平等をめぐる問いは疑似問題だ。自由と平等の旗印を挙げて近代社会は我々の眼を何から逸らせようとしているのか。我々の視線を平等に引きつけるのは何を隠すためなのか。近代の本質がそこにある。張りめぐらされたカモフラージュの煙幕を取り除こう。

政治哲学の正義論には多くの立場があり錯綜しているが、自己責任の解釈を基に区別すると四種類にまとめられる。『アナーキー・国家・ユートピア』で知られる米国政治哲学者ロバート・ノージックのようなリバタリアンはジョン・ロックの私的所有権論を踏襲し、自らの精神および身体の所有者として人間を捉える。したがって各自の能力に応じて貧富の差が生じるのは、この立場にとって当然だ。他者の自由を侵害しない限り、獲得した富はすべて自らの労働の成果であり、その所有も消費も正当である。累進課税による所得再分配は富の収奪であり、不当な強制労働に相当する（Nozick, 1974）。

ところが能力の多くは誕生時あるいは幼少の頃にすでに決まる。その原因が遺伝であれ家庭環境であれ、どちらにせよ当人に選択できない要素だ。そこで、生まれつきの不運を補償すべきだと「運の平等主義（luck egalitarianism）」が主張する。米国政治哲学者ロナルド・ドゥオーキン『平等とは何か』などの立場だ。家庭環境や遺伝など偶然の所与と当人の意志決定とを峻別し、自己制御の利かない前者から生ずる格差を不当とする一方、責任を負うべき後者から派生する格差は正当と認める（Dworkin, 2002）。

だが、この立場は中途半端だ。人間の一生は受精卵から始まる。才能も人格も本を正せば、親から受けた遺伝形質に胎内環境が作用し、誕生後も家庭・学校・地域条件などの社会影響が働いて形成される。さらに偶然も与る。我々は結局、外来要素の沈殿物だ。選択の仕方や好み、意志の強さ、努力する能力も外的条件が育む。外因をいくつ掛け合わせても内因には変身しない。身体運動と同様、精神活動も脳のメカニズムが司る。社会の影響は外因であり、心理は内因だという常識は誤りだ。認知心理学や脳科学が示すように意識や欲望は、蓄積された記憶と外来情報の相互作用を通して脳の物理・化学プロセスが生成する。自由意志が発動される内部はどこにもない。したがって自己責任の根拠は出てこない。

能力・素質・努力・選択に内因は存在しない。ここから三つ目の正義論が導かれる。スウェーデンの政治哲学者イングマール・ペルソンは、だから富の均等分配が正しいと説く（Persson, 2007）。能力が外因の産物である以上、たまたま授かった能力に相当する報酬を与えるのは、くじ引きで取り分を決めるのと変わらない。

だが、勤続三〇年の熟練労働者と同じ待遇を新人に与え、社長も部長も平社員もすべて同じ給料にすべきだと考える者はいない。それに才能に恵まれた者は均等分配を受け入れない。したがって不満が渦巻き、社会が安定しない。それでも均等分配を維持するためには圧倒的な強制力が要る。幼少の頃からイデオロギー教育を施し、違反者は強制収容所に閉じ込め、再教育する。それでも態度が改まらなければ処刑する。つまり全体主義社会でなければ、ペルソンの説く正しい秩序は実現できない。

『正義論』の著者ジョン・ロールズはメリトクラシーの欺瞞をよく知っていた。出生時に親から受けた先天的性質に加え、家庭教育および社会環境という外因から各自の能力が生ずる。したがって格差の責任は当人にない。そこで、すべての生産物をいったん没収して社会の共同所有とし、その後に共有財産を適切な方法で再分配する論法を採る。実際に没収するのではない。だが、論理は同じだ。偶然に起因する能力は自己に属さない。ゆえに生産物への権利は誰にも主張できず、社会全体の財産として共有しなければならない。

ところがペルソン説のように富を全員に均等分配すると、高い能力を持つ者の労働意欲をそぎ、生産性が下がる。そこで能力に見合った労働を引き出す誘因を与え、社会全体の富を増やす。そして累進課税を通して富を適切に再分配すれば結果として、能力が低い者もより良い生活を享受できる。質と量に優れた労働をなすから多くの富を得る権利が高能力者にあるのでない。各人の能力は外因の沈殿物だから生産物への請求権は誰にもない。下層者の生活を向上させる手段としてのみ格差が正当化される。これがロールズの立場だ（Rawls, 1971）。

だが、ロールズの構想は自ら墓穴を掘る。貧富の差は単なる手段であり、各人の価値が判断されるのではない、だから劣等感は生まれないとロールズは言う。そうだろうか。ある日、正しい社会を成就した国家から通知が届く。

欠陥者の皆さんへ

あなたは劣った素質に生まれつきました。でも、それはあなたの責任ではありません。愚鈍な遺伝形質を授けられ、劣悪な家庭環境で育てられただけのことです。だから、自分の無能を恥じる理由はありません。不幸な事態を補償し、劣等者の人生が少しでも向上するように優越者の文化・物質的資源の一部を分け与えます。あなたが受け取る生活保護は欠陥者としての当然の権利です。社会秩序は正しく定められています。ご安心下さい。（Anderson, 1999を参考にした）

分配が正しい以上、貧困は差別のせいでもなければ、社会制度に不備があるからでもない。格差は正当であり、恨むなら自分の無能を恨むしかない。格差が不当だと信ずるからこそ、人間は劣等感に苛まれないですむ。しかし公正な社会では、この自己防衛が不可能になる。理想郷どころか人間心理を無視する砂上の楼閣だ。

平等の問いには解が存在しない。四辺を持つ三角形を描こうと頭を悩ますように、平等は論理的な袋小路だ。それなのに何故いつまでも論争が続くのか。平等という地平線はなぜ消えないのか。格差を理解するためには近代の本質に切り込まねばならない。自由と平等は近代の宗教である。その化けの皮を剥ぐのが本書の目的の一つだ。

†格差がなくならない理由

格差をテーマにする書籍や論文は格差の現状と原因を分析し、少しでも格差を減らすために何をすべきかと問う。本書のアプローチは違う。格差は絶対になくならないし、緩和されれば、社会が良くなるという楽観論にも与しない。

悪い結果は悪い原因によって引き起こされると我々は考えやすい。しかし、この発想がすでに誤りの元だ。社会がうまく機能しないから格差が生じ、差別や犯罪が起こるのではない。教育活動により啓蒙し、処罰しても差別はなくならない。見かけ上は減っても、より間接的かつ隠微な形で差別が進行するだけだ（Dovidio & Gaertner, 1986）。差別のない社会は今までになかったし、将来もあり得ない。犠牲になる集団は変わるし、差別の形式も変化する。偏見の内容も変わる。だが、差別自体はなくならない。それは社会が機能する上で何らかの「有益」な役割を差別が果たしているからだ。犯罪のない社会もありえない。悪とは何かを根本にさかのぼって考えないと人間社会の成り立ちは理解できない。差別の本質は第5章で、犯罪の機能と構造は第4章と第7章で分析する。格差がなくならないのも同じ理由である。

ロールズもピケティもサンデルも格差を程度の問題として理解し、どのような格差なら正しいのか、健全なのかと問う。だが、この方向に解決はない。格差を把握するためには他の視点から見直す必要がある。格差は程度や内容の問題でない。ヒエラルキーという容れ物あるいは形式をめぐる現象である。ヒエラルキーのない社会はありえないし、どのようなヒエラルキーであっても不満は消えない。格差は多数派と少数派の対立プロセスの表現であり、同一化と差異化という互いに矛盾する二つの相が絡み合って生成する運動だ。

格差を非難し、少しでも格差が減るようにと願う善意は格差の正体をわかっていない。支配者や勝ち組が自分たちの生活を守るために格差を正当化する。だが、格差がなくならない理由はそれだけでない。そのような単純な見方では格差の根が地中に潜ったまま隠され続ける。格差を望んでいるのは負け組も含めた我々すべてなのだ。格差は集団生活に必然的に生じる構造であり、いわば人間世界の原罪である。

誤読を避けるため、性犯罪を例に本書の考え方を予め示唆しよう。強姦被害者はなぜ苦しむのか。心に受けた傷は長期にわたって、あるいは一生かかっても癒えない。それは性という、人間にとって特別な意味を持つ世界での造反行為だからだ。問題は肉体上の被害ではない。確かに、妊娠し中絶を余儀なくされ、二度と子を産めなくなったり、性病を移されるなど、身体に傷跡が残る場合もある。それでも、出刃包丁で腹を刺されたり、頭を鉄パイプで殴られれば、それ以上に酷い障害が生ずるだろう。問題は心だ。

人間の性が完全に解放された世界を想像しよう。猿のボノボは挨拶として性行動をする。人間がそんな存在になったら、性犯罪は消失するか、今よりもずっと数が減るにちがいない。誰とでも性関係を持つ世界では強制の必要がない。他者を支配する手段や相手に認められるシンボルとしても性行動は用をなさなくなる。被害者の側も同様だ。握手したり、一緒に食事したりする以上の意味が性から失われる社会では、性的造反による精神的苦悩は同時に消える。

社会が機能不全に陥るから性犯罪が生ずるのではない。性犯罪は、性タブーを持つ社会に必ず起こる正常な現象だ。道徳や禁止は必要であり、正しい社会制度として理解されている。しかし、そこから性犯罪が必然的に生じ、被害者が苦しむ。その意味で、我々も悪の共犯者なのである。

平等な社会の建設は原理的に不可能だ。人間は他者との比較を通してアイデンティティを育む。したがって格差のない社会に人間は生きられない。経済格差を少しでも減らせば、問題解決に近づくのではない。逆に、差が小さくなればなるほど、その小さな違いが人々をますます苦しめる。差別を公然と制度化する伝統社会に比べて、より平等な近代社会が人間を幸福にするとは限らない(Tocqueville, 1835)。社会の機能不全が原因で悪が生ずるのではない。正常な社会構造・機能によって悪は必ず生み出される。だから時代が変わっても、人間がどんなに努力しても悪は絶対になくならないし、減りもしない(Durkheim, 1895)。

†規範論は雨乞いの踊り

社会問題を扱う本はたいてい規範論だ。データを提示し、状況を分析した後で解決の処方箋が必ず出てくる。対策が見つからなければ、出版を躊躇するほどだ。なぜ、規範論が氾濫するのか。ここにも近代の思考枠が影を落とす。

東日本大震災の後、国民の大多数が原子力発電に反対の声を上げた。だが、原子力発電所を動かさなければ電力料金が上がり、倒産に追い込まれる企業が続出する、結果として失業者が街に溢れる。電力会社や保守系政治家からこう脅されると、原発再稼働を容認する国民の割合が急速に上昇した。節操ない心変わりに呆れ、「日本人はいつになったら悟るのか。なぜドイツのように脱原発の歩みを開始できないのか」と憤る人が少なくない。

だが、ここに勘違いがある。日本人の無節操を嘆く者は擬人法を犯している。集団を一つの人格に見立てるから、なぜ日本人はいつになっても懲りないのかと失望する。しかし「日本人」なる集団的人格は存在しない。集団は人間の意識から遊離して自律運動する。無謀だと国民の多くが知りながらも戦争に突入した日本の姿は例外でない。人間の世界は人間自身にも制御できない。

社会現象を起こす原因が人間以外にないという言明と、その現象が人間自身にも制御できない事実の間には何の矛盾もない。社会という全体の軌跡は人々の意識と齟齬を起こし、あたかも外部の力が作用する感覚を生む。人間から遊離し自律運動するシステムとして集団現象は我々を無意識のうちに拘束する。インターネットの討論フォーラムのように、社会全体に情報が散在するからだ。集中統轄する場所はどこにもない。オーストリア出身の経済学者フリードリヒ・ハイエクが言う。

われわれがみずからの精神に起きる多くの事柄に気づかないのは、それがあまりにも低いレベルにおいて進行するからではなく、あまりにも高いレベルで進行するためである

［……］。このような過程は「意識下」というよりは「超意識的」と呼ぶ方が適切かもしれない。なぜならこれらは姿を現すことなしに意識過程を支配するからである。（ハイエク1984、吉岡佳子訳）

ハイエクは世界の事物を三種類に分類した。第一は生物や山野などの自然物。第二は自動車や船など人工的に製作されるモノ。そして第三は言語・道徳・宗教・市場など、人間が生み出す人工物でありながら人間自身の意図や制御を超え、自律的に機能する集団現象である。社会秩序は人間の相互作用から生成される。だが、人間が意図的に構築するわけではない（Hayek 1979）。このプロセスは終章で論じる。

局所的には意図的に介入できる場合もある。しかし害虫を殺すと生態系に新たな問題が発生しうるように、他の部分に思わぬ弊害が出る可能性は十分ある。社会は複雑系をなすからだ。ナザレのイエスが説いた新しい思想が世界に伝播したように、たった一人の異端者が変革をもたらすこともある。だが、時を経て魔女狩りや宗教裁判の暴走を招いたように、その行方は誰にも制御できない。

人間は意識的に行為する主体ではない。個人の行動を理解する仕方がすでに擬人法である。たくさんの基礎的なプロセスが脳内で並列的に生じ、その演算結果が統合されて後に意識に上る。主体が思考や行動を生み出すのではない。主体については第7章で議論する。

乗客の半分が死亡する航空機事故が起き、家族の名が生存者リストにあるようにと手を合わせる。入学試験の合格を願いながら自分の受験番号を探す。事態はすでに確定しており、いまさら何をしようと変わらない。それでも我々は祈る。未来だけでなく、過去さえもねじ曲げようと呪文を唱える。規範論は雨乞いの踊りだ。

規範論の問題は有効性の欠如に留まらない。汚れていると信じ、いつまでも手を洗い続ける強迫神経症と同様、疑似問題に惑わせ、偽の解決に誘導する。規範論は不都合な事実を隠すために動員されるイデオロギーだ。

小著は規範論でない。我々はどう生きるべきか、社会はどうあるべきかという議論はしない。太陽の周りを惑星が回る。軌道がどう描かれ、運行の原因は何か。これが科学の問いだ。ケプラーの法則に従えと惑星に命令などしない。理論どおりに運行しなければ、まちがっているのは惑星でなく、ケプラーの方だ。お前が発見した万有引力のせいで財布を落としてしまったじゃないかとニュートンを難詰したりしない。私論も同様に、現実に社会がどのように機能し、人間がどう生きているかを記述する人間学であり、社会学である。自由・平等・主体など近代のキーワードをめぐる本書の議論は、それらをどう規定するべきか、どう考えれば社会が安定し人間が幸せになるかという問いではない。それらが現実にどのような存立構造をしているか、社会でどのような機能を担っているかの分析だ。

記述論と規範論を混同しないために法という言葉の二つの意味を区別しよう（Schlick, 1930）。科学法則の否定は法則の誤りを意味する。修正すべきは事実でなく、法則である。対して法律（規範）の否定は違反だ。法律は修正せず、違反者を処罰する。法則は物事が実際に起きる事実の記述であるから、その通りにならないなら単に法則が誤っている、そのような法則が存在しないことを意味する。法則とその否定は両立しない。他方、法律（規範）の違反者が現れても法律のまちがいを意味しない。我々は強制的に法律に従わせられる。違反すれば罰則が待つ。法律とその否定は両立する。それどころか、そもそも違反がなければ、法律は無用だ。殺人が絶対に起きなければ、殺人罪を定める意味がない。違反が予想されるからこそ、法律の存在意義がある。本書の課題は規範の構築でなく、人間世界の記述である。

†私論のアプローチ

格差を根本から考えるために多様な材料を挙げて検討する。無関係に見えるテーマ群に通底する問いを把握しよう。「リンゴが三個とミカンが四個ある。果物の合計はいくつになるか」と問われて「ミカンとリンゴは違うから足せない」などと答えないだろう。フランスの数学者アンリ・ポワンカレが言った。

無関係だと長らく誤って信じられていた他の事実との類似性を明らかにする数学的事実だけが検討に値する。最も実を結ぶのは、しばしば非常にかけ離れた分野の要素の組み合わせである。(Poincaré, 1920)

ダブルバインドという有名な概念を生み出した米国の文化人類学者グレゴリー・ベイトソンも異質な現象の間に潜む共通の構造を探せと説いた。

自然界のすべての現象を律する同じタイプのプロセスを発見すべきだという少々神秘的な信念を私は抱いた。例えば結晶構造と社会構造とを、あるいはミミズの分節と玄武岩の円柱を形成するプロセスを同様に貫く法則が発見されるという考えだ。[……] 今日なら同じ言い方はしない。ある分野を研究するのに有効な精神活動のタイプが他の分野にも役立つ。こう言うだろう。例外なくすべての分野を通して不変なのは自然の形相《エイドス》ではなく、科学の形相なのだと。(Bateson, 1972)

理論は単純でありながら、可能な限り多くの現象を説明できるのが望ましい。逆に多くの変数を含む複雑な理論や、適用条件を限定したり応用範囲が狭い理論の価値は低い。これは分野を問わず一般に言えることだ。本書のテーゼも単純だ。ただし、その証明は曲がりくねっている。常識の壁を崩すために避けられない脇道である。

今までの拙著にも本書にも新しいことは一つも書いてない。先達がすでに明らかにした材料ばかりだ。ところが違う分野の知見を一緒にした時、新たな問いに気づく。月が落ちてこないのにリンゴが落ちるのはなぜかと自問したニュートン、神が司る天体の運行を人間世界の物理学法則で説明しようとし、惑星の公転周期と太陽からの距離の矛盾に気づいたケプラーを思い出そう（Koestler, 1959; 小坂井 2017）。

例えば『責任という虚構』で提示したホロコースト解釈は歴史家なら誰でも知っている常識である。行為は脳で発火する無意識プロセスが導き、自由意志が存在しない事実は脳科学や認知心理学の常識だ。思考や行為の自律が幻想だという社会心理学の知見も常識なら、冤罪のメカニズムも専門家にとって常識にすぎない。ところが、それらを総合した時、大変な事態に気づく。この本のフランス語草稿を読んだ歴史家が驚いた。

凄い話になるんだな。ホロコーストの本質が官僚制の生む責任転嫁にある事実はすでに受け入れられて常識になっている。しかし、それを脳科学や心理学の知見と突き合わせると大・

変なことになる。常識が切り離されている限り、問題に気づかない。しかし、それら常識を同じ俎板に乗せる時、それまで気づかなかった問い、あるいは無意識に目を逸らせていた問いがこうして姿を現すのか。

平易な記述に努めたが、ハウツー本のように斜め読みで情報をつまみ食いしても本書は理解できない。思索の重心は常に問いにある。問いは答え以上に大切であり、問いの把握は答えよりずっと難しい。問いを摑むとは問いの内容を超えて、なぜその問いに意味があるのか、何故その問題を考えなければならないのかを読み取ることだ。問いが理解できないと、「それよりもこう考えれば良い」と他の問題に思考が逃げてしまう。怠惰の誘惑に負けてはならない。

格差や能力の根源に迫るためには平等・権利・主体・近代・普遍・主権・裁判・多数決・欲望・嫉妬・価値など、より広いテーマを視野に収める必要がある。それら近接領域の考察が格差や能力の解明になぜ不可欠なのか。すでにその点が自明でないだろう。近代の思考回路にどっぷりと浸かる我々をその外部に導き、常識の懐疑へと誘《いざな》うのは難しい。神は存在しないとキリスト教徒に説くようなものだからだ。あなたに聞こえる宇宙人の声は幻聴にすぎないと統合失調症患者に諭すようなものだからだ。事実をどれだけ示し、論理的に証明しても常識の壁に阻まれ、様々な逃げ道が模索される。偽の出口を閉じるための補助線をいたるところに張りめぐらせた。

私がいつも挙げる話がある。これ以上に適切な比喩を他に知らないから、ここでも繰り返す。ある夜散歩していて、街灯の下で捜し物をする人に出会う物語だ。鍵を落としたので家に帰れず困っていると言う。一緒に探すが落とし物は見つからない。そこで、この近くで落としたのは確かなのかと確認すると、こんな答えが返ってくる。「鍵を落としたのは他の場所なのですが、そこは暗くて何も見えません。だから街頭近くの明るいところで探しているのです」。街灯の光は常識の喩えだ。我々は探すべきところを探さずに慣れた思考枠に囚われている。この明かりの罠に気づき、思考回路の外に出よう。これがすべての始まりだ。本は答えを見つけるために読むのでない。常識から目を覚まし、自らの問いに気づくために読む。格差問題自体を超え、読者が人間と社会を考える上で小著が一助となれば幸いである。

†本書の構成

序破急の三つの部分から成る。第1章から第3章で遺伝・環境論争を素材に能力差の原因を考察する。これが序だ。次に能力の正体を見極めるための長い補助線を引く。格差をなくせない理由を分析し、平等概念の落とし穴を第4章から第6章で指摘する。そして処罰と格差がどちらも同じ虚構構造に支えられ、近代の必然的帰結である事実を第7章で示す。ここまでが破に当たる。そして偶然の意義を明らかにする終章で袋小路の打開を図る。これが急をなす。本書のメッセージだ。

学校制度の本性に第1章「学校制度の隠された機能」が迫る。家庭環境の影響により成績の差が出る。小学校入学前に現れる学力差を是正するどころか、学校は逆に拡大する社会装置だ。ところが、そのメカニズムが隠されるため、学力の差が生徒のせいにされる。学校制度はメリトクラシーの理念を普及し、格差を正当化する。平等な社会を実現するための仕組みが、かえって階層構造を永続させる。

第2章「遺伝・環境論争の正体」は遺伝・環境論争の内実を暴き、感情の応酬を生む背景を分析する。この対立は最初からイデオロギーに染まっていた。歴史を俯瞰して、このテーマが階級闘争に果たした役割を把握しよう。遺伝と先天性は意味が異なる。先天性には偶然が大きく左右し、親子の連続性を薄める。他方、遺伝に言及する時、親子の因果が強調され、決定論が顔を出す。この取り違えに近代の本質が凝縮されている。

遺伝・環境論争のイデオロギー背景を分析した後、第3章「行動遺伝学の実像」が行動遺伝学のアプローチを検証する。社会上層の人々は優れた遺伝形質に恵まれるゆえに知能が高く、裕福になったのかもしれない。優秀な男女が互いに惹かれ、優れた遺伝子を子に伝える。遺伝的に秀でた人々が勝ち組として上層に集まる一方、劣った遺伝子を受け継いだ人々は負け組になり下層に追いやられる。こうして社会階層が固定されるのか。行動遺伝学を外から批判するのでは不十分だ。その土俵に乗った上で方法論とデータを内側から精査し、遺伝と環境を分離する試みの不毛を示そう。

能力の差ゆえに格差が生じるという常識の土台に楔を打ち込み、どんな理屈を持ち出しても格差は正当化できない事実を示す。能力自己責任論の無根拠を明らかにし、この論理の裏に隠れるイデオロギーを抉り出す。これが最初の三章の目的だ。

完全に平等な社会は無理でも、少しでも格差は減らすべきだ。普通はこう考える。正義論と社会契約論のアプローチに焦点を定め、常識の錯覚を明らかにする。これが次の課題だ。まず第4章「平等の蜃気楼」で権利と普遍をめぐる勘違いを指摘する。富をどのように分配すべきか、つまり権利の問いとして政治哲学は平等を模索する。そもそも、そこに無理がある。権利に依拠するアプローチは必ず内破し、平等は空中分解する。これが政治哲学の一つ目の過ちだ。そして普遍は信仰であり、各時代を映す社会規範にすぎない。これが二つ目の勘違いである。普遍の実態に迫るとともに、普遍性を信じる危険について論じよう。

人間は比較する動物だ。そこから不満・嫉妬・怒りが生まれる。この現実に鈍感な近代が迷宮に紛れ込む。これが権利と普遍に続く、社会契約論を蝕む三つ目の錯覚だ。欲望の真の姿を把握し、政治哲学の大前提に第5章「格差の存在理由」が切り込む。多様性を超えて最大公約数を見つけるのは可能だろうか。フランスで起きた「黄色いベスト」運動を例に、この問題を検討しよう。

第6章「人の絆」が個人主義パラダイムに疑いの眼を向ける。経済学と同様、政治哲学は個人の利益に注目する。法学も同じだ。他者の利益に反しないよう調整しつつ各人の権利を守る。人間行動の起点に主体を据える近代の特徴にこれら学問は呼応している。これが四つ目の虚妄だ。格差は経済や権利の問題ではない。人の絆をめぐる問いの答えはこの先にない。人間の不完全、そして主体の不在を見つめよう。人の絆の不思議に一歩迫れるに違いない。

第4章から第6章までの総括として第7章「主体という虚構」が主体の本性を明らかにする。近代が陥ったアポリアを示し、能力の正体を暴く。意志は各人の内部に現れる心理状態だと信じられている。これが政治哲学五つ目の迷妄だ。意志は不都合な事態が生じた時、責任を誰かに押しつけて収拾を図るための政治装置であり、イデオロギーである。同様に格差の原因とされる能力も架空の概念装置だ。遺伝・環境論争が際限なく続く源流がここにある。

さて、終章「偶然が運ぶ希望」で大きく方向転換する。ここまでの悲観的分析を受け入れた上で未来に繫がる道をどう見つけるか。正義論は偶然による不幸を中和し、補償する制度を模索する。否定的意味しか偶然に認めない。ここに六つ目の謬見がある。偶然の積極的意義に気づけば違う世界が現れる。偽の希望を捨てることで本当の解決につながる逆転の発想を示そう。

第1章　学校制度の隠された機能

学校の目的は何だろうか。生徒の人格や能力の育成だと信じられている。だが、生徒の格付けも学校の役目だ。卒業後の就職が学校の最も重要な機能になって久しい。学問を身につけても職業安定所行きでは困る。

過去には高校を卒業すればエリートだった。だが、今は大学を出て当たり前の時代になった。これからは大学院に行く必要があるとも言われる。社会にピラミッド型の階層構造がある限り、資格の価値は相対的に決まる。だから知識が向上しても就職には役立たない。ある塾・学校が開発した学習法が成功し、そこで学んだ者が社会で有利になるとしよう。これはパイの取り合いにすぎない。その塾や学校に多くの生徒が通い、日本人全員の成績が今の基準で偏差値七〇に伸びたとしよう。すると必然的に偏差値が下がる。相対評価だから当然だ。

学力が底上げされれば社会は良くなるかも知れない。生産性も上がるだろう。だが、社会にヒエラルキーがあり、競争を通して職業が決まる事実に変わりない。秀でた人間が社会にあふれても大統領や首相は一人しか要らない。社長も一人、オリンピックで金メダルを取るのも一人。優秀な政治家が増えたから今後は大統領を一〇〇人に増やそう、とはならない。

実はもっと本質的な機能が学校にはある。近代が必死に隠してきた、学校の本当の目的だ。この秘密が隠蔽できなければ、学校制度は成立しない。我々の考察の出発点として学校の正体を炙り出すことから始めよう。

†学歴と社会階層

戦前には富裕層と庶民の就学課程が分かれていた。それでは不公平だからと国民全員に同じ教育機会を与えるよう戦後になって制度改革される。ところが勉学の機会を均等にしても家庭環境の違いにより学力の差が現れる。社会の流動性は高まらず、階層構造がほぼ再生産される事実が一九六〇年代から先進諸国で明らかになった。データを挙げよう。

米国の上層二〇％では八割が大学に入り五割が卒業する。ところが貧困層二〇％の出身者は三割しか入学せず、卒業生は一割に留まる（Haskins & Kemple, 2009）。英国上層二〇％の大学進学希望者は七七％に上るが、貧困層二〇％では生徒の四九％しか進学を望まない。実際の大学進学率も全生徒平均では三三％だが、学校給食代を免除される貧困層（年収一万六〇〇〇ポンド以下の世帯、全国合計で約一二〇万人の生徒）は四％にすぎない（Perry & Francis, 2010）。

フランスではよく落第する。中学卒業前に少なくとも一度留年する生徒の割合が短大・大学卒の父親を持つ場合は一四％（一年留年一二％、二年以上二％）だが、父親が中卒だと五四％（一年留年四三・五％、二年以上一〇・五％）に上る（Maurin & Savidan, 2006）。つまり父親が低学歴だと子弟の半分以上が義務教育の段階で落第を経験する。管理職の子は七二％以上が高等教育を修了するのに、非熟練工の子は二二％にすぎない。このような学歴事情を反映して管理職の子の五三％が管理職に就き、六・五％が非熟練工になる。ところが非熟練工の子は四六％が父親同様、非熟練工になり、管理職になるのは一一％しかいない（Duru-Bellat, 2006）。日本では誰もが平社員として入社し、その後、年功序列で管理職に昇進するが、フランスでは入社時に学歴に応じて管理職とそれ以外に振り分けられ、長く勤めても平社員が管理職に出世するのは稀だ。つまり学歴で人生がほぼ決まる。

日本でも富裕層の子弟の多くが名門校に通う一方、庶民からは難しい。東大生七割以上の父親は大企業や官公庁の管理職・会社経営者・大学教員・弁護士・医師などだ。それ以外の旧帝国大学（北海道大・東北大・名古屋大・京都大・大阪大・九州大）、そして一橋大・東工大・東京外大・神戸大・早稲田・慶應も同様に富裕層出身者が多数を占める。この傾向は一九七〇年代から続いている（苅谷 1995）。

難関大学に上層の子弟が集まるのは家庭環境が学力差を生むからだ（遺伝の影響は第3章で

考察する)。一九八〇年代以降、公立高校でなく、麻布・開成・灘・ラサールのような中高一貫の私立校から難関大学に多数入学するようになった。だが、私立高校有利の状況が生まれる以前から社会層の学歴格差が再生産されてきた。進学資金だけが問題なのではない。家庭事情により言語や教養の習得に差が出る。したがって貧困層の授業料を免除したり、奨学金を与えても解決にならない。戦後すぐの時期から学歴の階層再生産が見られ、その後もほとんど変わっていない。

日本では高校の段階ですでに生徒の社会階層と学校ランクが〇・七九という強い相関を示す(まったく関係がなければ係数は0、完全に一致すれば1)。高校入学後三カ月の時期に行われた調査によると両親とも大卒の場合、子どもの七八%が四年制大学か大学院への進学を希望するが、大卒が親の一人だけだと五〇%に留まり、両親ともに高卒以下だと三八%に下がる(松岡 2019)。

富裕層の子弟ばかりが高等教育を受けるのでは公費の使途が問題になる。庶民に比べ、裕福な家庭により多くの税金が割かれる矛盾だ。フランスを例に取ると上級管理職の子の四一%が修士号を取得するが、単純労働者の子は四%にすぎない。フランスの大学はすべて国立であり、学部の年間授業料はわずか一七〇ユーロ(二万円、二〇二〇年度)。だが、大学教育には学生一人あたり一万ユーロ以上かかり、残りは税金で賄われる。つまり社会の上層ほど税金の恩恵を多くこうむる仕組みだ。

フランスの高等教育は二重構造をなす。高校を卒業してバカロレア（高等教育入学資格）取得後に無試験で入れる一般の大学（Universités）と、バカロレア取得後、秀でた者だけに門戸を開く二年間の予科を経た後、さらに難関な試験に合格して入るグランゼコール（Grandes Écoles、高等専門学校）とに分かれる少数精鋭主義を採っている。著名知識人を輩出する高等師範学校（École Normale Supérieure）を例に取ると合格者の五八％が上級管理職あるいは知識人家庭の出身であるのに対し、ブルーカラー層出身者は二％にすぎない（Peugny, 2013）。高等師範学校、エコール・ポリテクニーク、パリ国立高等鉱業学校など有名グランゼコールの年間予算は学生一人当たり六万ユーロを超える。一般大学の六倍だ。社会の上層ほど税金が還元されている。

日本はどうか。二〇〇八年度の国立大学収入内訳を見ると経常収益二兆五八四四億円に対して学生納付金が三四九五億円であった。割合にすると一三・五％に当たる。残りは国からの交付金一兆五〇九億円（四〇・七％）を筆頭に附属病院の収益や受託研究収益などで補充される。学生（の親）が支払う金額は教育に必要な額の一割強にすぎない。これは全国の国立大学平均であり、裕福な家庭の子が多く通う東京大学だと、教育費全体に占める授業料収入の割合が八％に下がる。国立浜松医科大学ではわずか三％だ。つまり社会の上層出身者が多数通う難関大学では必要経費のほんの一部しか当事者（の親）が負担しない。授業料だけでは大学経営が成り立たず、国からの助成金を必要とする以上、富裕層ほど税金の恩恵に与る逆説はどの国でも変わらない。

出身階層により学力に差が出るのは、顕著な階級社会である英国や人種問題を抱える米国だけでなく、日本でも同様だ。教育社会学者・苅谷剛彦が述べる。

> 事実のレベルで見るかぎり、日本においても「階層と教育」の関連自体は、これら両国［英国と米国］とあまり変わらない。［……］日本だけが、教育機会が平等に分配されているというわけではない。むしろ、アメリカやイギリスと比べても、教育達成の「不平等」の度合いは、けっして引けを取らないのである。ミドルクラスと労働者階級とを歴然と分かち、「二つの国民」「オレたちとヤツラ」という表現でしばしば問題にされるイギリスの階級制度。競争社会といわれながらも、なお、「人種差別」に代表される階層構造を維持し続けているアメリカ。これら二つの社会とほぼ同じ程度に（あるいはそれ以上に）、日本においても、どのような家庭に生まれたのかが、子どもの教育達成に大きな影響を及ぼしているということはもはや明らかであろう。（苅谷 1995）

たくさんの書籍が揃った家庭に生まれ、幼少の頃からバレエを鑑賞したり、美術館やクラシック音楽のコンサートに出かけ、文化を自然に身につける。学校に上がれば、宿題の面倒を親がみる、高い費用を払って有名進学塾に通う。親を手本に子も同じ道を目指し、社会評価の高い職業に就くべく努力する。他方、庶民の家庭に育った子、貧困層が集まって住む地区の子は大きな夢を持たず、親と同じ低賃金で社会評価の低い職業に甘んじる。これはどの国でも同じだ。

†平等主義の欺瞞

米国には人種問題があり、構造的差別は消えない。英国も明確な階級区分があり、いくら努力しても社会上昇は難しい。言語を始め、文化のあらゆる面において出身層の刻印が残る。こういう事実が英米では明らかだ。フランスでも一九七〇年代になって不況が深刻になり、移民問題が顕著になると階級再生産が意識されるようになった。

ところが深刻な人種問題も露骨な階級区分も日本にはない。エリートも庶民も同じ言葉を話し、ほぼ同じ文化を共有する。一億総中流という不思議な表現も生まれた。だから階層再生産に気づかない。そのため、教育を大衆に広め、誰もが学校に行く環境さえ整えば、あとは各自の努力が結果を決める、そして、それなら公平だという見方が定着した。だが、ここに落とし穴があった。生徒の基礎能力に出身層が影響を与え、成績に差が出る。ところが、そのメカニズムが隠される。すると学力差はどう説明されるか。

人間には先天的な素質の違いがあり、同じ教育を施しても差は解消されないと考える。これが一つの可能性だ。だが、それは学校の敗北宣言であり、教育の無力を認める解釈は現場から出されにくい。そこで学力差を正当化する道が次の三つの方向で用意される。①人間の基礎能力はほとんど変わらない。したがって頑張れば誰でも満点が取れるはずだという信仰が生まれる。②人間の個性は多元的であり誰にも良いところがある。だから学校の成績だけで子どもの能力を判断してはいけない。③教育方法が悪いから学力差が出る。いつか真の教育が成就されれば、すべての子どもが円満に成長する。こうして解決を未来に先送りする。

人間にはそれぞれ個性があり、能力差は当然だと認める英米では能力別クラスを編成し、生徒の資質にあった教育を施す。対して個人主義が発達しなかった日本では学力差の原因を先天形質に求めない。それゆえ、力の差があれば、家庭環境および学校教育に原因があると考える。そして社会階層と能力の相関関係に目を瞑れば、残るのは学校教育のあり方がおかしい、それを良くすれば、すべての子が円満に成長するはずだという楽観論に行き着く。

現実の不平等構造や原理に向き合うのでなく、不公平感を生み出す教育が差別教育だという考えが定着する。したがって平等な教育とは能力差を生徒に感じさせない教育であり、生徒を分け隔てなく扱う教育こそ正しい教育だと結論づける。こうして形式的な均等化つまり画一化が進行する（苅谷 2001）。

平等主義の勘違いの一例を挙げよう。大学入試センター試験がマークシート方式で実施されてきた。学生数の多さだけが、その採用理由ではない。客観的で公平な判定を求めるからだ。フランスでも毎年五月になると全国一斉にバカロレア試験が行われ、七〇万人の高校生が受験する。日本の大学受験者数を上回る人数だ。二日間で終わる日本と違い、フランスでは五日間かかる。それでも小論文形式を維持している。日本でも今の方式に代わり、大学入学共通テストに将来、記述式問題が一部導入されると言われるが、一〇〇字程度の短文にすぎない。四時間与えて一〇ページ以上の小論文を書かせるフランスのやり方とは比べものにならない。小論文形式だと評価のバラツキが避けられない。だが、それは仕方ないとフランスでは諦める。対して日本では開始と終了の時刻を秒刻みで計るように、形式的な客観性や平等に異常なほど注意を払う。それは日本の教育事情の反映であり、陰画である。公平に評価したのだから結果に差が出れば、それは生徒の能力や努力のせいである。こういう理屈が出てくる。

生徒全員の学力を同じように伸ばすのは不可能だ。すべてを学習の結果として説明する米国心理学者ジョン・ワトソンやバラス・スキナーの行動主義が二〇世紀初頭に現れた。家庭環境の影響をなくして平等な社会を築こうと、かつてイスラエルのキブツやソ連が子どもの集団教育を試みた。だが、どれも失敗した。それに遺伝の影響はどうしようもない。身体能力に恵まれる者もそうでない者もいるように、勉強のできる子とできない子は必ず現れる。算数や英語の好きな生徒がいれば、絵や音楽あるいはスポーツに夢中になる子もいる。それに誰もが同じように努力できるわけでない。

†支配の巧妙な罠

機会均等のパラドクスを示すために二つの事例に単純化して考えよう。一つは戦前のように庶民と金持ちが別々の学校に行くやり方、もう一つは戦後に施行された一律の学校制度。どちらの場合も結果はあまり変わらない。見かけは自由競争でも実は出来レースだからだ。

だが、生ずる心理は異なる。貧乏が原因で進学できず出世を断念するならば当人のせいではない。不平等な社会は変えるべきだと批判の矛先が外に向く。対して自由競争の下では違う感覚が生まれる。成功しなかったのは自分に才能がないからだ。社会が悪くなければ変革運動に関心を示さない。イギリス労働党の政治家アンソニー・クロスランドの言葉を挙げよう。今から半世紀以上前の警告だ。

機会の不公平が周知の事実であり、富や家柄の明らかなバイアスがかかっていると知っていれば、自分が失敗した原因はシステムの不公平だ、非常に不利な基準がまかり通っているからだと自らを慰められる。ところが明らかに成否が能力に基づくならば、自己防衛できなくなり、失敗から強い劣等感が生まれる。口実を見つけたり、自分に言い訳をする余地がなくなる。(Crosland, 1956)

米国のアファーマティブ・アクション(積極的差別是正措置)は人種・性別など集団間の構造的不平等を是正し、あとは各人の才能と努力で勝負させる政策だ。だからこそ弱肉強食のルールが正当化される。一九九八年から二〇〇一年にかけて二七カ国を対象に行われた調査において「知能と技能に応じて人々は報酬を得ている」という言明を肯定する人の割合が米国で最も高く、六九%を示した(Isaacs, 2016)。階層上昇が可能であるか、あるいは実際にはそうでなくとも上昇できると錯覚する時、格差の大きさにかかわらず社会構造自体の是非は問われない。貧富の原因が各人の能力に帰されるからだ。

ドイツの社会学者ヴェルナー・ゾンバルトは一九世紀後半の米国に社会主義が育たなかった理由として社会上昇の可能性を挙げた。当時、米国労働者には夢と希望があった。ヨーロッパ諸国と異なり、アメリカ社会では建国当初から男子普通選挙制が布かれ、機会均等の下に将来の生活向上が信じられていた(Sombart, 1906)。

前近代では外部の権威により地位が固定されていた。だが、この権威が挑戦を受ける時がいつか来る。神の摂理のような正統化原理が崩れれば、それに依拠する既存の支配構造も瓦解する。中世共同体の呪縛から解放された人間は自由を勝ち取るとともに相互交換可能な存在になった。競争が公平だと信じられれば、各自の位置が入れ替わってもシステム自体は維持される。柔軟な構造のおかげで壊れにくい耐震ビルに似ている。近代社会において激しい流動性とシステムの強固さが矛盾に陥らず、相補関係をなす理由だ（内部での流動性とシステム自体の維持の相補性は個人と集団の間だけでなく、集団間の支配構造にも共通する。名誉白人の心理を小坂井1996、2011bで分析した）。

現実には環境と遺伝という外因により学力の差が必ず出る。ところが、それが才能や努力の成果だと誤解される。各人の自己責任を持ち出せば、平等原則と不平等な現実との矛盾が消える。学校制度はメリトクラシーを普及し格差を正当化する。このイデオロギー機能を通して近代個人主義社会の安定に寄与する。

出身階層という過去の桎梏を逃れ、自らの力で未来を切り開く可能性としてメリトクラシーは歓迎された。そのための機会均等だ。だが、それは巧妙に仕組まれた罠だった。平等な社会を実現するための方策がかえって既存の階層構造を正当化し永続させる。社会を開くはずの理念が逆に社会構造を固定し、閉じるためのイデオロギーとして働く。しかし、それは歴史の皮肉や偶然のせいではない。近代の人間像が否応なしに導く袋小路だ。学校教育の恩恵を庶民も受けるようになった理由は近代社会の存立構造に直接関わっている。この問題は第7章で詳しく論じよう。

†メリトクラシーと自己責任論

一九五八年出版の風刺小説『メリトクラシーの台頭』においてすでに英国の社会学者マイケル・ヤングが、メリトクラシーが実現した未来社会の恐ろしさを描いていた。

すべての可能性が試せたと今日ではどんなに卑しい身分の者も知っている。一度は上手くゆかなかったとしても、自分の能力を示す機会は二度、三度、四度とあった。それでも「劣等生」のレッテルを繰り返し貼られた。これ以上現実をごまかせない。[……] 可能性を奪われていた過去においては劣等者の地位に無理やり縛りつけられていた。だが、そんな時代はもう終わった。今では実際に劣る事実が明らかになった。自尊心を守る防波堤を人類史上初めて劣等者は失った。(Young, 1958/1970)

メリトクラシーの本性は自己責任論であり、お前の不幸は自分自身が招いた結果だと負け組を突き放す思想だ。そして返す刀で勝ち組の富と地位を正当化する。社会心理学に「公正世界の信念（belief in a just world）」というメルヴィン・ラーナーの研究がある（Lerner, 1980）。正義がまかり通ると誰もが信じる社会でこそ、不正義が正当化されやすい論理を明らかにした。こう考えてみよう。天は理由なく賞罰を与えるはずがない。善をなせば、いつか必ず報われる。欺瞞や不誠実にはしっぺ返しが待つ。因果応報の原則が世の中を律していれば、将来への不安が和らぐ。誠実に努力し続ければ必ず報われると信じたい。因果応報はありふれた信念だが、その論理を突き詰めると苛酷な帰結に至る。話の筋道を逆にしよう。悪いことをしなければ罰を受けないのが本当ならば、不幸な目に遭った者は悪いことをしたに違いない。不幸の原因が当人にあるはずだ。こうして正義に信頼を置く者ほど、自己責任の論理を支持し、不幸な人間を突き放す。

実証研究を参照しよう（Lerner & Simmons, 1966）。隣室で学習実験に参加する人の様子をマジック・ミラー越しに観察せよと被験者に指示し、女性（実はサクラ）が電気ショックで拷問される場面に立ち会わせる。苦しむ女性の姿を一〇分間被験者に見せた後、彼女の印象を答えてもらう。ここで二つの条件を比較する。「これで実験は終わり」と被験者の半数には告げ、「実験は今ちょうど半分の時点で、このあとまだ続く」と残りの被験者には説明する。つまり女性が苦痛を受ける時間の長さによって印象が左右されるかを調べた。結果は一〇分間だけ拷問を受けた女性よりも、二〇分間苦しむ女性の方がより悪いイメージになった。実験中に電気ショックで苦しんだのは女性が愚鈍だからだ。拷問がこうして正当化される。苦しみが大きいほど、その場面を目撃する者の無力感は強い。しかしその時、苦しむ理由が当人にあると思い込めば、自業自得だと納得できる。したがって女性の苦難が続行する時こそ当人に責任が転嫁される。

強姦事件をテーマに同じ心理メカニズムを明らかにした実験もある（Jones & Aronson, 1973）。大学構内で女性が強姦されたという警察報告書（研究のために作成した偽の文書）を男女の被験者に読ませ、犯人の罪と被害者の自己責任を判断させる。被害女性は処女・既婚者・離婚者と筋書きを変え、どの条件において犯人の罪が最も重くなるか、被害者の自己責任が問われるかを比較した。

被害者が処女であったか既婚者か離婚者かを強姦犯は知らない。犯人の動機・意志・行為はどの条件でも変わりない。だが、性体験のない女性の苦しみが最も大きいだろう。したがって被害者の性体験有無に応じて被験者が提案する刑罰が異なる可能性がある。実際、処女の条件で最も厳しい刑罰が強姦犯に科せられた。

では被害女性の自己責任はどうか。悪いことをしなければ不幸が訪れるはずがない。これが因果応報の哲学である。しかし現実に強姦にあった。世界は正義に支えられるという信念が最も試練にさらされるのは、被害者が一番苦しむと考えられる処女の場合だ。純真な少女が何故こんな酷い目に遭わなければならないのか。だが、被害者自身にも責任があると思い込めば、因果応報の信念を放棄しないですむ。誰も通らないキャンパスを夕刻に一人で歩いていたのが、そもそも悪い。ミニスカートなど挑発的な服装だったかもしれない。彼女が犯人を誘った可能性もある……。被害者の自己責任を持ち出すおかげで、真面目に生きていさえすれば自分に不幸は起きないと安心できる。そして実際、処女の場合に自己責任が最も重いと判断された。世界は正しいという信念が特に崩れやすい状況だからだ。こうして被害者に責任を課すことで正義を信じ続けられる。ちなみに被験者は男性も女性も同じ判断をした。

これはメリトクラシーと同じ原理だ。社会には勝ち組と負け組が必ず出る。被害者がいれば加害者もいる、部外者や傍観者もいる。立場によって自分や他人の境遇への反応が異なる。自分が幸せなのは今まで真面目に努力してきたからだ。悪いことをしなかったからだ。優秀だからだ。これからも真摯に生きれば、不幸は降りかからないだろう。正義は必ず勝利する。勝ち組や傍観者はこうして安心する。だが、被害者や負け組はこの理屈を受け入れない。自分が不幸なのは社会が悪いせいだ。世の中は不公平で正直者が損をする。正義なんて、どこにもありゃしない。こう理解すれば、自らの劣性や過失を認めなくてよい。自己防衛のために社会の不正義を糾弾し続ける。

近代民主主義社会にも犯罪は必ず起きるし、不平等もなくならない。現実を理解する仕方が勝ち組と負け組とで反対になる。水掛け論がこうして永久に続く。

†諦めさせる仕組み

ヒエラルキーのない社会はありえず、貧富や地位の差は避けられない。そのため、自らの位置を受け入れさせる仕掛けが、どの社会にも作られている。中世身分制のまやかしは暴かれた。その後、近代は人間をどう格付けし、社会に配分するのか。

米国では高校在学中の選択科目によって大学とそれ以外の道に生徒を振り分ける。トラッキングと呼ばれる選別方式だ。進学用あるいは非進学用のコース（トラック）に配分され、同じ高校に通学しながらも異なる教育を受ける。進学コースの生徒は高度な学習を充てがわれ、大学進学を準備する。対するに非進学コースの生徒は大学入学を諦め、上層の職業に就けない運命を次第に思い知る。トラックは曖昧であり、大学進学への見通しがはっきりしない。実は勝敗がすでに決しているのに、勝負はまだこれからだと思わせておいて敗者に現実を少しずつ悟らせる。

数学を二年しか履修しなかった学生は、いったんはノースウェスタン大学への進学をあきらめて、近くのコミュニティ・カレッジに通う。そこでいい成績をとれば、N大［ノースウェスタン大学」に転入できるかもしれない。そういう「夢」を与えておいて、ひとまずはあきらめさせるのだ。しかし、現実はそう甘くない。高校でアカデミックな科目をあまりとらなかった学生が、コミュニティ・カレッジでそんなに簡単にはいい成績はとれない。学生は徐々にそういう現実を知るようになる。このように高校卒業後にじっくり時間をかけて、彼らの能力ではN大は無理だということを知らせ、だんだんと彼らの野心を冷やしていくのである。このような「あとの祭り」型の敗北者の処遇のしくみを社会学者はクーリングアウトと呼ぶ。(苅谷 2012)

米国では大学進学しなかった高卒者の五二%が大学を卒業できると思っていたという。日本では一九%にすぎない。米国ではゆっくり諦めさせる方式だ。卒業率九割以上のハーバードやスタンフォードなど名門大学は例外だが、米国の多くの大学では卒業率が低い。卒業できそうにない学生もいったん入学させた後、時間をかけて切り捨てる。学生の九割が卒業する日本の大学とはこの点も違う。米国では入学段階で足切りせず、最終結果を後送りにする。

ドイツでは課程が早期に分化する。スイスのドイツ語圏やオーストリアも同様だ。小学校の成績を基に一〇歳から一二歳までに職業科(Hauptschule あるいは Realschule)か普通科(Gymnasium)に振り分けられ、職業科に入ると大学進学の道から外れる。将来の職業に必要な資格に直結する教育制度が完備され、徒弟制が発達するドイツでは職人の評価が高く、実業高校に進学しても日本と異なり、負け組とは必ずしも認識されない。

ドイツの大学卒業率は低い。日本のような入学試験がなく、高校の成績を基に大学に入る。そして学生の半分が学士課程(三年間)在学中に退学する。日本では入学試験の関門をくぐり、高額の授業料を支払ったのに卒業できないと不満が噴出するだろう。しかし小学校から大学まで無償、そして入学試験による選抜のないドイツでは卒業率が低くても大きな問題にならない。それに日本のように年齢を気にする社会ではないので入学後にドロップアウトしても、大学にいた数年が将来の足枷にならない。各課程に振り分けて少しずつ自らの位置を悟らせる仕組みだ。

わずかな例外を除き、フランスの学校はすべて国立であり、高校入試も大学入試もない。高校入学は中学の成績を基に教員が助言し、志望する数校を選択した後、各学区の教育委員会が優先順位を通達する。少数の優秀校を除けば、日本のような大きな学校格差はない。スポーツや美術など特殊な課程を除き学区制が布かれ、小学校から大学まで居住区以外の学校には原則、入学できない。能力別学級の編成も禁じられている。だが、この方式だと優等生と劣等生が同じ学級に入るため、適切な学習指導ができない。灘・麻布・開成といった優秀校の生徒と、読み書きも満足にできない生徒を一緒に教える場面を想像すれば、その困難がわかるだろう。

そこで約半数の中学では選択する外国語を基に学級編成し、できるだけ能力が均一になるよう工夫する。具体的には英語だけ習う生徒と二カ国語を履修する生徒に分ける。そのうえ、後者の多くは第二外国語にドイツ語かスペイン語を選ぶが、フランス人にとって異質なドイツ語は難しく、母語に似たスペイン語は比較的易しい。ドイツ語を選ぶ生徒はスペイン語を採る生徒よりもおおむね成績優秀なため、第二外国語を基に学級編成する。さらにはラテン語も加えて履修する優等生を他の生徒と分けて学級の均一度をさらに上げる。

こうして大まかに選別された生徒が高校進学時点で普通科と職業科とに振り分けられる。そして卒業後に受けるバカロレア試験の種類によって学級分けし、学力のバラツキに対処する。学級レベルに応じて教員は教え方だけでなく教材も目標も変える。これら措置は国民教育省の規則に違反しているが、暗黙の了解により常態化している。

以上の裏技はあるものの、学級内の能力差が大きいので落ちこぼれる生徒が出る。すでに示したように大卒の親を持つ恵まれた家庭環境の生徒でも一四％が一度は落第する。父親が中卒の場合は五四％にも上る。

特に秀でた生徒はバカロレア取得後、予科で二年間、哲学や数学などを補強した後にグランゼコールの難しい入学試験を受ける。エリート養成校は官僚・警察・軍隊・土木・建築・研究・教育・医療・政治経済・法律・農業・工業・航空・宇宙工学・ジャーナリズムなどすべての分野を網羅する。予科終了後、グランゼコールに受からなければ、普通の大学に途中編入する。

グランゼコール以外の一般大学には入試がなく、バカロレアさえ取得すれば誰でも入学できる。日本ではよく勘違いされるが、有名なソルボンヌ（パリ第四大学）も無試験で入れる普通の大学だ。定員を超える入学希望者があると以前は抽選で数を制限していたが、現在では主に居住区を基準に入学を認めている。

ちなみにバカロレアには九割以上が合格する。一般バカロレア（普通科向け）・技術バカロレア（技術短大向け）・職業バカロレア（原則として高等教育に進まない）の三種に分かれているが、コロナ禍の下に実施された二〇二〇年度の一般バカロレア合格率は九八・四％に達した。技術バカロレアと職業バカロレアを含めた全体でも九五・七％に上った。完全なザル試験だ。

授業料は小学校から大学までほぼ無償である。フランスの大学卒業率は五割以下であり、自然に脱落してゆく。こうして中学から大学まで漸進的かつ暗黙裡に各コースに振り分けられていく。米国やドイツと同様、少しずつ限界を悟らせる方式だ。

†日本の負け組

さて日本の特徴を検討しよう。学力試験の結果で難易度の違う高校に振り分けられ、大学入学への一次予選のごとく高校入試が機能する。それ以前にも模擬試験を通して自分の位置が如実にわかる。年齢が大きな役割を果たし、先輩後輩の序列が機能する日本社会では中学や高校で落第して再挑戦する道が用意されていない。そのため高校入試の時点で失敗を即時受け入れざるをえない。その上、大学中退者が少ないということは、時間をかけて少しずつ振り落とされる米独仏と違い、高校入学時点で勝ち組と負け組の分配がほぼ完了することを意味する。

階級構造が明らかな社会では親のステータスに応じて自らの限界を子は何となく感じている。その上、労働市場や社会階層で将来自分の占める位置がゆっくりと明確になるため、敗者の現実を受け入れるまでに時間の猶予が与えられる。つまり負け組は最初から大きな夢を持たず、学校に上がってから希望を抱いても少しずつ諦めさせるシステムになっている。

　クーリングアウトをうまく行うためには、トラッキングのしくみにおいて、敗者に敗者たることを気づかせないでおくことが肝要となる。勝敗は決しているのに、「まだまだ勝負はこれからだ」と思う状態を許しておく。気がつくまではその気になっているのだから、組織(学校)への服従も獲得できる。そして、「あとの祭り」となったところで、高校は、クーリングアウトをもっぱらとする機関に下駄を預けてしまえばいいのである。(苅谷 2012)

それに比べて階級構造が曖昧な日本では中学卒業まで自分の可能性を過信し続け、高校入学時に突然岐路に立たされる。学力が異なる多様な生徒が校内に共存する米仏の制度では高校間の格差が小さく、勝ち組と負け組の集団比較が生じにくい。ところが日本では偏差値ランキングなどを通して高校格差が周知の事実であり、両者の間に物理的で明白な境界がある。したがって自分が負け組に属す事実をごまかせない。それでも日本の振り分けシステムが崩壊せずに機能するのは何故か。どうして敗者の反乱が起きないのか。

実は日本社会では学校格差の構造こそが逆説的に負け組の心理葛藤を和らげ、学校制度を維持している。物理的隔離のおかげで外集団との不利な比較を普段は背景に押しやって学校内部で比較が機能する（苅谷 2012）。

学校格差構造が負け組を保護するパラドクスを理解するため、次のように考えてみよう。日本社会の平等主義や均一性が注目されると同時に競争の激しさが取りざたされてきた。相反する現象がなぜ共存するのか。

高校と大学の入学試験を経て同程度の学力、出身階層の似た若者が集められる。こうして生まれる均質な社会空間は就職後も続く。難関大学の卒業生は大企業に、それ以外の学生は中小企業に振り分けられる。大多数の若者は同じ年齢で、それも四月初め一斉に就職する（新規卒業者就職制度が発達した理由は苅谷 1991）。さらに性別に応じてキャリアパスに違いが出る。こうして学歴・性別・出身階層の似た境遇の同僚に囲まれる。年齢が重視される日本では先輩や後輩がライバルになりにくい一方、同じ時期に入社した者は常に比べられ、熾烈な競争に駆り立てられる。高校段階から似た者どうしで小宇宙を形作る。一億総中流などという不思議な幻想が生まれる所以だ。

均質な密室空間で比較の力が強く働くとともに、その間、外部の人間との比較が免れる。先輩後輩の年齢序列に助けられ、負け組にも分相応の場が与えられる。年功を積めばいつか部下を持てる。そして部下に説教を垂れて不満を晴らす。こうして露骨な格付け暴力から逃避する。高校生も同様の均一構造に組み込まれるおかげで、外部との比較が生む劣等感が緩和される。

以上みたように、各社会に応じた緩衝メカニズムが設けられ、格差の葛藤を和らげる。そのおかげで格差がありながらも階層構造が安定するのである。

第2章

遺伝・環境論争の正体

前章で格差の実態を確認し、その再生産の仕組みにメスを入れた。次に検討すべきは能力の原因が遺伝なのか環境なのかという問いだ。

遺伝・環境論争が長きにわたって続くのは何故だろう。それも感情的な水掛け論が繰り返されるのはどうしてか。人間が成長する過程に遺伝も環境も関与するのは当然だ。なぜ、それぞれが貢献する割合が気になるのか。本章ではこの論争の正体を暴き、続いて第3章で遺伝と環境の分離不可能を説こう。人間は遺伝・環境・偶然という外因の沈殿物だ。要素を分ける試みは不毛である。

役に立たない学問、社会で何の機能も果たさない学問は長続きしない。遺伝・環境論争は何の役割を担うのか。この問いに答えが出ると何が変わるのか。

教育を通して性格や能力を変えられるかどうかで学校制度や職業訓練の意義が異なる。学校教育には莫大な資金が要る。誰が負担するのか。子どもへの投資ならば、親が見返りを期待する。税金を投入するならば、国民の同意がいる。こうして論争が続くのか。

実はこの効率論議の裏に他の動機が隠れている。遺伝論者も環境論者もおそらく明確には気づいていない、抑圧された真の動機だ。社会の格差は何が原因なのか。これは同時に優劣は誰のせいなのかという問いでもある。格差があるのは社会が悪いからか、自業自得なのかという対立だ。

人間は合理的に思考する存在でない。社会で生きる必要に合わせて意識が作り出される。カール・マルクス『経済学批判』「序言」の有名な章句「人間の意識が存在を規定するのではない。逆に人間の社会的存在が意識を規定する」(Marx, 1859) を思い出そう。この章では争いを生む背景を知識社会学の観点から俯瞰する。

†ブルジョワジー台頭と進化論

フランスの発達心理学者ルネ・ザゾが指摘する。

一九三〇年代、イデオロギー論争が頂点に達した。ヒトラーは双子研究を奨励し、スターリンは禁止した[……]。人種論者、あるいは人間と階級の格差が先天的だと信じる者は双子を証拠に引っ張り出す。平等主義者は逆に格差を環境のせいにする。[……] 図式的にこ

う言えるだろう。環境論者は左派［革新］であり、遺伝論者は右派［保守］だ。（Zazzo, 1960/91）

客観的分析を旨とする科学といえども時代・社会の世界観から完全には逃れられない。一九世紀から二〇世紀にかけて猛威を振るった人種理論や優生学が典型例だ（Gould, 1981）。フランスの社会学者ピエール・ブルデューが言う。

中立な科学という考えは虚構だ。利害関係が背後に隠れる虚構だ。この虚構を通して科学は婉曲された中立な様相を装い、大きな効果をもたらす。虚構性が隠され、社会の支配的世界観が意識されないからだ。（Bourdieu, 1976）

一九世紀後半のヨーロッパで遺伝・環境論争が始まった。人種や階級の違いを説明するためだった。一九世紀後半は植民地主義の真っ盛り。産業革命を経て賃金労働者が増え、階級闘争が始まった時期だ。社会進化論が勃興するのも、この頃である。フランスの社会学者ノエル・ビセレから引用する。

適性（aptitude）という概念が重要性を浴びるのは一八世紀からであり、功績や個人責任などの平等イデオロギーに結びつく時期からだ。フランス革命後、［……］適性は社会の格差、そしてその表現であり、格差維持装置としての学校が生む能力差を正当化する役割を、この概念が次第に果たすようになる。新しい社会と制度は平等を建前とする。したがって格差の原因は「自然」のデータでしかありえない。この正当化イデオロギーは科学の発見（一九世紀前半の人体部位測定、一九世紀後半の生物学、そして一九世紀後半からの人文学）に寄りかかりながら次第に強化されてゆく。（Bisseret, 1974）

生物学におけるダーウィン進化論の成功がハーバート・スペンサーの適者生存という概念を導き、社会進化論として発展したと一般に理解されている。だが、それは違う。フランシス・ゴルトン、エルンスト・ヘッケル、アウグスト・ヴァイスマン、ユーゴー・ド・フリースなどがそれぞれの説を展開し、進化論にはかなりの混乱が見られた。グレゴール・メンデルの遺伝理論と結びつく一九二〇年頃まで進化論は生物学者を納得させる理論でなかった。メンデルの本職は修道士であり、アマチュアとして研究していたが一八七〇年頃すでに遺伝の研究から離れ、教会の仕事に追われるようになる。メンデル理論が知られるのは死後だ（Pichot, 2000）。チャールズ・ダーウィン『種の起源』が発刊された一八五九年からトーマス・ハント・モーガンらの『メンデル的遺伝のメカニズム』が公にされた一九一六年の時期に産業革命の発展と完成を見た。それはヨーロッパの支配階級だった貴族を引きずり下ろし、ブルジョワジーが権力を掌握した時代でもある。

政治権力を奪取し、経済力を強化したブルジョワジーは、自らが永続させる貧富差を正当化し、彼らの新しい特権を脅かす反対勢力を弱めるためのイデオロギーを社会に浸潤させてゆく。平等原則を貴族に突きつけて自分たちの権利を要求しただけに、この措置は非常に重要な意味を持っていた。ブルジョワジーは主張する。すべての人間は権利に関して自由であり平等であると。人間の運命は既存の社会秩序が決めるのでなく、各人の能力が決めるのだと。(Bisseret, 1974)

自分たちの優位を主張するために貴族は家系を引き合いに出す。すべての生物を神が最初から別々の存在として作ったとする創造説を持ち出し、カトリック教会の庇護に頼る。対してブルジョワジーの拠り所は才能と勤勉しかない。地位・権力・富は自分自身が勝ち取ったものだと断言する。こうして「貴族の血 対 真の能力」という図式ができあがる。

ダーウィン説はブルジョワジーに都合の良い理論として迎えられた。この頃は科学主義が横行する時代でもある。神話に寄りかかる貴族政治を打倒する上で、ブルジョワジー支配に進化論が科学的根拠を与えた。近代以前の社会秩序は神の摂理として理解されていた。この世界観に基づく貴族制ヒエラルキーをブルジョワジーは斥け、自然淘汰説を据える。ダーウィン進化論を階級闘争に持ち込み、新しい秩序を生物学の枠組みで説明する。ブルジョワジーが必要としていたイデオロギーをダーウィン進化論が提供した。

ダーウィン進化論が生物学に認知され、その後に経済学や社会学に輸入されて社会進化論が席巻したのではない。事実は逆だ。イギリスの経済学者トマス・ロバート・マルサスの『人口論』など当時の社会学や経済学からダーウィンはヒントを得て進化論を練り上げたのである。『種の起源』から引こう。

世界の有機的存在［生物］が級数的に増加し、それらの間に必然的に起こる生存競争について次章で考察する。これはマルサス学説の動植物への応用だ［強調小坂井］。種それぞれにおいて生存できる数以上の個体が生まれる。したがって結果として生存のための闘争が頻繁に生じ、個体間に差があれば、複雑な条件の中で少しでも適した個体の生き残る確率が高くなり、ゆえに自然に選別される［*naturally selected*、強調ダーウィン］。(Darwin, 1859)

生存競争を通して世界が変遷するという考えは当時の社会にすでに受け入れられており、その生物学的表現としてダーウィン進化論が少しずつ浸透していった。つまり思想や科学が社会を変えたのでなく逆に、経済を中心に変化しつつある階級構造を正当化する理論が伝播していったのである。

貴族制度が維持するのは血統でない。貴族と平民とを分かつ境界が身分制度の本質をなす。貴族制の血統は社会階級の象徴にすぎず、生物学的概念とは違う。対するにブルジョワジー台頭を後押ししたメリトクラシーは生物学的意味で優秀な人間の勝利を意味する。社会進化論は新たなヒエラルキーに科学的根拠を与え、正当化する。そして、この世界観は植民地支配や男女差にも拡大される。貴族制が頼みの綱とした伝統と神授説に代わって自然科学の客観データが社会秩序を根拠付けるようになる。貴族制はカトリック神学に基づく保守派の世界観だった。他方、ブルジョワジーが熱烈に支持した社会進化論のメリトクラシーは改革派の思想として迎えられた。社会秩序の根拠が神の創造から自然淘汰に移動する。社会進化論の台頭は、この歴史変遷に呼応している。

†知能テスト産業の発展

知能テストが発達した理由も資本主義の展開と密接に関連する（Danziger, 1997）。産業革命が生産性を高めるとともに労働力の規格化を引き起こし、分業制浸透と労働成果の量的評価をもたらした。その影響は教育活動にも及んだ。教科書が普及し、授業の形式が定まっていく。時間単位で授業が行われるようになり、必修科目の履修制度が生まれた。口頭試験に代わり筆記試験が一般化する。生徒一人ひとりを個別に評価する口頭試験と違い、筆記試験は多くの生徒を同じ基準で比較し、成績を数値で管理できる。こうして学校の役割が変容し、生徒の扱いも変わる。生徒には必ず成績の違いが出る。質を重視する口頭試験に比べ、量的評価に適した筆記試験では生徒の差がはっきりする。したがって優等生と劣等生の区別が明瞭になる。

体系的な教育制度が普及すると、成果の説明を求める動きが現れる。教育熱心な親や役人に対してだけでなく、納税者に向けても釈明しなければならない。すべての生徒が十分な知識を身につけ社会で成功するとは限らない。成績不振の原因は何なのかと問い質され、学校の教え方が悪いのではない、生徒が愚鈍だからだという答えが用意される。いわば生産装置の機能には問題ない、原材料が劣悪だから製品の質が悪くなるのだと。こうして学校制度を正当化するために生徒の素質を科学的に判断するようになる。

一九世紀の学校規格化がなければ、二〇世紀の知能テスト産業勃興はありえなかった。落ちこぼれる生徒を救うために教育方法を反省する関係者もいた。だが、この方向は少数派にとどまり、心理学者を始め多くの専門家は原材料をふるいにかける道を選んだ。教育に適した生徒とそうでない生徒を選別し、それぞれに見合った教育コースに振り分ける。あるいは不適な生徒を学校から追放する。

一九世紀末にはすでに学校とは別の選別システムができていた。社会生活への適性を医学者が判断し、不適応者を精神病院に隔離する制度だ。医師の管轄と教育関係者の領域とが分かれ、不良品を医学が排除した後、残りの材料を学校が規格試験でさらに精査する。正常者と同じ教育環境に粗悪品を置くと邪魔になる。だから特殊学級に送り、別のコースに閉じ込める。この選別過程で知能テストが活躍した。

知能検査を発明したのはフランスの心理学者アルフレッド・ビネだが、知能を一元的数値で評価する制度は一九世紀末のフランスに普及しなかった。爆発的成功を収めたのは、この技術が英米に渡ってからだ。知能は個人的ばらつきだけでなく、社会階層による違いもある。英国では階級差の指標として注目され、米国では人種の能力が異なる証左として研究が積み重ねられていく。身長や皮膚色と同様、知能も遺伝するという説が定着する。

ビネは知能検査の結果を教育に役立てようと考えたが、ダーウィンの従弟で優生学(eugenics)という造語(『人間の能力とその発達の研究』一八八三年)を生んだフランシス・ゴルトンに啓発された学者たちはこの選別技術を優生学に利用する。ゴルトン派にとって教室は社会の縮図であり、両者はともに適者生存の闘いの場として理解された(Danziger, 1997)。

知能テストが専門技術として承認されるには二つの条件が要った。第一にテストが直感的に理解できること。そうでなければ有効性が大衆に認められず、普及しない。だが同時に、誰でも使える技術では専門家が独占できない。統計を駆使する方法論は大学教育を経ずに習得できない。知能テストはまさにこの二つの条件を備えていた。生徒だけでなく、二つの世界大戦を機に兵士に施され、知能テストや性格検査が需要を拡大していった(Paicheler, 1992)。

アメリカにおけるパーソナリティ心理学のこうした発展は、アメリカ的社会システムの発展と深く結びついていた。最初の性格検査が兵役検査を目的にしていたことからもわかるように、ヨーロッパ型の階級社会とは違う大衆社会を築き上げたアメリカでは、あらゆる職業や社会的役割がすべての市民に開放されており、市民は家柄や出自によってではなく、実力によって特定の職業や役割を担うものとして選別されることになった。そうした社会には、選別のために個人を特定の能力や特性ごとに客観的に序列化するシステムが求められ、そのホープとして発展したのが心理学的測定、心理検査なのである。

特性論に基づく性格検査は、学問として発展するだけでなく、人間の序列化が求められる大きな二つの領域、すなわち教育と人事考課を市場として、一大産業に発展していった。(渡邊 2010)

†学問とイデオロギー

遺伝か環境か、氏か育ちか。このテーマに一九世紀の西洋が関心を寄せた元々の理由は階級・人種・性別などの差を説明するためだった。科学的好奇心とイデオロギーとが最初から複雑に絡み合っていた。後に社会進化論と優生思想が力をつけ、世界中で広範に行われた精神障害者の強制断種やナチスの虐殺政策につながっていく。

優生学と社会進化論は有害無益な人間の排除を目指す点は共通するが、そのための手段は正反対だ。前者は劣等要素を消滅させたり、優等要素を促すための積極的介入を行う。後者は弱者の経済救済措置や医療を廃止し、劣等要素を自然に淘汰する。歴史的にみるとダーウィン『人間の由来』(一八七一年)が発表されてまもなく社会進化論が提唱されるが、優生学は少し遅れてゴルトン『人間の能力とその発達の研究』をきっかけに一八八〇年代になって現れる(Pichot, 2000)。

科学の営みは社会の常識や世論に大きく左右される。一九世紀から二〇世紀にかけて人種理論が猛威を振るった。二〇世紀には優生学が法制化され、第二次大戦後まで多くの国で強制断種が行われた。それはナチス・ドイツの特殊事情でなく、欧米を中心に広範に実施された国家政策だった。

優生学の必要を説いたのはフランシス・ゴルトンやカール・ピアソンなど英国の学者だが、民主主義の伝統が英国での実施を防いだ。優生学の推進を目論むプロパガンダやロビー活動に政治勢力が抵抗し、強制断種法案がいくつか提出されたが失敗に終わった。

断種の法制化を最初に行ったのは米国である。知的障害者・精神疾患者・アルコール中毒者・性病患者などの結婚を禁止する法律が一九世紀末にすでにできていた。コネティカット州で一八九六年に制定された婚姻禁止法が四五歳以下の女性のみに適用されたように遺伝防止が目的だった。その後、一九〇五年にインディアナ州でも婚姻禁止法ができ、同法を持つ州が一九一四年までに三〇を数えた。

断種法は一九〇七年にインディアナ州が制定し、結婚禁止に加えて断種が科せられた。一九〇九年にはワシントン州・コネティカット州・カリフォルニア州で、また一九一一年にはネヴァダ州とアイオワ州で、一九一三年にはカンザス州・ウィスコンシン州・ノースダコタ州などで断種法が成立した。一九五〇年までに断種法を制定した州の数は三三に上り、ヴァージニア州では一九七二年まで断種手術が続けられた。一九〇七年から一九四九年一月までに米国で断種を強制された人の数は少なくとも男性二万三〇八人、女性二万九八八五人に上った。

米国に少し遅れてヨーロッパでも優生学法が制定される。スイス一九二八年、デンマーク一九二九年、ドイツ一九三三年、ノルウェー一九三四年、フィンランドとスウェーデン一九三五年、エストニア一九三七年と続いた。一九七六年まで強制断種を続けたスウェーデンでは四〇年間に六万三〇〇〇人が犠牲になった（Pichot, 2000）。遺伝・環境論争と優生学の絡みを研究した米国歴史家が言う。

研究に選ばれる課題、これらの課題に答えるために練り上げられる仮説、データを得るための方法、そして引き出される結論は社会の文化・知的風潮を反映しやすい。科学は時代精神から完全に独立ではありえないと我々は言うべきだ。自然界の「客観的」見方があり得たとしても、職業上の追従、人間関係の柵《しがらみ》あるいは出世欲が原因で科学研究はそこから離れていく。もちろん科学者自身の民族・文化・性別などの背景にも影響される。（Gillette, 2007）

イデオロギーに煽られたのは遺伝論者だけでない。ゴルトン以来、明確な立場を打ち出してきた遺伝論に比べ、環境論は雑多で個別な主張ばかりだった。遺伝決定論に反対するものの、では環境がどのように能力を発達させるのかという具体的プロセスを説明する理論もなければ、研究するための確立した方法論もなかった（Lemaine & Matalon, 1985）。その中では一九二〇年から三〇年代にかけて米国で行動主義が学習万能論を流行らせ、理論的発展を見た。創始者ジョン・ワトソンは嘯《うそぶ》いた。

健康な子どもを一ダース私に与え給え。その中のどの子どもでも私の方法で育てれば、才能・性格・能力・先天的適性や先祖の人種などにかかわらず、医師・弁護士・芸術家・経営者、あるいは乞食や泥棒のどれにでもなりうることを保証する。(Watson, 1930)

ワトソンにとって精神はもともと白紙状態《タブラ・ラーサ》であり、条件付けを通してどのような人格や能力にも育てられる。米国人類学者フランツ・ボアズも本能などの先天的形質はヒトに存在しないと主張し、文化の産物として人間を捉えた。ナチス人種主義に対する反感も手伝って環境論者は能力の遺伝説を嫌う。教育関係者が環境論を支持しやすいのも、それが彼らの役割を正当化するからだ。すべてが遺伝で決まるなら学校が無用になり、教師や教育学者が廃業に追い込まれる。

ソ連のスターリンとフルシチョフ庇護の下、トロフィム・ルイセンコは獲得形質の遺伝説を強力に推進した。遺伝とは名ばかりで、これも環境論の一種だ。生物進化を説明するためにラマルクが援用した用不用説は共産主義政策に都合の良い理論として迎えられた。生産性向上のために流布されたプロパガンダ「スタハノフ運動」同様、ブルジョワ思考を打破し、新しいタイプの人間を育てる理想にとって、社会環境が生み出す形質が遺伝するという説が役立った。

ルイセンコのまちがった理論に依拠する農業政策が膨大な飢饉を引き起こし、数百万人を餓死させた。毛沢東主導の中国でもルイセンコ説が採用され、一九五〇年代後半から凄まじい飢饉を誘発し、少なくとも三千万人が亡くなった（Graham, 2016）。

†人種神話

黒人の能力が遺伝的に白人より劣るという説がたびたび発表され、批判の嵐を巻き起こしてきた。アーサー・ジェンセンが一九六九年、Harvard Educational Review に発表した論文「ＩＱと学業達成をどのぐらい伸ばせるか」が特に有名だ（Jensen, 1969）。米国の白人と黒人にＩＱ差がある事実自体はよく知られている（Herrnstein & Murray, 1994）。問題はそれが遺伝なのか、経済や差別など社会環境のせいなのかだが、この問いに答えるのは難しい。

一歳になる前に白人家庭に養子にもらわれた黒人児童のＩＱ平均値が一一一だった。かなり高い。ところが白人家庭に入っても、より遅く養子になった黒人のＩＱ平均値は九七・五に留まった。次章で示すように養子は中流以上の家庭が受け入れる。このＩＱ向上は教育環境の改善が原因だ（Scarr & Weinberg, 1976）。だが、白人と黒人の差に遺伝が関係していないかどうかは、このデータだけではわからない。

養子として白人の中流家庭にもらわれた子どものうち、産みの親が両方とも黒人の子と、片方の親が黒人で他方が白人の子のＩＱを比べると後者の方が高い。したがって白人と黒人の能力差が遺伝による可能性も否定できない。とはいえ、皮膚が黒いほど差別にさらされるとともに貧しいのも事実だ。サンプル比較には多くの要因が複雑に絡み合い、遺伝と環境の効果を分離するのは難しい（Scarr, *et al.*, 1977）。

ＩＱという一元的基準では知能を測れない、一般知能因子*g*などに意味はない、知能は多様でありＩＱからは何もわからないという批判がある（Gould, 1981）。だが、技術的詳細に入らず、より根本的な見地から以下では人種概念の誤りを明らかにし、議論の無意味を説こう（詳しくは小坂井 2011b）。

人種は自然集団でなく、どの身体特徴（身長・体形・髪・血液型・皮膚色・眼色・頭形・鼻形・唇形・体毛の濃さなど）に注目するかによって分類の仕方が異なる。頭形を基準にすれば北欧人はイタリア人やスペイン人のような南欧住民よりもアフリカ人により近い。手足の長さと胴体の比率ならば、黒人と白人は似通っているが、アジア人は異なる。鼻形ならば、エスキモーは北欧人のような狭い鼻孔を持ち、アジア人とは違う。血液型の分布頻度を基準に採ってもABO式・Rh式・Kell式などにより分類が変わる（Ruffié, 1983）。フランスの構造人類学者クロード・レヴィ＝ストロースが言うように、ある形質を無視し、他の形質を重視する理由はない。

人種に言及する時、注目される遺伝要素は身長・皮膚色・頭形・髪質など、どれも目に見えるものばかりだ。分類結果がすべての形質で同じになると想定しても――そんなことは不確かだが――、目に見える形質に依拠する分類が、すぐには判別できない他の形質［例えば血液型や遺伝子など］による分類結果と一致する保証は少しもない。しかし、どちらも現実に存在する形質であり、後者の地域分布が前者の分布と大きく異なるかもしれない。そして後者内部でも形質ごとの分類結果が一致しない可能性がある。したがって選ぶ基準に応じて「不可視の人種」が伝統的人種の内部に発見されるかもしれない。目に見える形質を基準に分類した境界がそもそも当てにならない上に、「不可視の人種」の境界と相反する可能性もある。(Lévi-Strauss, 1983)

黒色人種・白色人種・黄色人種という区分がよく知られているが他の分類も可能だ。そもそも自然人類学は人種の数にさえ統一見解を出せなかった。スウェーデンのカール・フォン・リンネはホモ・サピエンスを六つの人種に分類し、ドイツのヨハン・フリードリヒ・ブルーメンバッハはコーカサス人種・モンゴル人種・エチオピア人種・アメリカ人種・マレー人種の五種類に分けた。一七種類の人種を分類すべきだとするフランスのジョゼフ・ドゥニケールや、六

○種類の人種が存在するという学者も出た（Gould, 1981）。

分子生物学の発展にともなって黒色人種・白色人種・黄色人種のそれぞれに固有の要素が発見されたと主張する者もいる。だが、この手の議論は論理が逆立ちしている。ある要素が人類の一部のみに分布する事実を発見しても、その要素を持つ人々の集合が人種をなすとは言えない（Jacquard, 1972; 1982）。血液型Aの人々を集めて「A型血液人種」と呼ぼうと提唱する学者はいない。青い目の人々を「碧眼人種」としてまとめはしない。

リンゴを分類しよう。色も異なるし寸法も大小ばらつきがある。酸っぱいリンゴも甘いリンゴもある。色・寸法・味のうち一つの基準だけで分類するなら問題ない。だが、複数の性質を考慮して分類しようとすると困ってしまう。赤くて酸っぱいリンゴは、酸っぱくて緑のリンゴと同じグループに入れるべきか、甘い赤リンゴと同じグループにすべきか。酸っぱいリンゴの好きな消費者ならば、赤リンゴと緑リンゴを同じ箱に入れてもいいかも知れない。歳暮用なら同じ色でも大きさの違うリンゴを一緒にすると見栄えが悪い。どの基準が重要かはリンゴの性質だけで決まらない。

複数の基準を同時に考慮するためには各基準の重要度を決める必要がある。だが、ある基準を他の基準よりも重視する理由はデータ自体から出てこない。分類する側の主観的決定がなければ、分類は不可能だ。分類は、ある基準よりも他の基準の方が重要だと定める行為であり、世界観の表明に他ならない（池田 1992）。ヒトを規定する仕方が無数にあるだけでなく、各形質の軽重が決められない以上、人種を抽出する試みは原理的に空しい。

多変量解析は、各変数に最終的に与えられるべき相対的加重を未知数として導入し、多次元ベクトルを一次元スカラーに変換する。例えば身長と体重を同時に考慮して分類する場合、データの分散を最大にしたり、比較する集団の距離が最大になるように各変数の相対的重み（係数）を後から計算する。こうして算出された二つの変数からなる合成指標を「肥満度」（身長が低く体重が重いほど、この指標の値が高くなる）などと解釈する。この手順からわかるように分散を最大にするとか、集団をできるだけ差異化するという、データ自身に含まれない外的条件を導入しなければ演算できない（Flament, 1981a, b）。複数の基準を同時に考慮しての比較は原理的に不可能だ（渡辺 1986）。

系統学は生物が分化した歴史を解析する学問だが、この分類結果と人種を混同してはならない。人類を含めた生物の進化と分化の事実は、そのプロセスを決める法則や要素が存在することを意味しない。進化は変異と自然淘汰という二つの偶然が重なり合って生じる。進化に法則も根拠も存在しないことを明らかにしたのが進化論最大の功績だ。生物の分化はたまたまそうなったにすぎない。この点は終章で再び考察する。

混血という言葉があるが、太古の昔から純粋人種など存在しなかった。それは歴史事実の検討以前に認識論の問題であり、純粋人種という表現の意味が誤解されている。倫理的配慮を別にすれば、家畜の品種と同じ意味で純粋人種を作るのは可能だ。近親交配を繰り返し、よく似た形質の人々を集め、集合内部で世代を繋げればよい。だが、その場合の純粋とは各形質について集合内の分散が小さい、すなわち、どの個体も似ているという以上の意味はなく、各人の純粋性とは関係ない。

縮れた金髪、厚い唇、黒い肌、ギリシア彫刻のような高い鼻、緑色の虹彩、一重まぶたの吊り目といった形質を同時に備えた人を想像しよう。常識では混血と言うだろう。だが、それは先入観にとらわれるゆえの錯覚だ。家畜の品種と同じ意味で、このような人々の集合は純粋人種をなす。血統書付きの犬や猫はどれも奇妙な姿をしている。金魚もそうだ。出目金・ランチュウ・水泡眼などは人間が長い時間をかけて作った奇形だ。純粋な個体という表現は非論理的であり無意味である。ある対象を純粋と感じるのは見慣れた分類の典型だからにすぎない。純粋という概念の前提にすでに、ある恣意的な分類システムが想定されている。

黒色人種・白色人種・黄色人種という分類が一八・九世紀に作り出され普及したのは西洋植民地主義に都合良かったからだ。ヨーロッパは植民地を拡大しながら現実を後追いする形で人種理論を練り上げた。征服する過程で出会った他者を異質な存在と認定し、ヨーロッパ人との差異を強調するための分類が生まれた。こうして差別・搾取・虐殺が正当化された。だから身長・眼色・髪色よりも、「文明人 対 野蛮人」図式に都合のよい皮膚色や髪・鼻・目の形状が重視されたのである (Wade, 1993)。

†相関関係の嘘

人種差に関する議論でもそうだが、より一般的に遺伝・環境論争では往々にして相関関係と因果関係が混同される。次章で検証する行動遺伝学も同様の過ちを犯している。相関関係と因果関係は違う。実験・調査方法論や統計の教科書に必ず載っている基本的な注意事項だが、ジャーナリストを含め、混同する者が後を絶たない。相関関係を見つけただけで食品〇〇を頻繁に摂取する人は××病に罹りにくいなどと臆面なく言うが、たいていは俗信にすぎない。

次の例を考えよう。一〇万世帯当たりの自動車保有数 (あるいは携帯電話・コンピュータなど) と平均寿命の間には強い正の相関関係がある。社会が豊かになると消費財や耐久財の所有が増えると同時に栄養状態も良くなり、医療が向上し健康保険が完備する。したがって平均寿命が延びる。これは見せかけの関係であり、国民の長寿を願って厚生労働省が自動車やコンピュータの増産計画を立てたりしない。

IQと癌死亡率の間にも強い相関関係がある。脇目も振らず勉強すると癌になるのではない。経済状態の向上につれて就学率が高まり、IQが上がる。他方、社会が富むと医療制度が充実する。したがって乳児や小児の死亡率が減り、結核・赤痢・コレラなどの死亡者数が減少する。細胞増殖時のミスで生まれる異常細胞の排除失敗が癌の原因だ。したがって免疫が弱る高齢者は癌に罹りやすい。ゆえに老人の多い先進国では癌による死亡率が高くなる。つまり死亡原因のうち癌による死亡の割合が上がる。こうして両者の相関係数が見かけ上高くなる。

XとYという二つの要因の間に相関関係がある時、四つの可能性が考えられる。①Xの変動がYの変動の原因をなす、②その逆にYの変動がXの変動の原因をなす、③直接観察されないZが両者の背後にあり、それがXとY両方の変動の原因をなす、④XとYにはまったく関連がなく、偶然同時に生じた事象にすぎない。先に挙げた二つの相関関係はどちらも③のケースだ。因果関係があれば必ず相関関係がある。しかし相関関係があっても因果関係があるとは限らない。

そして因果関係はデータだけで判別できない。因果関係の不在は実証できるが、その逆は証明できない。因果関係はたいていの場合、理論的な推察に留まる。共分散構造分析などを用いてもデータだけを基に因果関係と相関関係の区別はできない（竹内1986）。

相関関係と因果関係の判別の難しさを示すために単純な例を考えよう。友人宅に行き、飲み物を振る舞われた。ウイスキーのソーダ割りだ。数日後、他の家に招かれ、そこではウオッカのソーダ割りを飲んだ。翌日はテキーラのソーダ割りだった。不思議なことにいつも酩酊状態になった。どうしてか。共通する要素はソーダだ。ゆえに酩酊の原因はソーダに含まれる何かに違いない。この作り話を一笑に付せるのはソーダ以外にも共通要素があると知っているからである。だが、アルコールという物質を知らない社会では、この奇妙な現象の原因を突き止めるためにソーダの組成分析から始めるのが順当だ。

エイズが認知され始めた頃、新種の病気の原因を探るために患者の共通項を調べ、遺伝・感染・中毒の仮説が立てられた。初期の患者は米国の男性同性愛者ばかりだった。彼らが接しているモノは何かと問われ、ポッパーと呼ばれる性的興奮剤に注目が集まった。バナナの香りを伴う揮発性の液体であり、血管拡張機能を持つ亜硝酸アミルと亜硝酸ブチルの多量吸引が免疫低下を起こすのではと考えられた。だが、この薬品を使用したことのない患者が多数いる事実が判り、この仮説はまもなく放棄された(Grmek, 1989/1995)。

厳密に言うと喫煙と肺癌の因果関係は証明されていない。両者に強い相関関係があっても、それを説明する他の仮説が少なくとも二つ考えられる。①肺癌に罹るとニコチンを摂取したくなる。つまり喫煙が原因で肺癌が生じるのでなく、その逆に肺癌が原因で喫煙が誘発される。②癌を発生させるとともにニコチンを欲する遺伝子が存在し、それが肺癌と喫煙欲を同時に引き起こす。どちらの仮説も理屈としては可能だ。

妊娠すると食べ物の嗜好が変化する。同様に肺癌に罹るとタバコを吸いたくなるかもしれない。①の方向で因果関係が証明されれば、禁煙しても肺癌は進行する。②が正しく、癌を発生させると同時にニコチンを欲する遺伝子Xが存在すれば、タバコ消費と肺癌発生率の因果関係が崩れる。Xを持たない人はタバコを吸わないし、癌にもならない。対してX保有者は癌発生率が高いと同時にタバコを吸いたくなる。したがって喫煙と癌発生率の相関関係は強い。しかし両者の間に因果関係がないので、Xを持たない人はタバコをどれだけ吸っても癌にならないし、X保有者は辛い思いで禁煙しても癌の危険性が減らない。

倫理問題を棚上げすれば、因果関係を調べる方法はある。子どもの集団を無作為に二つ作り、一方の子どもには強制的にタバコを毎日吸わせ、もう一方の子どもには禁煙させる。二〇年ぐらい経ってから両集団の肺癌率を比較すれば、因果関係の有無がわかる。しかし、そんな人体実験はできないから喫煙と肺癌の因果関係の証明は難しい（Matalon, 1988）。

マウスなどの動物では検証できるが、その結果が人間に当てはまる保証はない。治験モニターは男性が多い。臨床結果を女性にも適用できるか不明の場合も多い。ましてや動物実験の結果が人間にも当てはまるとは限らない。そのため、動物実験は細胞実験と同様、医療エビデンスにおいてレベル最低のデータとして扱われる（瀧澤 2010）。

因果関係が証明されなくても喫煙と肺癌の相関関係はわかっているので、喫煙習慣に注目して肺癌防止の対策を練るのは正しい。仮説①が正しくて癌発生が喫煙の原因ならば、喫煙者はすでに肺癌に罹っている。したがって面倒な検査をせずに喫煙者を全員治療すれば良い。仮説②の通りならば喫煙者は遺伝子X保有者だから、やはり喫煙者を重点的に診断すべきだ。

迷信の多くは相関関係と因果関係の混同から生ずる。とくに大衆向け書籍や雑誌では頻繁だ。

†遺伝と先天性の違い

遺伝・環境論争という表現自体、ある特別な意味を秘めている。遺伝と先天性は違う。遺伝子構成が同じでも胎内環境との相互作用により誕生時の所与が変化する。池田清彦編著『遺伝子「不平等」社会』から引く（引用箇所は池田）。

> 性差と同じように様々な能力もまた、遺伝的要因と環境的要因の相互作用の結果であることは間違いない。能力の形成に最も重要なのは、ここでも恐らく胎児期における相互作用であろう。誕生の時点ですでに獲得されている能力を生得的と呼ぶならば、生得的と遺伝的は異なる概念なのである。（池田 2006、強調小坂井）

先天性・後天性の対立でなく、遺伝・環境論争という表現が普及したのは何故だろう。英語では heredity vs environment debate よりも nature vs nurture debate と呼ぶのが普通だ。つまり自然・養育論争であり、先天と後天の対比である。ちなみに nature vs nurture という語呂の良い組み合わせを提案したのはゴルトンだ(Galton, 1875)。フランス語でも同様に débat inné vs acquis であり、「生まれながらの性質 対 獲得された性質」という構図で論議されることが多い。やはり先天・後天の対立だ。遺伝子は先天的所与だから、どちらの表現を使っても同じ気がする。だが、それらの背景には二つの異なる世界観が隠れている。

遺伝の「遺」は過去の事物を未来に残すことを意味し、「伝」は何かを伝えることだ。つまり遺伝は親子の連続性を指す言葉である。対するに先天性には偶然が強く作用する。つまり先天性は親との連続でなく、逆に断絶を表す言葉である。

ヒトの細胞には二二対の常染色体四四本と二本の性染色体があり、計四六本。減数分裂で生成される配偶子(精子と卵)は半数二三本の染色体を持つ。ある遺伝子構成の精子・卵が生まれる組み合わせは父由来と母由来の各染色体のうちどちらが選ばれるかで二通り、それが二三本あるので2^{23}(八三八万八六〇八)通りになる。どの精子と卵が出会うかも偶然だ。精子と卵それぞれの組み合わせが2^{23}通りだから、受精時の遺伝子組み合わせは$2^{23}\times2^{23}=2^{46}$=七〇兆三六八七億四四一七万七六六四通りある。そして精子と卵ができる減数分裂の際に組換えが生じるので実際の組み合わせの数はさらに多くなる。この膨大な可能性の中から、ある精子とある卵が偶然結合して受精卵ができる。性染色体Xが二本集まるか、XYの組み合わせになるかによって性別が決まる。男として生まれるか女として生まれるかにより人生は大きく変わるが、これも偶然の結果だ。

両親の遺伝子集合の中から選ばれる以上、受精卵にはすでに何らかのバイアスがかかっている。だが、七〇兆以上の組み合わせから無作為に受精が生じ、それに、たった一つの遺伝子でなく、複数の遺伝子の複雑な組み合わせを通して先天的素質が定まる（ポリジーン遺伝）以上、「蛙の子は蛙」とか「親の因果が子に報い」という単純な因果関係は親子にない。その上、子宮内ですでに遺伝子と環境の相互作用が開始され、そこでも偶然が作用する。

偶然の結果も先天性には変わりない。誕生時にすでに決まっている所与だ。だが、それは遺伝という言葉がまとう決定論的人間観とは違う。それなのに先天と言わず、親とのつながりを強調する遺伝という表現を使うのは何故か。

才能・犯罪行為・美醜などに対する社会の反応を考えよう。各人の所与と行為は①運命、②自己責任、③偶然のいずれかで説明され、どの論理を採るかで責任の帰属が異なる。

①貧困・犯罪・美醜が運命の定めならば現実を受け入れるしかない。インドのカースト制度や西洋の貴族制、徳川時代の士農工商など身分社会における階層の正当化がこれに当たる。犯罪行為・無能・醜さなどの原因が当人に留まらず、親、そのまた親……と無限遡及する。自己責任に依拠せずに格差や処罰を正当化する方法だ。

②一九世紀末から二〇世紀にかけて社会進化論が席巻した。適者生存というハーバート・スペンサーの言葉が象徴するように弱肉強食の論理は貧富差・犯罪傾向・美醜の原因を個人内部に求め、自己責任論によって処理する。昨今の新自由主義も同様だ。

③誰にも偶然起きうる不幸なら当人にも親にも責任はない。裕福な人、美しく能力に恵まれた人も危うく劣等な形質を授かる可能性があった。この世界観が拡がる社会においては不幸が自業自得だと考えられない。くじ引きの悲惨な結果を蒙った人々を救済する措置が講じられるだろう。身体障害者の多くは自らのせいで障害を背負うのでない。「お前の障害は自己責任だ」とは言わない。能力も同じだ。遺伝・環境・偶然という外因が育むのだから。

どの説明が流布するかは社会の事情による。内在的理由はない。各時代において多数派と少数派の間に広げられるイデオロギー闘争の結果であり、社会秩序を安定させる必要から都合の良い説明が選ばれるのである。

遺伝と環境をめぐる論争はそもそも勘違いから始まった。そして、その裏には支配のための戦略が隠れていた。遺伝が能力を決めようが環境が能力を育もうが、どちらにせよ当人の与り知らぬところですべてが進行する。したがって能力の自己責任は成立しない。だが、この虚構を捏造したおかげで近代は生贄のメカニズムを隠蔽し、格差の正当化に成功する。

†遺伝論と新自由主義

ゴルトンが一八六九年に『遺伝的天才』(Galton, 1869) を著して遺伝・環境論争の原型を提示して以来、一五〇年にわたって同じ議論が繰り返されている。奇しくも、そのちょうど一〇〇年目にあたる一九六九年に出たジェンセンの論文はマスコミを巻き込んで大論争を起こした。だが、それは内容が斬新だったからでもなければ、とりわけ差別的だったからでもない。知的レベルの低い者ほど繁殖率が高く、文明を退化させる、したがってIQ一〇〇以下の人々に無料の断種手術を施すべきだとノーベル物理学賞受賞者ウィリアム・ショックレーが呼びかけた。だが、彼の暴論も世間をそれほど騒がせなかった。ジェンセンの論文が載った一〇年前、同じ学会誌で展開された人種の能力差をめぐる議論 (McCord & Demerath 1958; McGurk, 1959) も注目を浴びなかった。ジェンセンの論文はそれまでの遺伝論を踏襲した路線にすぎず、目新しい主張は含まれていない。一九六五年に発足した低所得層の三歳から四歳の子どもを対象とする米国保健福祉省の教育プログラム Head Start が失敗し、多くの人が失望しかけた時にジェンセンが追い打ちをかけた。これが反論の嵐を引き起こした理由だ (Lemaine & Matalon, 1985)。

一九七五年、エドワード・O・ウィルソンが『社会生物学』を著し、注目を浴びた (Wilson, 1975)。人間の思考や行為を遺伝で説明する進化生物学・行動生態学・行動遺伝学・進化生態学・進化心理学などが、その頃から勢力を強め始める。名称は異なっても基本的立場は社会生物学と同じだ。一九七六年に出されたリチャード・ドーキンス『利己的な遺伝子』は世界的ベストセラーになった（Dawkins, 2006）。

優生学とナチス人種政策への反省が学界を戦後支配し、遺伝を前面に出すアプローチはタブーになっていた。しかし七〇年代に入ると、戦時中に活躍した学者たちがすでに引退あるいは死亡し、それら遺伝論が新しい装いの優生学にすぎないと危ぶむ雰囲気がその後の若い世代に薄れた。戦前の生物学を誤らせた人種理論や優生学の歴史は大学でも教える機会が少なく、次第に記憶から消えていった。七〇年代以降の若い研究者は優生学が何だったかも知らないで育った。

またこの時期にはすでに遺伝子理論の目覚ましい躍進があり、その成果を無視しづらくなっていた。ジェームズ・ワトソンとフランシス・クリックのDNA二重らせん構造が提唱されたのが一九五三年、この研究がノーベル賞を受けたのが一九六二年である。以上の社会状況変化がウィルソン新理論の普及を助けた（Gillette, 2007）。これ以降、遺伝論や生得論（nativism）が英米を中心に勢力を拡大してゆく。

最近、日本でも遺伝に注目が集まっている。橘玲『言ってはいけない残酷すぎる真実』（新潮新書、二〇一六年）がベストセラーになった。格差問題をずっと追い続けている橘木俊詔も

『遺伝か、能力か、環境か、努力か、運なのか――人生は何で決まるのか』(平凡社新書、二〇一七年)を著し、遺伝の貢献度について議論している。能力や性格の原因として遺伝と環境それぞれの貢献度を分析する行動遺伝学の一般向け書籍が多数出版され、知能指数や性格から精神疾患まで想像以上に遺伝が規定していると喧伝する。安藤寿康『遺伝子の不都合な真実――すべての能力は遺伝である』第5章「社会と経済の不都合な真実」の小見出しをいくつか拾ってみよう。「私たちのすることすべてに遺伝は表れる」「収入への遺伝の影響は二割から四割」「IQと学業達成の三分の二は遺伝である」「教育投資の見返りは一〇%程度」(安藤2012)とある。『日本人の9割が知らない遺伝の真実』で安藤は橘玲の著書との関連を述べる。

2016年4月に橘玲氏の出された『言ってはいけない残酷すぎる真実』(新潮新書)が30万部を超すベストセラーとなりました。

これには驚きと当惑の気持ちを隠せませんでした。なにしろ私たちが長年取り組み、それなりに世の中に発信してきたつもりなのに、ほとんど届いていないと感じていた行動遺伝学のメッセージが、こんな形で取り上げられ、地方の小さな書店でも平積みにされ、電車の中吊り広告にもなるような扱いになっているのですから。しかも私の書いた本がエビデンスとして紹介されています。(安藤2016)

このような主張が世間の共感を呼ぶ背景に、グローバル化に後押しされた新自由主義が唱える自己責任論の浸潤を見るべきだ。

どうして同じ議論が蒸し返されるのか。科学的な問いかけとは違う次元で世相に流されるのか。それはこの論争の本質が能力の因果と無縁だからだ。遺伝と環境のどちらが能力や性格の原因なのかという表向きの問題設定がそもそも的外れだ。内因はどこにもない。内因は処罰や格差を正当化するために捏造される社会装置であり、イデオロギーである。だが、それに気づいても社会の不平等は是正できない。問題の根はずっと深く、錯綜している。

第3章　行動遺伝学の実像

前章では遺伝・環境論争のイデオロギー背景を分析したが、能力や性格を遺伝が決めるのか環境が決めるのかという問いにはまだ答えていない。本章では行動遺伝学の提示する事実と解釈を出発点に据え、元資料に遡って確認しながら行動遺伝学の勘違いと限界を指摘する。

日本では安藤寿康がこの分野のリーダー的存在であり、豊富なデータに基づいて検討している。米国の著名な行動遺伝学者ロバート・プロミンを始め、海外の専門家も同様のデータを示す。特に知能の遺伝に関しては膨大な研究蓄積がある。

「遺伝が知能を決定するという説がそもそも眉唾だから真面目に相手にする価値がない」と高をくくり、遺伝論の主張に耳を貸さない読者もいるだろう。だが、それは誤った態度だ。行動遺伝学のアプローチを正確に把握しないと議論が空転し、問題の焦点を見損なう。それでは水掛け論が続くだけだ。

人種が科学的概念をなさない事実を前章で説明した。その理由を明確に理解せずに、人種差別は悪いと納得するだけでは、「ユダヤ人は優秀な民族だ」とか「黒人は生まれつき優れたリズム感を持っている」などという迷信がいつまでも消えない。悪口を言うのでないだけに、このような偏見はかえって執拗だ。同様に行動遺伝学に対しても、その土俵に乗った上での内在的な検証が必要である。

遺伝と環境の効果は原理的に分離不可能であり、行動遺伝学が計算する「遺伝率」は遺伝と無関係の指標だ。親から子へと知能や性格が伝えられる確率ではまったくない。この曖昧で不適切な用語が原因で多くの誤解を招いてきた。それは行動遺伝学の方法論に欠陥があるだけでなく、自分とは何かという根本を考え違いしているからである。

†知能指数の矛盾

遺伝と環境の作用をめぐって養子と実親、養子と養親、養子になり別々の家庭で育った双子、一卵性と二卵性双生児の類似度を比較する研究がある一方、社会層や世代の平均値を比べるアプローチもある。前者は個人差に注目し、後者は集団の差を分析する。

養子のＩＱ（知能指数）を調べると実親との相関関係が高い一方で、受け入れ家庭の影響はほとんどみられない。つまり環境でなく遺伝がＩＱを強く規定する。他方、貧困層の子どもが富裕家庭に養子に出されるとＩＱが上昇する。つまり環境の影響を大きく受ける。どうして矛盾する結果が出るのか。

幼少の頃、虐待されたり、育児放棄されたフランスの子どもの研究をみよう（Duyme *et al.*, 1999）。四歳から六歳の間に養子になり、養子前にはＩＱが六〇から八六（平均七七・六）だった。数年後（平均年齢一三・五歳）に再計測したところ、どの子もＩＱが伸び、平均で一三・九ポイント上がった。養親の経済条件別にみると下層で八五・五、中層で九二・二、上層で九八・〇へと改善された。それぞれ七・七、一五・八、一九・五ポイントの上昇にあたる。つまり受け入れ家庭が裕福であるほど、養子の知能発達が著しい。したがって環境が主な原因と考えられる。

ところが養子前にＩＱが低かった子は養子後もＩＱが低く、初めから比較的高かった子は養子後にも優位を保つ。すなわち、より良い家庭環境に移ったおかげでＩＱが改善しながらも優劣の順位はほとんど変わらない。集団の平均差に環境が大きく寄与すると同時に、集団内での個人差には遺伝が決定的に作用する。遺伝も環境も知能発達に貢献する。これは、どういう意味なのか。

他のデータもみよう。思春期の少年少女を対象にＩＱ遺伝率を調べたところ、七五％だった。家庭環境はほとんど関与しない（Neisser *et al.*, 1996）。ところが集団間の比較では異なる様相が現れる。一八歳のオランダ人男性の平均ＩＱは一九五二年に比べ、一九八二年には二〇ポイント上昇した（Flynn, 1994）。この現象を最初に分析したニュージーランドの知能研究者ジェームズ・フリンにちなんでフリン効果と呼ばれている。わずか三〇年で遺伝子は変化しない。だから環境が原因に違いない。フランスでは一九五〇年から一九八九年の約四〇年間でＩＱが少なくとも二〇ポイント上昇した。米国でも一九三二年と一九七八年の間にＩＱが一四ポイント上がった。同様の傾向は他の先進国イギリス・オランダ・オーストラリア・カナダ・ドイツ・日本でも報告されている。そしてより最近ではトルコ・スーダン・ドミニカ共和国など発展途上国でもフリン効果が現れている。教育環境の向上が原因だ（Nisbett, *et al.*, 2012）。

行動遺伝学は集団の平均差に関心を持たず、個人差だけに注目する。米国行動遺伝学の大家ロバート・プロミンがその理由を三つ挙げる。①個人差は大きいが平均差は小さい。日本人には身長一五〇センチ以下の人もいれば二メートルを超える大男もいる。しかし世界で最も身長の高いオランダ人と比べても日本人との平均値差は一〇センチにすぎない。②社会で問題になるのは個人差であり、集団の平均値ではない。③個人差には遺伝要因が大きく影響するが、集団差は環境の違いによる。したがって行動遺伝学は集団差に関心を持たない。以上の理由から個人差だけに注目する方法論を正当化する（Plomin, 1990）。だが、これらは集団差が無意味である理由にならない。ザゾが注意を喚起する。

保守右派のイデオローグ〔遺伝論者〕が用いる詭弁は個人差の説明を集団差に拡大解釈する。対して革新左派のイデオローグ〔環境論者〕は逆の詭弁に訴える。知的能力の階級差は遺伝でなく環境が生む。この考えを個人差に拡大解釈するのだ。(Zazzo, 1960/91)

環境と遺伝それぞれの貢献度をどう説明するか。後に見るように社会の下層では環境条件が知能の発達に大きく寄与し、上層では遺伝率が高い。同じ国民なのに社会階層によって違うパタンが現れるのは何故か。この疑問を解明するために行動遺伝学の研究方法をまず確認しよう。

遺伝と環境の貢献度を分離するにはどうしたらよいか。マウスやショウジョウバエのような動物あるいはトマトや稲のような植物ならば、環境条件を一定に保ちながら、例えば大きい個体ばかりを選んでかけ合わせ、次世代と元の世代とを比較すればよい。環境が一定なのに大きな個体の子はやはり大きく、小さい個体からは小さい子が生まれるならば、体長を決める原因が遺伝だとわかる。

ところが人間ではこの実験ができない。研究のために兄弟姉妹を無理やり近親交配させるわけにいかない。環境を一定に保つために子を親から完全隔離して集団教育する必要もある。それがもし可能でも、子どもの美醜や性格により育ての親の対応に違いが出る。それに他の動植物でこのタイプの実験ができるのは、親子の相互作用がなくとも迷路テストや生育状態の比較ができるからだ。仮に乳児を親から隔離し孤立状態で一〇年ぐらい放置し環境を均一に制御できても、それでは知能も情緒も発達しない。したがって人間においては親子の遺伝率と環境効果の区別が難しい。

血縁者は遺伝子の一部を共有するだけでなく、似通った環境で成長する。兄弟姉妹は同じ家庭で育つし、親戚の家族も経済や文化の条件が似ている。そこで遺伝と環境の要因を分離するために、いくつかの方法が工夫されてきた。基本的手法である養子研究と双子研究を検討しよう。

†養子研究

養子研究の原理をプロミンの教科書が解説する。

> 最もわかりやすい養子研究のモデルは、誕生してすぐに一卵性双生児がそれぞれ無関係な環境に分けられて育つ悲惨で稀な状況だ。相関関係で表される、この双子の類似は遺伝に起因する。[……] 特に大切なことは、一緒に育った一卵性双生児の場合と違い、共有環境がこの類似の原因でない点だ。相関関係のない別々の家庭で双子は育ったのだから。無作為に選んだ、遺伝的に無関係な二人の子どもの相関関係はゼロに近い。(Plomin, 1990、強調小坂井)

ところが実際の養子研究では、この推論の前提が守られていない。アフリカの貧困な親が産んだ一卵性双生児の一人が隣村のやはり貧しい家にもらわれ、もうひとりが東京の裕福な家庭で育つとしよう。この場合、双子の生育環境が著しく異なる。それでも双子が似通って育てば、その原因のほとんどが遺伝によると考えてよい。では次のケースはどうか。アフリカの貧困家庭に生まれた双子が養子に出され、隣町に住む富裕で高学歴かつ教育熱心な二家庭にそれぞれ一人ずつ受け入れられた。この場合、二人が似通う原因は遺伝だけでなく環境にもある。育ての親は異なっても経済・教育・文化は同じ条件で二人が成長したのだから、遺伝と環境のどちらが本当の原因なのか判別できない。

実は養子研究の多くにおいて似た家庭環境で双子が育てられている。養子は一般に中層か上層の家庭だけに受け入れられるからだ。貧困家庭に養子に出されることはまずない。①養子を欲しがる親には経済的余裕があり、貧困に苦しむ夫婦が養子受け入れを希望するのは稀だ。②養子斡旋には公的機関が介入し、貧困家庭や犯罪者、アルコール・薬物中毒など養子の育成・教育に不適切な家庭が除外される。③研究のために養子を募集する際、参加を受け入れる、あるいは希望する人々は教育程度が高く科学に関心を持つ傾向が強い。以上の理由から下層で育つ双子は研究対象に含まれにくい。つまり養子研究のサンプルに社会階層のバイアスがかかっている（Stoolmiller, 1999）。

米国テキサス州で行われた養子研究では上層三七％の養親家庭しかサンプルに含まれなかった。スウェーデンの研究では養親のただ一人も逮捕されたことがない。ところが同国の平均逮捕歴率は一一％であり、養子に出された双子の実親は二六％が逮捕歴を持つ（Cloninger *et al.*, 1982）。養親の偏りがわかる。デンマークでの養子研究も同様であり、六％の養親が何らかの逮捕歴を持つものの、全国平均の数字よりは低く、実親の逮捕歴率二九％に比べるとずっと低い（Mednick *et al.*, 1984）。

離れ離れになっても双子はよく似た環境で育つ。したがって双子の類似度には遺伝要因だけでなく家庭環境も寄与している。行動遺伝学のほとんどの研究は、このバイアスを考慮しない。そのため、養子研究がはじき出す「遺伝率」には環境要因が加算されており、遺伝要因が実際に貢献する以上の見せかけの数字になる。

別の二つの家庭で育てられた一卵性双生児を集めた英国の有名な研究（Shields, 1962）では合計四四組の双子のうち、三〇組（六八％）が親族に養子にもらわれている。例えば実親が一人を育て、もう一人を（子どもからみて）祖父母や伯叔父母が面倒を見たり、あるいは親戚二家族の伯叔父母が一人ずつ受け入れるというように経済条件や養育環境が似ている。育ての親が親戚関係にない場合でも、双子が似通った環境で育てられるケースが多い。この研究は各被験者の具体的状況を報告しているので、いくつか例を挙げて養子研究の前提が守られていない事実を確認しよう。

〈双子が親戚にもらわれ、似た環境で育てられた例〉

＊ベンジャミンとロナルド（調査当時五二歳）の実母が妊娠した時、義理の母が子を亡くしたばかりで養子を欲しがっており、ロナルドを引き取った。双子は同じ村の同じ学校に通い、実親も養親も野菜栽培で生計を立てていた。調査時の五〇歳代まで双子はずっと同じ村に住み続けた。

＊バートラムとクリストファー（調査当時一七歳）の実母は双子の誕生時に死亡した。そこで伯叔母二人がそれぞれ一人ずつ養育を引き受けた。両家庭は同じ村の隣どうしだった。経済状況は変わらない。

＊オデットとファニーの実母は健康に問題があり、二人を同時に育てられなかった。そこでオデットだけ実母の母親（オデットの祖母）が引き取った。六カ月ごとに両家庭で双子を交換し、夏の休暇は双子が一緒に過ごした。八歳から別々に生活するが、一二歳になるとオデットも実母の元に帰り、それ以降、双子は一緒に育てられた。つまり双子が別々に育った期間はわずか四年間にすぎない（調査当時五一歳）。

＊実母の健康不安ゆえ、生まれてすぐにイゾベルだけを残し、ジョアンナは一七歳まで実母の義理の母に育てられた（調査当時、双子は五〇歳）。どちらの家庭も敬虔なキリスト教徒であり、二人は厳格な戒律の下に育てられた。一七歳になるとジョアンナは実家に戻り、それ以降、双子は同じ高校で学んだ後、ジョアンナは大学の芸術コースに進み、イゾベルはロンドンで家政科に通った。

〈育ての親が親戚でなくても、双子の生育環境が似ている例〉

＊ジェシーとウイニーフレッド（調査当時八歳六カ月）はロンドン在住の母と米兵士の間に生まれた婚外子。ジェシーは生後二カ月、ウイニーフレッドは三カ月でそれぞれ別の家庭の養子となった。だが、数百メートルの距離しか離れていない二つの家で育ち、双子だと二人が偶然知った後はその事実を親たちも認めた。養親の一人が双子を離そうと別の学校に通わせたこともあったが、双子は公園で一緒に遊び続けた。両家庭の経済条件はあまり変わらない。

＊フレデリックとピーター（調査当時三〇歳）は実母が死亡した時、まだ生後六カ月だった。二人はすぐに孤児院に引き取られたが、その後、フレデリックは実母の父方の伯叔母に引き取られ、ピーターは家族の友人だった未亡人が面倒を見ることになった。双子を育てた二人の女性は同世代であり、同じ町に住んでいた。

＊エドワードとキース（調査当時三八歳）は二人とも同じ孤児院に引き取られ、一一歳まで一緒に暮らした。
＊ヴァレリーとジョイス（調査当時三〇歳）は生後一三カ月で離された。実母の貧困を救うために知人がしばらくヴァレリーを預かったのがきっかけだったが、愛情が芽生えるとともに、貧困な実母が二人を苦労して育てるよりも自分が面倒を見るほうが子どものために良いと判断し、実母の了解を得て、そのまま養育した。実親と養親は隣町に居住し、双子の通う学校は異なるものの、一週間に二回ぐらい一緒に遊び、休暇を一緒に過ごすこともしばしばだった。

親戚が育てたり、二つの家庭に離されても時々会って一緒に遊ぶ、同じ地域に住んだり同じ学校に通う、半年ごとに家庭を交換するというように、経済や文化の似た条件で育った双子を比較している。これでは遺伝と環境の効果を分離できない。サンプル全体の相関係数（関連がまったくなければ0、完全に一致すれば1）は〇・七七に上るが、育ての親が親戚かどうかで分けて計算し直すと親戚グループの〇・八三に対して、親戚関係にない家庭で育つ場合は相関係数が〇・五一と低くなる（Lewontin, *et al.*, 1984）。どれも一卵性双生児だから、この差は家庭環境が原因である。

他の研究データも挙げておこう。別々の家庭で育てられた一卵性双生児が二人とも同じ町に居住する場合、ＩＱの相関係数が〇・八三に上ったが、二人が別々の町に住む場合は〇・六七に留まる。同じ学校に通う場合は〇・八七、別の町の学校に通う場合は〇・六六だった。生育地の環境が似通っていると〇・八六だが、異なる場合（例えば農業地帯と炭鉱など）は〇・二六でしかない（Bronfenbrenner, 1975/1999）。生育環境の均一度に応じて一卵性双生児のＩＱ類似度が大きく左右される。

より最近の養子研究では別家庭で育った四八組の一卵性双生児の知能指数が調査され、〇・六九という高い相関係数を得たが（同じ家庭で育った一卵性四〇組は〇・八八）、双子の分離状況が明示されず、遺伝と環境の区分に成功しているかどうかを判断できない（Joseph, 2004）。行動遺伝学が提示する遺伝率の綻びが見え始めただろう。

†双子研究

一つの精子と一つの卵が合体してできた受精卵が二つに分裂して一卵性双生児が生まれる。つまり同じ遺伝子をもつクローンだ。対するに二卵性双生児は最初から異なる受精卵二つが同じ子宮内で成長する。二卵性は両親それぞれから五〇％の遺伝子を受け継ぐ。異なる時期に誕生するか、ほぼ同時に生まれるかの違いはあるが、遺伝に関して二卵性双生児は兄弟姉妹と変わらない。同時に生まれる兄弟姉妹だと思えばよい。だから同性の双子も男女の双子もいる。

一卵性双生児に異性の組み合わせはありえない。

一卵性双生児の相関係数と二卵性双生児の相関係数を比較すれば、遺伝と環境の貢献度が分離できる。これが行動遺伝学の想定だ。知能や性格に関して、実親に育てられた一卵性と二卵性がそれぞれ同じ程度に似ていれば、その原因は主に環境条件に負うと推測される。逆に一卵性はよく似ているのに二卵性はそれほど似ないなら、どちらも同じ家庭で育つわけだから遺伝要因が大きく働いていると判明する。

一卵性双生児のＩＱ相関係数は一般に高く、ある研究によると〇・八六であり、二卵性では〇・六〇にとどまる。一卵性の遺伝子共有度は一〇〇％、対して二卵性は平均五〇％であり、その差は五〇％。したがって遺伝率は相関係数の差を二倍して（0.86－0.60）×2＝0.52 になる。研究サンプルの分散（個人差の度合い）の五二％が遺伝要因で説明され、残りの四八％が遺伝以外の要因によるという意味である（Bouchard & McGue, 1981）。

遺伝以外の要因は二種類に分類される。一つは共有環境要因と呼ばれ、家庭の経済条件や親の教育程度など、一緒に育つ子どもすべてに同じように作用する。つまり子どうしを似させる要因だ。もう一つは非共有環境（あるいは独自環境）要因と呼ばれ、同じ家庭内に育ちながらも性別や美醜の違いなどのために親が子を同じように扱わなかったり、学校の先生や友だちとの関係など、子どもが個別に経験する要因である。異なる刺激が介入するため、同じ家庭で育っても子どもは個性を発達させる。つまり、子どうしが似なくなる原因を非共有環境要因と呼ぶ。

共有環境の貢献率を求めるには一卵性双生児の相関係数（類似度）から遺伝率を引けばよい。遺伝要素に共有環境の影響が加わって双子が似るからだ。先程のサンプルだと共有環境の貢献度（双子の類似度から遺伝の効果を引いた残り）は0.86（相関係数）－0.52（遺伝率）＝0.34。三四％である。残った非共有環境の貢献度を求めるには一卵性双生児の相関係数を一から引けばよい。定義からして非共有環境は、個別の経験を通して双子が個性を発揮し、互いが差異化する要因である。したがって1－0.86（相関係数）＝0.14。一四％になる。

こう書くと煩雑な感じがするが、本書の考察には遺伝率の出し方だけわかれば十分だ。以上みたように双子研究では、まず遺伝率を計算した後に共有環境と非共有環境の効果を残余として求める。つまり二種類の環境要因は直接計算されない。そこに問題が潜む。発達心理学者・遠藤利彦が指摘する。

［……］環境の効果が遺伝率の残差としてしか推定されないため（環境上の差異が直接測定されたうえでの効果の算定ではないため）、その実質的な影響がいかなるものであるのかが結局のところはほとんど何もわからず、また遺伝と環境の間にさまざまな相互規定的作用が仮定

されながらも、それが数値上に適切に反映されないため、結果的に環境、特に共有環境の効果が非現実的に低く見積もられている可能性は否めない。(遠藤 2013)

行動遺伝学の想定と異なり、双子研究で算出される遺伝率と環境貢献度の間には強い相互作用がある。一二歳の一卵性双生児と二卵性双生児の言語能力を比較したスウェーデンの研究を参照しよう。社会階層が高くなるほど、遺伝率が上昇する。上層集団では一卵性の相関係数が〇・七六、二卵性では〇・三七と両者に大きな隔たりがある。ところが社会の下層ではそれぞれ〇・六六と〇・五一であり、ほとんど変わらない。遺伝率に換算すると上層七八%〔(0.76－0.37)×2〕と下層三〇%〔(0.66－0.51)×2〕の違いだ。つまり遺伝率が高いのは経済条件が良く、教育環境が整った上層だけであり、貧困で教育に恵まれない下層では環境条件が知的能力の発達に大きな影響を与える(Fischbein, 1980)。なぜか。「遺伝率」に環境が作用しているからだ。

七歳の双子を比較した米国の研究でも同じ傾向が出ている。上層では一卵性の相関係数が〇・八七、二卵性の相関係数が〇・五一と差が大きい。遺伝率を計算すると七二%〔(0.87－0.51)×2〕に上る。下層ではそれぞれ〇・六八と〇・六三であり、ほとんど変わらない。遺伝率は一〇%〔(0.68－0.63)×2〕に留まる(Turkheimer *et al.*, 2003)。

他の研究ではＩＱ遺伝率五七%、共有環境寄与率一三%という平均的な調査結果が出た。ところが、これも親の学歴を考慮して計算し直すと新たな事実が現れる。学歴が高いサンプルでは遺伝率七四％、共有環境寄与率〇％である。親の学歴が高いと遺伝率が高く、家庭条件の貢献度がゼロだ。対するに親の学歴が低い家庭では遺伝率が二六％にとどまり、その分、共有環境貢献度が二三％に上昇する。つまり遺伝も環境も同じ程度に寄与する（Rowe *et al.*, 1990）。親が高学歴の家庭において環境の貢献度がゼロとは、いったいどういう意味なのか。

同じ国民なのに社会階層によって遺伝率がこれほど違うのはおかしい。これらデータからわかるように行動遺伝学が算出する高い遺伝率は恵まれた環境の子どもだけに当てはまる数字なのである。家庭環境が十分良ければ、どの子も知能が発達する。ゆえに、それでも残る違いは遺伝の効果として現れる。だが、貧困層では各家庭の条件に応じて子どもの発達が阻害され、遺伝要因だけでは知能のバラツキを説明できない。だから低い遺伝率が出る。

豊かな環境のおかげで上層の子どものＩＱが高くなる。しかし全員のＩＱに環境が同様に貢献するから、個人差に環境要因が表れない。したがって遺伝の影響だけが数値に反映され、「遺伝率」が相対的に高くなる。同じ遺伝要素を授かっても社会の教育環境に応じて異なる「遺伝率」が出る。

教育を受けられるのが富裕層にほぼ限定される社会では、知能のばらつきが教育を受けられる環境におかれたかどうかによって左右されるので、遺伝率は低くなる。これに対し、機会の平等を重視し、誰も教育を受けられる社会では、遺伝率が高くなる。（次田 2021）

環境が良くなるおかげで「遺伝率」が上がる。おかしな話だが、それは「遺伝率」の正体に関わっている。遺伝率は見かけだけの数値だ。良い教育条件が揃った富裕層の「遺伝率」だけが高くなる仕掛けが見えてきた。さらに検証を続けよう。

†双子の個性

養子研究と同様、双子研究の前提も成立しない。同じ両親の下に育っても一卵性と二卵性とでは両親が同じ対応をしないからだ。二卵性双生児は同時に生まれるものの、普通の兄弟姉妹と変わらない。性別が異なれば育て方が違うし、同性でも美醜や性格によって親の反応が異なる。親や周囲が与える情報が違えば、異なる経験を子が積み、個性を育む。つまり二卵性双生児は兄弟姉妹のように生育環境が異なる。

一卵性の双子が同じように育てられる一方、二卵性は違う扱いを親や周囲から受ける。ゆえに一卵性と比べて二卵性に対しての方が、双子それぞれが違う個性を伸ばすよう環境が働く。一卵性と二卵性の類似度の違いには遺伝要因だけでなく、環境効果が含まれている。

さらなる問題もある。一つの受精卵が分裂して一卵性双生児が発生する以上、二人とも遺伝子構成の同じクローンだ。だが、分裂時期の違いにより、胎盤の一部をなす絨毛膜《じゅうもうまく》の数が異なる。排卵の三日から四日後に胚が分裂する場合、まだ絨毛膜が発達していないため、それぞれの胚が個別の絨毛膜を形成する。つまり、それぞれ固有の胎盤を通して母親と繋がる。対してそれ以降に胚が分裂して生成される場合、すでに絨毛膜が発達しており、双子は同じ胎盤を通して酸素や栄養を摂取する。同じ一卵性でも、胎盤を共有する双子とそれぞれ固有の胎盤を持つ双子のIQを比較すると前者の方がより似た子どもに育つ（Sokol *et al*., 1995）。どれも一卵性だから遺伝子構成は同じだ。それでも胎内環境の違いにより知能の差が生まれる。

我々の関心にとって、この事実は何を意味するか。行動遺伝学の想定とは裏腹に一卵性と二卵性の比較にはすでに胎内環境の影響が含まれている。胎盤を共有するか個別の胎盤で育つかによってIQ類似度が異なる。ならば、必ず個別の胎盤を持つ二卵性は当然、胎盤共有の一卵性に比べて類似度が低くなる。この差は胎内環境の違いから起こるのであり、遺伝子とは別の要因だ。胎内環境は先天的要素だが、遺伝条件ではない。

環境的要因というと、多くの方は生まれてからの生育環境や教育をイメージされるかもしれませんが、もっと影響が大きいのは母胎内での環境です。人間は母親のおなかの中で、顕微鏡でしか見えないたった一つの細胞（受精卵）から細胞分裂を繰り返して、体重三キロ前後の、手足と様々な臓器を備えた人間のかたちへと成長するのですから、母親のおなかにいるあいだが、実は最大の成長期である、ということは容易に想像がつくと思います。（佐々木 2013）

前章で説いたように遺伝と先天性の区別は重要だ。遺伝は親との因果を強調し決定論に傾く。他方、先天性には偶然が強く作用する。受精卵の分裂時期も偶然による。つまり先天性は親との連続でなく逆に断絶を表す。この違いは格差を考える上で大きな意味を持つ。

双子研究の想定を再確認しよう。一卵性も二卵性も一緒に育ち、環境要因は変わらない。したがって一卵性の方がよく似ていれば遺伝のせいである。こういう理屈だ。だが、遺伝子以外に胎内環境も作用するし、親の育児方法や周囲の反応も異なる。つまり一卵性には同じ刺激が与えられる一方、二卵性は異なる刺激を受ける以上、双子研究の目論見は成功しない。

双子研究の前提を崩すもう一つの困難をみよう。双子は遺伝子と家庭環境の情報を受容するだけでなく、積極的に相互作用しながら育つ。双子は言語学習にしばしば遅れが出る。その理由の一つは自分たちだけに通用する双子語（cryptophasia）を発達させ、隔離された小宇宙を作るからだ。ザゾが集めたデータによると一卵性の四七・九％、同性二卵性の二七・四％、異性二卵性の三七・八％が双子語を使用していた。つまり外界から自分たちを隔離し、お互いだけに通じる言語を生み出す傾向が二卵性に比べて一卵性双生児の方が強い（Zazzo, 1960/91）。

双子は平等でない。多くの場合、どちらかが家族や周囲とのコミュニケーションにおいて代表者として振る舞ったり、二人の間に主従関係ができる。ザゾの研究によると一卵性の七五・六％、同性二卵性の八〇・二％、異性二卵性の八五・三％という高い割合で双子は非対称的な役割を担う。一卵性双生児は同じ遺伝子構成のクローンだから、このデータは遺伝で説明できない。身長や体重などの差が生む結果でないことも確認済みだ。主従関係と役割分担は双子の積極的な相互作用を通して次第に発達する現象である。双生児の比較から一般法則を導く前提を疑問視しなければならない。すでに参照した遠藤利彦の論文から引く。

「双生児による研究」の知見を読み解くうえで、もう一つ絶対に忘れてはならない点は、それが、実のところ「双生児の研究」［強調遠藤］という視座を欠いている場合が相対的に少なくないということである。無論「双生児による研究［強調遠藤］」は端から、双生児を用いて「人一般」における「生まれと育ち」問題の解明を企図するものであり、双生児そのものに関心を寄せて、その特異性を審らかにすることを主目的とするものではない。［……］もし、「双生児の研究」が進み、一卵性にしても二卵性にしても、普通のきょうだいにはない、遺伝的要因以外のところでの、つまりは経験する環境的要素における様々な特異性が明らかになってくると、「双生児による研究」のこれまでの諸知見および人一般の発達原理を明らかにするという目的そのものが危うくなってしまう可能性があるからである。すなわち、双生児という特殊なサンプルで得られた知見を、人一般に普遍的に当てはまることとして扱っていいのかという疑問［強調小坂井］が浮上してくるのである。（遠藤 2013）

双子の相互作用は行動遺伝学の視野に入っていない。ザゾも最初は同様だった。ところが、当時二五歳だったミシェルという一卵性双生児と偶然知り合って友人になり、ザゾの研究が大きく転換する（Zazzo, 1984/2009）。発達心理学者・加藤義信の説明を聞こう。

ある日、彼［ミシェル］はザゾのところに明らかに動転した様子で相談に来た。それは、彼の双子の兄弟ジャックの結婚を思い止まらせて欲しい、という依頼だった。ザゾはそこではじめて、子どもの双生児を外から観察していたのでは知りえない、双生児どうしの間の精神のドラマを覗き見ることになった。お互いの間にある強い情緒的きずな、相手の婚約者への嫉妬、一方で相手と異なった存在であろうとする強い衝動など、この双生児に教えられた事実は、以後、ザゾの双生児研究の視点を質的に大きく変えていく。

今までの研究は、双生児の一人ひとりを孤立した存在として切り離した上でその類似性を論じる研究ではなかったか。それは同時に、双生児のそれぞれを一人の人格として扱わない研究ではなかったか。こうした反省によって、ザゾの研究関心は、双生児対間の差異性へ、さらには、発達の過程での双生児どうしの相互作用のあり方へと向かった。（加藤1996、強調小坂井）

双子の相互作用を示すデータを参照しよう（Canter, 1973）。同じ家庭で一緒に育った一卵性双生児と、別々に育てられた一卵性双生児の外向性に関する類似度を調べたところ、一緒に住む双子の相関係数は〇・二九だった。ところが別々に育てられた双子は〇・八五という高い数値を示した。一緒に育った双子は遺伝要因に加えて環境を通しても均一度が高まるはずだ。ところが結果は逆であり、一緒に育つ双子の方が互いの差異が大きい。どういうことなのか。

二卵性双生児はどうか。別々に育った場合の相関係数が〇・五〇なのに、一緒に育った二卵性双生児はマイナス〇・六五という驚くべき数値だった。負の相関係数とは双子の一人が外向的なら、もう一人は内向的になるという意味だ。一緒に生活する中で互いに差異化してゆくからである。社会性についても、一緒に育った二卵性双生児が〇・五一であるのに対し、別々に育った二卵性双生児の相関係数は〇・九一という高い数値を示した。外向性の結果と同様、同じ屋根の下で生活するうちに互いが反発するからだ。外向性や社会性は人間関係の指標であり、周囲との関係において双子が個性を発揮する事実に注目しよう。東京大学教育学部附属中等教育学校で学ぶ双子について教員が言う（東京大学教育学部附属中等教育学校［編］2013）。

ふたご同士が、互いに相手を意識して、成績などいろいろな場面で対抗しあうタイプもあります。対抗して張り合う場合、たいていはどちらかが、その事項に対して優位となります。ふたごの一方がいろいろな面ですべてに優位に立つと、もう一人は常にコンプレックスをもつようになります。その関係が六年間続くこともあれば、何かをきっかけにして逆転することもあります。

互いの反発について卒業後に語る一卵性双生児もいる。「思春期のころ、自分のアイデンティティについて考えていたときには、相方から離れたいと思う気持ちが強かった」という「姉」に対し、「姉は英語が好きというので、じゃあ私は違う方へという反発もあり、理系の道に進みました」と「妹」が当時を振り返る（東京大学教育学部附属中等教育学校［編］2013）。人間の成長を遺伝と環境の足し算で分析する行動遺伝学には、このような双子の相互作用を説明できない。

†加齢による遺伝率上昇

歳をとると遺伝率が上昇する。常識では逆のはずだ。社会経験を積んでいない幼少の頃は遺伝子が行動を導く。ところが成長するにつれ、学業の成功や失敗、友達付き合い、恋愛・結婚・離婚、就職先の興隆と衰退、職場での出世、病気や怪我、近親者の死など各人に固有な出来事が積み重ねられ、外部環境の貢献度が次第に高まる。したがって遺伝率が下がるはずだ。ところが事実はその反対なのである。安藤寿康『「心は遺伝する」とどうして言えるのか』から引用する。

　生まれ落ちた瞬間こそ遺伝子の産物である生物学的存在かもしれないが、その後、乳児期、幼児期、児童期を経て青年期、成人期と大きくなるにつれて、さまざまな環境にさらされ、無数の経験をし、数えきれない知識と能力を獲得していく。こう考えたとき、心理的・行動的形質の形成に関わる遺伝要因の影響と環境要因のいずれが発達とともに大きくなるかと問われれば、当然「環境」と答えたくなるだろう。いまでも標準的な発達心理学のモデルは、このような発達観を一つの典型として描いている。

　ところが知能の発達に関する過去三〇年を超える研究の蓄積を見る限り、そうではなく、むしろ現実はその逆だというのがこの発見である。つまり知能については、発達全体を通じて遺伝率が上昇する傾向にあることが、文化を超え、またふたご研究だけでなく養子研究からも支持されているのである。[……]一万組を超すふたごによる研究から、[……]遺伝率は児童期四一%、青年期五五%、成人期初期六六%であった[……]。成人期後期には八〇%にも上るという報告もある。(安藤 2017)

加齢による遺伝率上昇を証拠に遺伝の根源性を行動心理学が強調する。安藤の挙げる論文(Haworth *et al.*, 2010)に依拠して、知能発達に関する年齢差のデータを確認しよう。米国・英国・オーストラリア・オランダの合計四六七二組の一卵生双生児を対象とする研究三四本を総合すると相関係数が〇・八六だった。対するに五五四六組の二卵性双生児を扱った研究四一本では相関係数が〇・六〇であった。両者を比較して遺伝率を計算すると五二%に上る[(0.86－0.60)×2＝0.52]。これは平均的な数値だ。

ところが年齢別に見ると大きな違いが現れる。平均九歳(四歳から一〇歳、先に引用した安藤の表現では「児童期」。以下同様)のサンプルの遺伝率が四一%なのに、平均一二歳(一一歳から一三歳、「青年期」)のサンプルでは五五%、平均一七歳(一四歳から三四歳、「成人期初期」)のサンプルでは六六%と上昇する。

他の研究でも同様の傾向が見られる。四歳から五歳時のＩＱ遺伝率が二二％なのに一六歳で六二％、五〇歳では八〇％にも上る（Sauce & Matzel, 2018）。さらに他の論文一一本の総括によると乳児のＩＱ遺伝率が二五％以下だったのに一九歳時には七〇％に上昇している（Tucker-Drob *et al.*, 2013）。

安藤が指摘する通り、常識的には逆の推移になるはずだ。大人に比べれば、子どもはまだ外界の影響を大きく受けていない。そのため、遺伝子構成が知能や性格を大きく規定する。しかし成長するにつれ次第に学習し環境の作用が強くなる。言い換えるならば、遺伝の影響が少しずつ薄れるはずである。ところが事実はその逆であり、加齢につれて遺伝率が上昇する。『日本人の9割が知らない遺伝の真実』で安藤が言う。

> 人間は年齢を重ねてさまざまな環境にさらされるうちに、遺伝的な素質が引き出されて、本来の自分自身になっていくようすが行動遺伝学からは示唆されます。（安藤 2016、強調小坂井）

これは行動遺伝学に見られる一般的説明である。次田瞬『人間本性を哲学する——生得主義と経験主義の論争史』の解説がわかりやすい。

遺伝率が上昇する理由は標準的には次のように説明される。一卵性双生児を除いて、われわれはみな違った遺伝情報を持っており、遺伝情報は自分の個性の重要な部分を成している。子どもの頃は親のしつけによって兄弟姉妹は同じように育てられるかもしれない。しかし、親や周囲の環境から与えられる影響の中には、当人にとって好ましいものもあれば不愉快なものもある。子どもは成長するにつれて、自分の遺伝子が与える傾向に基づいて、自分の経験を選択し、修正していく。その結果、共有環境の影響はしだいに薄れていき、遺伝率が上昇するのだろう。（次田 2021）

それゆえ、能力の高い者ほど、遺伝形質が自由に振る舞い、環境の圧力をはねのけるという解釈が出てくる。安藤の他の著書（安藤 2014）を引きながら、続けて次田が述べる。

［……］六歳から一二歳の双生児を対象にしたアメリカの研究によれば、知能を媒介変数として分析したところ、知能の低いグループほど二卵性双生児の類似性が低くなり、その結果、遺伝率が高くなり、共有環境の影響は小さくなった。能力の高い子どもほど家庭環境にかかわらず自力で知的に豊かな環境を求めようとする傾向があるのに対して、能力の低い子ども

ほど周囲の環境に敏感に反応してしまう傾向があるのかもしれない。（次田 2021、強調小坂井）

周囲の影響を受けて「しまう」能力の低い子と「家庭環境にかかわらず自力で」選ぶ能力の高い子という見慣れた対比だ。ここにも近代の思考枠がにじみ出ている。第7章で詳しく検討するテーマだ。

だが、先天的な遺伝形質は「本来の自分自身」ではない。遺伝を内因、環境を外因だとする誤解、そして行動遺伝学の先入観がこの表現に透けて見える。もう一箇所引用しよう。


「遺伝だけでなく環境の影響も受ける」

この言葉こそ、人々に希望を与えてきました。遺伝の方は、自然から与えられ、親から自分の意志とは無関係に受け継いでしまったものなので、もうどうしようもない。しかし環境であれば、なんとか変えることができる。たとえ好ましくない遺伝子を受け継いだとしても、環境しだいでそれを克服することも可能だ。遺伝は制約を、環境は自由を与えてくれる……。

そう考える人が多いと思います。

しかしながら、このように環境をとらえる人たちにとって、本章ではまさに「環境の不都合な真実」を聞かされることになるでしょう。環境が人々を遺伝の制約から自由にしてくれるという考え方とは正反対に、ここでは、環境こそが私たちを制約しているのであって、私たちが自由を求め、自由を必要とし、自由を目指そうとするその根底のところに、実は遺伝が大きくかかわっていることを示していこうと思います。（安藤2012、強調小坂井）

遺伝要因が自分自身であり、環境が攪乱要因だという構図がみえる。だが、自分とは遺伝でもなければ環境でもない。遺伝と環境を独立要因と想定する双子研究を遠藤利彦が批判する。

この一見、逆説的な発達的変化のパターンは何を含意しているのだろうか。実のところ、それこそが、先にみた、遺伝と環境が独立のものとしてあり、その偶発的な絡み合いの中で発達が規定されるという私達の暗黙の全体が必ずしも妥当ではないことを物語っているのである。［……］遺伝と環境は独立ではなく、端から、様々な機序を介して分かちがたく関連しており、しかもその結びつきは加齢とともに上昇していくということである。（遠藤2013）

ところが人格の中心に遺伝を据える思考枠は踏襲し、遺伝要素が環境を選ぶという構図に遠藤も戻ってしまう。

遺伝が偶発的にある環境に出会うのではなく、遺伝が必然的に特定の環境を呼び寄せるのである。［……］人は成長し、主体的意思に従っていろいろな経験を積むことができるようになればなるほど、自身がもって生まれた遺伝的素因に適うよう、自らその生活環境を選び組み立て（発達的適所の選択）、またその中から種々の刺激要素を取り込むことを通じて、個人特有の心身の形質を発現していく傾向を備えていることを示唆したという点である。たとえば、油脂成分の多い食物を好む遺伝的傾向を有していても、仮に親がそれを与えなければ、発達早期にそれが体型や体質に反映されることはあまりないわけであるが、自分で金銭を有し、自ら購買行動を行えるようになれば、それは如実に表現型となって現れやすくなるのである。（遠藤 2013、強調小坂井）

「自身がもって生まれた遺伝的素因」たる内因が環境を選びながら成長するという図式がここに読み取れる。だが、外界に反応するのは遺伝形質でない。遺伝・環境・偶然から認知システムが構成され、この生成物が瞬間瞬間に外界との相互作用を通して変化してゆくのである。したがって遺伝と環境の分離は不可能であり、「自身がもって生まれた遺伝的素因に適うよう、自らその生活環境を選び組み立て」るとは言えない。自分自身とはすでに遺伝・環境・偶然の生産物だ。

暗い場所を好む性質が遺伝的に決まっているゴキブリならば遺伝形質が内部をなし、それが外界に反応するという図式で捉えることもできよう。だが、人間の性向や能力は遺伝・環境・偶然の絶え間ない相互作用から生まれる。内部とは、外部要素の融合により生成され、変化し続ける一時的沈殿物にすぎない。

外部を取り込みながら内部が次第に変化する図式は、受け入れ社会に移民が溶け込むプロセスと似ている。移民（外来要素）が受け入れ文化（内部）に吸収されるという構図は誤りだ。受け入れ社会の価値・規範なる固定物があって、それに移民が同化するのではない。社会や文化は多数派と少数派の相互作用を通して不断に変化と再構成を繰り返す。少数派が一方的に多数派に吸収される受け皿ではない。両者の相互作用が刻々と社会や文化を創り上げていく(Moscovici, 1976b、小坂井 1996、2004、2011b)。

外部が次第に内化され、暫定的「内部」が現れる。内化というプロセスがあるのであり、恒常的な内部はどこにも存在しない。どんな手段を採っても遺伝と環境は区別不可能だ。最初にあったのは遺伝・環境・偶然という外因だけだ。それなのに内因＝主体を無理に立てるから遺伝を内因と取り違える。あるいは遺伝・環境・偶然という外因以外に架空の内因を捏造して生気論（vitalism）が現れるのである。

†遺伝率上昇の真相

加齢による「遺伝率」上昇は行動遺伝学の誤った想定が生む錯覚にすぎない。遺伝率の加齢推移が我々の感覚とずれていれば、まずは計算方法に問題がないか検証しなければならない。このような不可解な結果になるのは、行動遺伝学の考え方がまちがっているからではないのかと。科学は常識を覆しながら進む。だが、その前にいったん立ち止まり、勘違いの可能性を排除しておく必要がある。

社会階層別の数値を確認して遺伝率に実は環境要因が混在する事情を説明した。加齢の効果に即しても検討しておこう。子どもの知能を年齢別に調べた米国の研究によると上層家庭に育つ生後一〇カ月の赤ん坊の遺伝率はほぼゼロだが、二歳になると五〇%に上昇する。ところが下層家庭では生後一〇カ月でも二歳でも遺伝率がほぼゼロに近いまま変わらない（Tucker-Drob *et al.*, 2011）。すでに参照した七歳の双子を比較した米国の研究では上層に育つ子どもの遺伝率が七二%だったのに対し、下層では一〇%に留まった（Turkheimer *et al.*, 2003）。加齢により遺伝率が上昇するのは上層だけだ。

安藤が主張するように「人間は年齢を重ねてさまざまな環境にさらされるうちに、遺伝的な素質が引き出されて、本来の自分自身になっていく」（安藤 2016）ならば、下層の子どもはどうして「本来の自分自身」にならないのか。「子どもは成長するにつれて、自分の遺伝子が与える傾向に基づいて、自分の経験を選択し、修正していく。その結果、共有環境の影響はしだいに薄れていき、遺伝率が上昇する」（次田 2021）のなら、同じ傾向が下層に出ないのは何故か。「油脂成分の多い食物を好む遺伝的傾向を有していても、仮に親がそれを与えなければ、発達早期にそれが体型や体質に反映されることはあまりないわけであるが、自分で金銭を有し、自ら購買行動を行えるようになれば、それは如実に表現型となって現れやすくなる」（遠藤 2013）のが本当なら、そのような自由の発露がなぜ上層だけに起きるのか。

富裕層の「遺伝率」だけが高い理由はすでに述べた。子どもの能力を伸ばす環境が裕福な家庭には整っている。多数の書籍が本棚にあり読書を親が促す。家庭内での会話にも知的な内容が盛り込まれる。授業でわからなかったところを親が教えられるし、塾に通う習慣も親の金銭的余裕と教育熱に比例する。こうして学力を伸ばす基礎ができる。上層の子どもが皆同じような教育を受ければ、家庭ごとの環境条件の違い（分散）が小さくなる。したがって、それでも残る能力差は遺伝形質の違いに帰せられる。

加齢による変遷も同様に説明できる。安藤が依拠する論文（Haworth *et al.*, 2010）の平均一七歳のグループには一四歳から三四歳の双子が含まれるが、平均年齢から考えて二十歳以上は多くない。したがって、ほとんどの双子が親元で一緒に生活し、常に家庭環境の影響を受けている。ならば下層に比べ、教育条件に恵まれる上層では年齢を重ねるごとに環境効果が均一になる。こうして上層では加齢とともに環境貢献度が数字に表れなくなる。ゆえに、それでも残る個人差は遺伝要因に帰される。結果として「遺伝率」が計算上、高くなる。これは方法論が起こす統計の魔術にすぎない。

遺伝率という表現に惑わされず、計算法に戻って考えよう。双子研究の遺伝率は、それぞれ同じ家庭で一緒に育つ一卵性双生児の類似度（相関係数）と二卵性双生児の類似度を比較して出す。遺伝率は合成指標であり、直接計算される値ではない。遺伝が原因ならば、一卵性双生児がよく似る一方、二卵性はそれほど似ない。逆に家庭環境が大きく貢献すれば、一卵性と二卵性の類似度はそれほど変わらない。こういう原理だった。

この点を押さえた上でデータの内訳を見ると一卵性と二卵性の年齢変遷パタンが異なる事実に気づく（安藤が依拠するHaworth *et al.,* 2010には共分散構造分析による補正数値と従来の双子法による計算結果の両方が挙げられているが、相関係数に戻って検証する必要から、以下では後者に依拠して議論する。計算される遺伝率の相違はわずかであるし、分析論理はまったく変わらない）。すでに見たように一卵性と二卵性は親が同じように育てない。歳を取るにつれて一卵性がますます似る一方、二卵性は逆に差が大きくなる。そのため一卵性の相関係数から二卵性の相関係数を引けば、この数値（遺伝率）は当然上がる。この変遷パタンの差が見せかけの「遺伝率」上昇を演出しているだけだ。

一番若いグループ（平均年齢九歳）では一卵性双生児の相関係数が〇・七四に対して二卵性の相関係数が〇・五三だ。遺伝率は四二％〔(0.74－0.53)×2＝0.42〕になる。もう少し成長したグループ（平均年齢一二歳）では一卵性の相関係数が〇・七三に対し二卵性は〇・四六であり、遺伝率が五四％〔(0.73－0.46)×2＝0.54〕に上昇する。平均一七歳のグループは一卵性が〇・八二で二卵性が〇・四八だから遺伝率は六八％〔(0.82－0.48)×2＝0.68〕になる。一卵性の相関係数は成長とともに上昇する傾向がある（0.74→0.73→0.82）一方で二卵性の相関係数は逆に減少している（0.53→0.46→0.48）。

さて、この相反する推移をどう解釈するか。酷似する双子には両親だけでなく周囲も同じ反応を取りやすい。したがって一卵性双生児を似させる方向に環境が作用する。つまり一卵性の高い相関係数には遺伝だけでなく環境も貢献する。対して二卵性は双子と言うものの、一緒に生まれる兄弟姉妹にすぎないから顔や性格も異なる。最初から異なる様相の子どもには親も周囲も違う反応をする。したがって二卵性の相関関係を低める方向に環境が働く。加齢とともに環境要因が均一度を高める一卵性双生児と、その逆に環境が類似度を下げる二卵性双生児を比較すれば、当然、加齢につれて両者の相関係数の差が広がる。したがって両者の差として定義される「遺伝率」が上昇する。これは計算方法が生む錯覚にすぎず、手品と同様、タネが明かされれば不思議でもなんでもない。

†遺伝率の誤解

行動遺伝学の方法論を検証してきた。「遺伝率」は何を意味するのか。データの分散を遺伝・共有環境・非共有環境に区別する試みは成功するのか。

米国の行動遺伝学者サンドラ・スカーが言う。

どの行動遺伝学者も知っているように、ある行動の遺伝率はそれを計測するサンプルに依存する。あるサンプルで計測された行動の遺伝と環境の分散が、他のサンプルでの遺伝と環境の分散に一致すると考える理由はまったくない。(Scarr-Salapatek, 1971)

この指摘を何気なく読み飛ばしてはならない。淡々とした記述のため素通りしてしまいそうだが、この引用に行動遺伝学最大の欠陥が示唆されている。子どもを親から取り上げて国家が集団教育する制度を想像しよう。教育担当者がすべての子どもを同じ様に育て、環境がまったく同じでも遺伝要素の違いによりIQの差が現れる。この状況で遺伝率を計算すれば、一〇〇%に近い値が出る。環境が均一ならば、それでも残る差は遺伝と偶然以外に原因がないからだ。

だが、環境が多様ならば、遺伝だけでなく環境にもＩＱが左右されるから、遺伝率が下がる。最初のサンプルと同じ遺伝子構成の子どもを集めても、彼らの生育環境が異なれば、違う値の遺伝率が出る。どういうことか。

遺伝率という用語がそもそも不適切だ。この表現から誤解されるような、親から子へと形質が遺伝する確率と、行動遺伝学が計算する「遺伝率」は無関係である。身長の遺伝率が八〇％だと言っても、背の高い親から八割の確率で背の高い子が生まれ、二割の確率で低い子が生まれるという意味ではない（Visscher, *et al.*, 2008）。

フリン効果を思い出そう。仮にＩＱの遺伝率が一〇〇％でも環境が変われば、子のＩＱが変化する。わかりやすいように遺伝的に優秀なＡと平凡なＢの二人を比較する。どんな同じ環境に二人を置いてもＡは必ずＢを凌ぐ。しかしその同じ環境が向上すれば二人ともＩＱを伸ばすし、環境が悪化すれば二人のＩＱがともに下がる。ではＡの環境を劣悪にし、Ｂの環境だけ改善すれば、どうなるか。ＡとＢのＩＱ差は縮まり、ついには逆転する。どの子の遺伝子条件もまったく変わらずにである。同じ人間でも環境を変えれば遺伝率が変わる。ならば、環境に左右される遺伝率を算出して何の役に立つのか。

遺伝率と聞くと、子どもの形質が遺伝によって決定される確率だと普通は理解する。だから遺伝率が高い形質に関しては教育してもあまり効果がないと勘違いされやすい。安藤寿康『遺伝子の不都合な真実――すべての能力は遺伝である』の小見出しを前章の最後に挙げた。「収入への遺伝の影響は二割から四割」「IQと学業達成の三分の二は遺伝である」「教育投資の見返りは一〇%程度」だと主張する。だが、これは現在の状況における遺伝の貢献度にすぎず、未来予測ではまったくない。

『現代ビジネス』サイトに載った(二〇一七年一一月一五日掲載)安藤の「残酷な「遺伝の真実」あなたの努力はなぜ報われないのか」(https://gendai.ismedia.jp/articles/-/53474?page=4、二〇二一年九月一一日参照)には、こうある(段落を減らした)。

「早い段階であきらめ、別の道を」

これまでにたくさんの双生児研究がなされているが、およそどんな能力やパーソナリティ、社会性、精神病理などの心理的特徴について遺伝と環境の影響を求めても、たいてい三〇%から六〇%の遺伝率が算出される。

[……]

学業成績だけではない。どんな能力にも遺伝の影響がある。とすれば、人並み以上になにかを成し遂げたいと思ったとき、遺伝的才能のないところに力を注いでも厳しいこと、ひょっとしたらムダであることに、容易に気づくだろう。もしがんばっても学業成績が伸びないのなら、それはあなたにその才能がないことの強い証拠である。名門校進学や高学歴で勝負することは早い段階であきらめ、別の道を探すほうがよい。行動遺伝学が示唆するひとつの、あたりまえの帰結である。

「遺伝率」は当該サンプルに遺伝が貢献した割合を示すだけだ。スカーが注意するようにサンプルが変われば、遺伝と環境それぞれの貢献度も変化する。これは実証研究である限り、サンプリングの仕方によって結果に誤差が出るというような話ではない。サンプルに含まれる被験者すべての遺伝子構成がまったく同じでも環境条件が変われば、異なる「遺伝率」が出るのである。

「遺伝率」は個人の数値でなく、集団をめぐる指標だ。だが、その意味を誤解してはならない。日本人の平均余命は計算できても各人の死亡時期は予測できないなどという話と「遺伝率」の問題は性質が異なる。実際の出来事と予想確率は別であり、明日の降水確率が九九％でも明日実際に雨が降るとは限らないというような統計の教科書が説明する違いでもない。行動遺伝学がはじき出す「遺伝率」は、その表現が示唆するような親子の垂直方向に伸びる経時関係の平均値ではなく、サンプル内部での水平方向に広がるバラツキの分析にすぎない。サンプルの共時的分散を計算しながら、それを通時的因果関係かのように錯覚させる論理すり替えに行動遺伝学最大の欠陥が凝集されている。

親から子へと知能や性格が伝えられる確率と行動遺伝学の「遺伝率」は無関係である。双子のサンプルの分散（個人差）から親と子の類似度はわからない。形質の因果関係と集団の分散は別の事項であり、行動遺伝学の教科書にも断ってあるのに（Promin, *et al.*, 1997）、意図的か無意識か、「遺伝率」という紛らわしい用語を使用するために、統計を詳らかにしない一般の人々は騙されやすい。

子どもの知能を年齢別に調べた米国の研究に戻ろう（Tucker-Drob *et al.*, 2011）。生後一〇カ月の赤ん坊の遺伝率は社会階層を問わず、ほぼゼロだった。環境がほとんど作用しない誕生まもなくの時期に遺伝率がゼロとは不思議な話だ。双子法の計算式に戻れば、すぐわかるように「遺伝率」は一卵性と二卵性それぞれの相関係数の差にすぎない。それを遺伝の作用と勘違いするから、誕生直後の「遺伝率」がゼロなどという不条理な結果に驚くのである。

辻褄の合わないことは他にもある。一卵性と二卵性それぞれの相関係数の変遷を生後三カ月から一五歳まで同じ被験者で小刻みに調べた貴重な研究がある（Wilson, 1983）。他の研究と同様、生後から加齢により次第に「遺伝率」が上昇し、一五歳では六八％に達する。すでにみた研究同様、一卵性の相関係数が増加する一方、二卵性の相関係数は減少するからだ。この差の拡大が見かけ上「遺伝率」の上昇を演出する。

ところで生後三カ月の数値を見ると一卵性の相関係数が〇・六六、二卵性が〇・六七であり、「遺伝率」を計算するとマイナス二％になる［(0.66－0.67)×2＝マイナス0.02］。行動遺伝学の定義からして「遺伝率」はゼロから一〇〇％の間の値をとらなければならない。どう理解すべきか。

これを単なる調査誤差だと考えてはならない。一卵性双生児の相関係数の方が二卵性より高くなるはずというのは行動遺伝学の仮定にすぎない。実際には双子の間に積極的な相互関係が生じ、一卵性の相関係数が二卵性よりも低くなる可能性はある。すでに確認したように別々に育った双子に比べ、一緒に住む双子の類似度が低い（Canter, 1973）。双子間に生ずる相互作用を勘案すると、一卵性の相関係数の方が二卵性より高くなるとは限らない。

「遺伝率」の不具合はこれにとどまらない。例えば一卵性の相関係数が〇・八五、二卵性が〇・三〇だとすると「遺伝率」は一一〇になる［(0.85－0.30)×2＝1.10］。一〇〇を超える値が出る可能性はどうつくろってもおかしい。これは誤差のような些末な話でなく、理論的な問題だ。行動遺伝学が定義する「遺伝率」は一卵性と二卵性の相関係数の差にすぎず、遺伝の効果を示す指標として不適かつ無意味だから、こういう原理的に矛盾する結果が生じうるのである。

そもそも知能の遺伝に注目する意義があるだろうか。性格心理学者・渡邊芳之が指摘するように、もし社会への適応に遺伝が関与しているならば、不良形質は次第に淘汰され、優秀な遺伝子の持ち主ばかりになるはずだ。人為選択を繰り返して作り出した乳牛ホルスタインはもともと乳量に大きな遺伝的個体差があった。乳量が子牛の成長に十分なら、乳量に差があってもウシの適応度は変わらない。そのため個体差がそのまま世代を重ねていた。ところが人為的に選択し始めると個体差が新しい意味を持ち、乳量が増える方向で淘汰されていった。こうして個体差が減少していく。社会適応に知能が関与していれば、低い知能の者が淘汰され、人々の知能が似通ってゆくはずだ。

われわれの知能や性格、行動や心理に遺伝的に規定された、かなり大きな個人差が存在し、かつそれが世代を重ねても消滅しないことは、そうした個人差がそれ自体では、われわれの環境への適応にほとんど影響を与えていないことを示しているのである。もし知能の個人差が一〇〇％遺伝によって規定されているなら、知能が高いとか低いとかいうことはその人が環境に適応して生きられるか、子孫を残すことができるかには何ら影響していない可能性が高い。同様に、性格が内向的か外向的かということが強い遺伝的規定性をもつなら、その人が遺伝的に内向的であったり外向的であったりすることは、それ自体ではその人の人生や幸福にはほとんど影響していないだろう。つまり、遺伝的に規定された個人差は、それ自体では、あるいはそのままの状態では、「無意味」なのである。（渡邊 2005）

能力が潜在状態に留まる限り、社会評価につながらない。具体的行動を通して学力や職業能力が判断される。ところで行動には環境が二重に作用する。遺伝・環境・偶然の相互作用の沈殿物として能力や性格が生まれる。だが、この沈殿物だけでは行動が決まらない。どの状況に置かれるかで同じ人間の行動が大きく変わる（Mischel, 1968; Ross & Nisbett, 1991/2011。有名なスタンレー・ミルグラムの「アイヒマン実験」も参照。Milgram, 1974; 小坂井 2013）。まず人格や能力を育む段階で遺伝・環境・偶然が協同する。そして生成された沈殿物が瞬間瞬間の社会環境に反応する。つまり同じ能力と性格の人間も環境に応じて異なる行動をとる。こうして遺伝と環境は常に相互作用し、混じり合う。両者を区別する意義はない。能力と性格は行動から逆算される変数であり、ブラックボックスに秘匿される架空の概念だ。

以上、行動遺伝学の土俵に乗っての内在的検討（データ解釈と方法論の検証）と外在的批判（理論の整合性）の二つの観点から遺伝と環境の分離不可能を示した。加齢による遺伝率上昇は計算法の魔術にすぎない。「本来の自分自身」など、どこにも存在しない。周囲との相互作用の中で暫定的かつ流動的な「自分」ができあがり、さらにそれが社会状況に応じた行動へと導かれるのである。

遺伝・環境論争には二つの軸が絡まっている。一つは能力や性格の自己責任に関する問いであり、これにはすでに第2章で答えた。環境と遺伝の密接な絡み合いは本章で示したが、能力や性格が可変かどうか、格差を減らせるかどうかというもう一つの問いには本章の考察でも完全には答えていない。遺伝と環境の区別が無理でも環境が貢献する以上、能力や性格を改善して格差を減らせるかも知れない。この点は第4章から第7章で検討し、格差問題を分析する従来の視点が的外れであり、平等には原理的に解が存在しないことを明らかにしよう。

公平な分配とは何を意味するのか。なくせないまでも少しでも格差を減らす方が良いと信じ、誰もがその方策を探す。だが、そこには落とし穴がいくつも隠れている。この常識の誤りを明らかにするのが次の目標だ。政治哲学の思考枠を腑分けし、そのアプローチを支える権利・合理性・普遍理念を批判する。格差問題を解決しようという善意こそが人間を不幸に陥れる仕組みを暴く。平等で公平な世界を実現しようという発想自体の罠に気づかねばならない。

第4章　平等の蜃気楼

格差は必ず平等と対で議論される。ところで平等は我々が考えるような理想だろうか、目標とすべき地平線だろうか。平等は何かを隠すために生まれるスローガンであり、近代の本質から目を逸らせるための囮だ。第4章から第6章で提示する平等概念の分析が、近代の正体を暴く第7章への長い補助線をなす。格差は絶対になくせない。格差が減れば、その小さな格差が人間をよけいに苦しめる。

この章では先ず平等概念のアポリアを確認する。富をどのように分配す
べきか、つまり権利の問いとして政治哲学は平等を考察する。だが、正しい秩序を合理的に定める試みは成功しない。次に正義論と社会契約論の前提を批判し、普遍性をめぐる誤信を明らかにしよう。

†擬制と虚構

フランスの標語「自由・平等・友愛」のうち、友愛だけは登場する歴史経緯も違えば、政治

哲学における位置づけも異なる。一七八九年のフランス革命当初から自由と平等は掲げられていた。ところが友愛が現れるのは一八四八年の二月革命においてだ。現在の組合せでの定着は一八七〇年樹立の第三共和政を待たねばならない(Richard, 2012)。

自由と平等は相反しうる。経済の自由を完全に認めれば、能力の高い者や資金の豊富な企業がさらに富む一方で能力の劣る者が貧窮し、零細企業が倒産する。そこで独占禁止や税制により格差を是正し、貧富の差が広がらないようにする。相互矛盾を内包しながらも自由と平等はどちらも民主主義の基本条件と考えられてきた。では友愛はどうか。

自由と平等は原理だが、友愛は感情にすぎない。どんなに強く、深く、広く受け入れられても感情は権利でない。したがって正しさの原理になりえない。(Vacherot, 1860)

一九世紀フランスの哲学者エティエンヌ・ヴァシュロの言葉だ。個人の権利である自由・平等と異なり、友愛は道徳だ。理性に基づく醒めた契約でなく、感情に訴え、共同体の調和を呼びかける。自らと同じように隣人を愛せという新約聖書「マタイによる福音書」の言葉が背後に透けて見える。異質な要素が標語に挿入されたのは何故か。

自己能力の所有者として人間を捉え、自らの労働の成果すべての所有権を認めるノージックにとって自由と平等は一致する（Nozick, 1974）。ドゥオーキンは家庭環境や遺伝など偶然の外因が生み出す富と、当人の意志決定がもたらす結果とを区別する。制御の利かない所与から生ずる格差を不当とする一方、自己責任を負うべき選択・行為から派生する格差は正当と認める。自由と平等の矛盾をこうして止揚すれば、友愛のような宗教概念に頼らず二項だけで論理を閉じられる（自由と平等に関するドゥオーキンの考察はDworkin, 2011）。

道徳や感情とは違う明確な権利にロールズも友愛を翻訳する。累進課税や社会保障制度などにより貧富差を是正せよと説く。だが収入を均等化しすぎると、能力の高い者の労働意欲をそいだり、学習に割く時間や資源が乏しくなる。すると社会全体の生産性が低下し、貧困者の生活がかえって悪化する。したがって底辺にいる者の生活水準を少しでも高く保つための貧富差は正当化される（パレート効率性）。貧困者の生活を守る、この格差原理が友愛に相当するとロールズは説明する（Rawls, 1971）。これも友愛を権利に変換するアプローチだ。

だが、権利に依拠する着想には無理がある。どんな論理体系も自己完結しない。幾何学の公理を考えればわかるだろう。大前提の正しさは証明できない。根拠を立てれば、ではその根拠を正当化する根拠は何なのかと問いが繰り返される。合理的・意識的・人工的に根拠を生み出す社会契約論は必ず失敗する。権威という社会心理現象が加わって初めて権利・権力関係に正統性が付与される。権力・権威・説得の違いをドイツ出身の哲学者ハンナ・アーレントが説明する。

権威は常に服従を要請する。それゆえ、権力や暴力の一種としばしば取り違えられる。だが、強制のための外的手段と権威は相容れない。だから力が用いられる場合は本来の権威にとって失敗を意味する。他方、対等な関係が前提され、議論によって成立する説得とも権威は両立しない。議論に頼る時、権威は介入しない。説得を特徴づける対等な秩序と、上下関係を常に内包する権威的秩序は相容れない。(Arendt, 1961)

社会契約論は正当な公共空間の構築を目指す。だが、空間に収まる論理体系には時間が抜ける。時間を経て沈殿する権威や慣習という虚構抜きに秩序は安定しない。

ルソー『社会契約論』の最後に「市民宗教」という章が唐突に顔を出す。印刷直前に挿入された結部だ(Waterlot, 2009)。人民主権を突き詰めたルソーの歩みを検討すれば、自由と平等に加えて、宗教の雰囲気をまとった友愛が添えられた理由が明らかになる。

法を守らない人間は必ず出る。そして規則を破る者には強制力が働く。この強制は民主主義の原理により正当化されるとルソーは説く。言っても聞かなければ、最後に待つのは暴力だ。警察の実力行使がなければ、裁判所の判決は効力を失う。秩序を維持する上で合理性だけに頼ると暴力を呼ぶ。フランスの文化人類学者ルイ・デュモンが警告する。

> 個人から出発するならば、社会生活は意識と力（あるいは「権力」）の生産物としてしか理解できない。まず個人の単なる集合が集団に移行するためには「契約」すなわち意識的取引や人工的意図が要請される。そしてその後は「力」の問題となる。何故なら、この取引に個人がもたらすことができるのは暴力しか残っていないからだ。暴力の反対に位置するのはヒエラルキー、つまり権威であり社会秩序である。［……］結局、意識と合意に重きをおくことは同時に暴力と権力を前面に押し出すことを意味する。（Dumont, 1983）

集団の強制力に頼らず、内面化された規範への自主的服従が望ましい。ここに宗教・道徳・教育の役割がある。法の擬制は虚構と違う。「事実に反することを事実であるかのように扱うこと。事実に反することがだれにも自覚されていない神話や、相手に自覚させないようにする嘘と異なり、だれもが、それが事実に反することを知っている点に特色がある」と説明されるように（長尾1984、強調小坂井）、擬制はその虚構性が意識される。だが、虚構性が明らかになっては道徳や宗教は機能しない。虚構が生まれると同時に、その虚構性が隠されなければならない。法制度は擬制であり、機能を担保するために警察という暴力装置を必要とする。だが、宗教と道徳は虚構であるゆえに自主的服従を催す。抵抗なく法を受け入れさせるために宗教が不可欠だとルソーは気づいた。市民宗教という異質な要素が『社会契約論』に突如現れたのは、そのためだ。

†主権という外部

神が秩序を定めていた中世共同体が解体した。個人の群れに還元された近代社会は正しさをどう保証するのか。ホッブズ・ルソー・ロック・モンテスキューは、この難問にそれぞれ異なる答えを用意した。前者二人は正しさを主権問題として捉え、後者二人は主権を迂回する。まずホッブズとルソーの解決を見よう。

万人の万人に対する闘争を避けるためホッブズは市民から権利をすべて奪い、共同体の外部にはじき出された主権者に移譲する。権力を独占する主権者が政策を決定し、それに市民が服従する状態を作り出せば、平和がもたらされる。強大な覇権が治めるパクス・ロマーナと同じ戦略だ。刀狩り、つまり国家の暴力独占も同じ原理である。

近代以前には秩序の根拠を神や自然に求めていた。殺人が悪いのは神の摂理に背くからだ、普遍的価値が存在し（カトリックという言葉は「普遍的」を意味するギリシア語カトリコスに由来する）、それに違反するからだ。だが、個人という自律的人間像を生み出した近代は、人間を超越する外部を否認する。神の権威や自然の摂理を公理として無条件に認めなければ、人間自身が法を制定しなければならない。ところが人間の判断が正しい保証はない。正しさの根拠が明示された瞬間に、ではその根拠はなぜ正しいのかと問われる。そこで社会秩序を正当化する装置として主権概念が現れる。公理の虚構性が露わになり、何が正しいかという問いは回答不能に陥った。その代わりに、誰が正しさを定めるべきかと問うのである。

> 主権者（個人あるいは会議）だけが、何が正しく、何が正しくないのかを規定できる。［……］言葉の意味を判断するのは主権者であり、〈正しさ〉と〈不正〉、〈善〉と〈悪〉、〈あなたの所有物〉と〈私の所有物〉とよばれる状態を規定するのは主権者だけである。
> ［……］
> 法が正しさを意味するのであり、正しさの定義を他の抽象的内容に帰すことはできない。なぜならば、正しさの内容を法が定めるからだ。ある者は奴隷であり、他の者は主人だと主権者の意志が宣言するならば、それが公正の定義である。（Mairet, 1997、強調小坂井）

ホッブズの社会契約は主権者と市民との間に結ばれるのでない。市民どうしで契約を締結する際、全市民から権利が完全に剥奪されるとともに、主権者に選定される者が共同体の外部にはじき出される。

> ある人間に対して、汝も同様に自らの権利をすべて放棄し、彼がなす如何なる行為をも汝が受け入れるという条件の下に、我自身を統治する権利を我も彼に与えよう。［……］偉大なリヴァイアサン［……］はこうして生み出される。(Hobbes, 1991)

ホッブズの解決は共同体の外部を生み出し、それを正しさの源泉と定義する。つまり中世の神と同じ機能を主権者が果たす。共同体の法を外部が根拠づける論理形式は依然として踏襲されている。ただし神と異なり、ホッブズの外部は協約により人工的に生み出される。主権者が行う施策の正当性は手続き上の正統性にすり替わり、主権者の決定内容が正しいかどうかという難問が迂回される。主権者がなした決定だから正しい、主権者の決定が正しさの定義であるという論法だ。神という虚構に代えてホッブズはリヴァイアサンという擬制を根拠に据えた。

ルソーはこのような外部を認めず、共同体内部に留まったままで正しさを根拠付けようと試みる。そのために導入される概念装置が一般意志だ。この方式では市民がそのまま主権者として位置づけられ、ホッブズ契約論と同じ構造の外部は必要としない。

と、一見そう思われる。だが実はルソーも最終的に外部を密造する。それ以外に根拠を生み出す術がないからだ。ルソー思想の骨格を確認しよう。自己愛（amour de soi）と自尊心（amour-propre）は違う（『人間不平等起源論』、Rousseau, 1755）。誰でも自己保存欲を持つ。その限りで欲望は自然であり、正当だ。ところが、隣人が持つというだけの理由から、必要でないのに同じものを人間は欲しがるようになる。それは自尊心が原因だ。価値や必要が他者に依存する模倣状況では人間の主体性と自由が失われる。必要でないものを欲しがったり、必要以上の量を求める悪癖に諸悪の根元がある。そこから嫉妬心が生まれ、奪い合いが始まる。自由かつ平等な理想社会を建設するために、他律的な自尊心を社会から根絶しなければならない。

この対立構図は用語を変えて『社会契約論』（Rousseau, 1762）に受け継がれ、自己愛と自尊心という心理的概念の代わりに一般意志と特殊意志という社会的道具立てが導入される。他者との比較から悪しき自尊心が生まれる。ゆえに、それを克服する最良かつ唯一の方法は市民が比較し合わないように関係を断ち切ることだ。この状態で心の底から湧く純粋な欲望こそ本物だ。したがって人間を孤立状態に置いた上で規則をうち立てれば、自由と平等を重んじる理想社会が建設できるだろう。各人に固有な特殊意志を斥け、社会の一般意志を析出しなければならない。

一般意志は市民の単なる総意とは違う。多数決による決議は多数派の横暴かもしれない。怒り狂ってリンチに走る群衆のように、全員一致であっても正しいとは限らない。形こそ違え、それでは強者の論理にすぎない。そこで市民の総意と質的に異なる一般意志が登場する。

> 市民の総意と一般意志の間にはしばしば違いがある。後者は全体の利益にしか関心がない。前者は私的利益の方を向いており、各市民が抱く個別意志の総和にすぎない。(Rousseau, 1762)

人間の手の届かないところに法を位置づけるとルソーが言う。市民の総意を超える以上、一般意志は、ある時代・社会に限定される規範でなく普遍的射程を持つ。つまり一般意志は自然法として提示される。他者を羨望することなく、自らの心に問いかける時、普遍的に正しい人間のあり方が発見される。こういう論理構成だ(Manent, 1987)。

神の権威に頼れなければ、正しさをどう決めるのか。これが近代に課せられた最大の問いだ。正しさを主権者が定義するという手続き問題への解消によりホッブズはこの難問を迂回した。ルソーはこの方向をさらに進め、人間は正しさを一般意志として最初から知っていたという解決を採用した。こうして正しさの内容吟味を迂回しつつ、主権を外部に立てる必要をルソーは回避する。

ところが、これは見かけだけの詭弁だった。市民の私的欲望の背後に隠れる真の意志として一般意志を構想するルソーの解法では、市民の具体的意志から遊離する、論理的な意味での外部が共同体の内部に捏造される。論理体系には出発点が必ず要る。幾何学の公理のように大前提は信仰だ。外部は絶対に消去できない。一般意志が自然法であり、それを人間が発見するという論理構造をみれば、一般意志が外部にとどまっていることに気づく。

さきに擬制と虚構の区別を確認した。ホッブズの外部は協約に明示される擬制だ。これでは外部が約束の産物にすぎないと市民にわかってしまう。法律と道徳の違いと同様、根拠への道筋が露わなシステムは壊れやすい。ルソーの一般意志は虚構性がもっと上手く隠されている。ところが、そこから致命的問題が発生する。

†個人主義と全体主義の共謀

ルソーの個人主義を突き詰めると、どんな世界が現れるか。人間解放を願う善意が行き着く先を見つめよう。序章でロールズの袋小路を確認した。合理的に社会を構築しようと企てる時まさに、意図と裏腹の恐ろしい仕組みに絡め取られる。

ホッブズの解決では市民から全権利が剝奪され、主権者に移譲される。したがって主権者の決定に市民が従わなければならない。だが、主権者と市民が異なる二つの存在である以上、各市民の意志と主権者が抱く意志は別であり、両者の一致は必然でない。一致しない場合もありうる。権力を独占する主権者が横暴を働く場合は市民が契約を破棄すればよい。こうして国家に対する抵抗権が認められる。ところがルソーの論理では一般意志が導く社会全体の利益と各人の真の利益が完全に一致する。私的な意志は偽物であり、一般意志こそが心の奥底から湧き出る本当の意志だ。主権者の一般意志が市民を裏切る可能性は論理的に排除される。ゆえに国家への抵抗権を認める余地はまったくない（Manent, 1987）。『社会契約論』に出てくる言葉を記そう。

> 　自由でありながら同時に、自分以外の意志に服す事態がなぜ起こるのかと問われるかも知れない。法律に反対するにもかかわらず、その法律に服従させられる者がどうして自由だと言えるのかと。
> 　それは問題の立て方が悪いのだと私は答えよう。市民はすべての法律に対して、つまり彼が反対したにもかかわらず通過した法律、そしてまた違反したとき彼自身を罰する法律にさえ同意したのである。国家のすべての構成員がもつ不変の意志が一般意志であり、この一般意志によってこそ彼らは市民となり、自由になる。［強調小坂井］

私的な欲望でなく、一般意志こそが各人の本当の意志だ。したがって、一般意志に背く市民に服従を強要しても自由は侵害されない。人間は強制的に自由にさせられる。

> 実際のところ、各人が抱く個別意志は市民としての一般意志と異なる場合もある。各人に特有な利益は公共利益と違うことを彼に語るかもしれない。［……］したがって社会契約を空虚な言葉の羅列としないためには、何びとも一般意志への服従を社会全体から強制されるという暗黙の約束が社会契約に含まれていなければならない。この約束なしには規則に実際の効力が与えられない。このことはまさに各人が強制的に自由な状態におかれることを意味する。［強調小坂井］

自らの真の欲望をひとは発見し、ついに解放される。人間革命だ。ヒトラーかスターリンの言葉と見紛う詭弁がこうして成立する。

神なる外部に社会秩序の根拠を求める道を拒否し、あくまでも個人の権利から出発したホッブズを高く評価しつつも、理論の不徹底を批判したルソーは共同体の外部に一歩も出ることなく社会秩序の正当化を試みた。ホッブズの外部を拒絶し、個人だけで構成される社会契約論を練り上げた。ところが、その先に待っていたのは全体主義だった。隔離された孤独な個人の群れを前にルソーは思案する。市民の自由を保ちながらも社会を有機的に組織する方法はあるか。

せっかく分離した個人を再び直接結んでは元も子もない。水平的相互関係に代えて市民を国家に垂直的に直接かつ個別に結びつければ、市民の自由を守りつつ他者と健全な関係が育めるはずだ。このルソーの構想が全体主義を導く。

個人主義と全体主義は正反対の極として捉えられている。だが実は歴史的にも論理的にも両者は密接な関係にある。ハンナ・アーレントが『全体主義の起原』で述べたように、家族や村などの中間組織から個人を引き剝がし、いったん孤立・原子化させた上で個人の群れを垂直に国家と直結させた時、全体主義が実現した。まさにルソーの解法だ。スターリンが推進した一九二八年の第一次五ヵ年計画について「階級を大衆に変質させ、同時に集団内の連帯すべてを打ち砕くことは完全支配の不可欠な条件である」とアーレントは分析した(Arendt, 1951)。ルイ・デュモン『個人主義論考』はナチス・ドイツの根幹を個人主義と規定し、「個人主義がすでに深く浸透した社会において、社会という全体に個人を従属させる試みが全体主義を生み出した」と述べた(Dumont, 1983)。いったん切り離した個人(要素)を社会(全体)に直接結びつけるルソーと同じだ。

何故、近代になって初めて全体主義が出現したのか。伝統的共同体から解放された近代的個人がなければ全体主義は起こりえなかった。歴史を振り返れば、教会・職業組合・村組織などが解体され、一方に国家という中央機構、他方に個人の群れを生み出す両極分解をへて近代社会が成立した（作田 1981）。個人の繋がりを切断し、中間組織を解体し、権力を国家に集中する。こうして全体主義が成立する。ルソーの社会契約論は、その純粋な形だ。政治学者・渡辺幹雄が指摘する。

このような極端な個人主義――「原子論的個人主義」（atomist individualism）――は、容易に極端な全体主義へと転化するという病理を内包している。タルモンは前掲書［Talmon, 1952］において、ルソーの説く原子論的個人主義が、全体主義的国家主義へと通じてゆく歴史を詳細に論じている。社会契約説と啓蒙主義の理想からすれば、存在しうるのは個人と国家だけのはずであった。それ以外の中間団体（諸党派や利益団体など）の存在は、たんに不合理性の現れ以外のなにものでもなかった。合理的な個人から合理的な仕方で構成される国家は、そこにおいて一切の価値が調和し、個人の人格の全面的な発展が約束されるはずであった。だとすれば、つまり利害の対立がもはや存在しなくなった状態（国家）においては、各種の中間団体が存在する余地はないのである。そこでは個人と国家が直接的に対峙する。国家の調和を乱す個人の存在は端的に不合理なものの存在であり、即刻取り除かれなければならない。（渡辺 1996）

個人主義と全体主義の絡みは社会進化論や優生政策にも表れている。各人が固有の役割を持ち共同体に有機的に組み込まれていた前近代から、相互交換可能な個人の群れに変質し、不必要で有害な部品とみなされる個人が現れて初めて優生学や社会進化論が可能になった。中世の桎梏から解放された近代個人主義が全体主義体制を生んだのである。

†裁判の原理

主権概念のアポリアを見極めるために裁判の原理に目を向けよう。神という公理を失った世界は正しさを規定するために主権概念を持ち出す。だが、それは無理だ。そして正しさを知る方法がなければ、どのような状態が平等なのかを決めることもできない。日本に裁判員制度が導入された時、国民主権論や懲罰権など裁判の根幹には触れず、論争の多くが冤罪・厳罰化の懸念や裁判員の負担など実務論に終始した。だが、人を人が裁くとは何を意味するかという根本にまで掘り下げないと問題の核心を見誤る。

職業裁判官と市民裁判員のどちらが真相を明らかにできるか。この問いには答えが存在しない。事実認定の正しさを確認するためには判決と事実が二つの別な内容として存在し、かつ両者の間に齟齬がないと証明する必要がある。だが、事実自体は誰にもわからない。警察・検察・弁護側にはそれぞれの推論や主張があり、裁判官には裁判官の判断がある。それ以外にマスコミの意見や世間の噂もある。これら多様な見解の中で最も事実に近いと定義されるのが裁判所の判決だ。裁判が真実を究明したかどうかを判定するための生の事実はわからない。基準の原器に照らし合わせて秤を調整する。ところが裁判には原器がない。無罪判決が出ても被告人が無実である保証はない。有罪判決を受けた者が真犯人である確証もない。事実自体への到達は不可能だ。判決内容が事実に合致しないと言うのではない。合致する場合もしない場合もある。だが、合致したかどうかを知る方法は存在しない。

自然科学の世界も事情は同じだ。科学の研究が正しいとされるのは実験結果が真理に合致するからでない。その時点における科学者集団の知見に照らして理論が整合性を持ち、説得力がある、そして実験値が理論予想とほとんどずれない場合に、正しいと暫定的に認定される。科学者の合意にしたがって適切な実験方法が定められ、実験機器が出す結果の意味が解釈される。この解釈以外に事実は存在しない。

オーストリアの物理学者エルヴィン・シュレディンガーの逸話を引こう。素粒子の波動方程式を提唱したが、実験すると結果が理論と一致しない。そこで方程式に手を加えて修正版を発表した。ところが実は初めの式の方が正しかったと後ほど判明する。スピンと呼ばれる、電子の自転が当時まだ知られていなかったために誤差が生じたのだ。スピンを考慮に入れるとシュレディンガーが頭の中だけで練り上げた式の方が正しかった（Farmelo, 2010）。事実といっても、それは実験の結果にすぎない。スピンを知っていれば、他の実験操作を行い、違う結果が出る。見えている事実は、ある特定の視点から切り取られた部分的なものだ。観察された事象が世界の真の姿なのかどうかを知る術は人間に閉ざされている。科学の成果が正しいと認められるのは、この分野で「事実」が生み出される手続きが信頼されるからだ。

素人市民の方が裁判官よりも誤判が多いか少ないかという問いは意味をなさない。事実がわからない以上、判定しようがないからだ。制度自体をどれだけ検討しても答えは出てこない。どのような裁判形式ならば国民の信頼を得られるか、秩序が安定するかが肝心の問題である。

近代西洋が問うてきたのは、正しい判決を誰が下せるかという技術論でない。論理が逆だ。誰の判断を正しいと決めるかという形而上学である。犯罪を裁く主体は誰か、正しさを判断する権利は誰にあるのか、懲罰権は誰に存するのか。これが裁判の根本問題だ。人民の下す判断を真実の定義とする。これがフランス革命の打ち立てた理念であり、神の権威を否定した近代が必然的に行き着いた原理だった。

一七九一年九月二九日付政令により、市民陪審員が下す判決は控訴できないと規定され、刑法にも明記された。二〇〇〇年の制度改革まで二〇〇年以上、この規定が守られていた。懲役一〇年以下の犯罪を扱う軽罪裁判所の判決は控訴できる。職業裁判官が裁くからだ。裁判官という役人がまちがえても、それは技術的問題にすぎない。だが、重罪は人民が直接裁きを下す。

したがって国民主権の原則により、異議申し立てが許されない。人民の裁断を真実の定義とする以上、控訴は不可能だ。死刑が廃止される一九八一年までは死刑判決を受けても控訴できず、一回の裁判だけで刑が確定した。

†主権のアポリア

ところが有罪および量刑の見直しを上級裁判所で受ける権利を国連人権規約および欧州人権条約が保障する。人民の裁断は絶対であり覆せないとする理念を維持しながら国際協定を満足するにはどうすべきか。

第一審を職業裁判官だけに任せて、市民のみで裁く陪審制の上級裁判所を設ける案が出された。そうすれば最終判断は市民に委ねられ、国民主権の原則を崩すことなく上訴が可能になる。だが、控訴されなければ裁判官の判決が確定し、国民主権の原理が揺らぐ。それに第一審であっても裁判官という技術者に重大な判断を任せるわけにはいかない。

もう一つの方法は第一審と別の県で控訴審を実施し、そこで下される判決を国民＝主権者の最終判断とする案だ。だが、これでは第一審の判決が控訴審で覆った時、どちらの判決が正しいのかわからない。ギャンブル裁判だと揶揄され、採用されなかった。

なぜ、このやり方に問題があるのか。英米の事情と比較して説明しよう。英米法にとって陪審員は共同体の縮図であり、多様な価値観を代表する市民のサンプルとして裁判に臨む。女性が被害にあった性犯罪事件の陪審員が全員男性だったり、黒人被告人を裁く陪審員がすべて白人だというようにサンプルに偏りが生じ、判決にバイアスがかかったとすれば、不公平な裁判は再びやり直す必要がある。そこに何ら論理的問題はない。

また英米の控訴審は職業裁判官だけに任される。なぜか。英米法では市民陪審員のみで第一審が行われ、市民が出した無罪判決に対しては検察官上訴が許されない。有罪判決が出た時は被告人が控訴して再び裁判を受ける権利がある。しかし無罪判決に対して検察は控訴できない。被告人にすれば、まず市民陪審員により裁かれて有罪になった上で、さらに職業裁判官に裁かれ、再び有罪になって初めて判決が確定する。英米の控訴審制度は性質の異なる二つの審理を設けて冤罪を防止する。

他方、フランスの重罪裁判を司る市民は抽象的意味での国民主権を具現する。そのため、異なる判決が二つの地域で出る可能性は論理的にありえない。この違いは「国民」という言葉の用法にも表れている。他国の人々と比較する場合を除き、英語の people は複数名詞として扱われる。具体的個人の集合として理解されるからだ。しかしフランス語の peuple は常に単数名詞であり、個々の人間を超える別の抽象的存在として把握される。これは偶然の言語差でなく、歴史文脈の中で生まれてきた違いだ。革命政権およびナポレオン帝政の時期に抽象的な国家理念が作られていき、それに伴って単数形が定着した（Jouvenel, 1976）。ここにもルソー一般意志の影響が見て取れる。

裁判官三人と市民九人で第一審の合議体を構成し、三分の二（一二人のうち八人）以上の判断をもって有罪が決まる参審制が最終的に採用された。裁判官全員が有罪としても、それに加えて市民過半数の支持が要る。そして控訴審では裁判官の数を変えずに市民だけ一二人に増やした。有罪判決には一五人のうち一〇人以上の賛成を必要とする。職業裁判官が占める割合を減らし、主権者の意志が控訴審でより強く反映されるという理屈だ。二〇一二年の法改正で市民参審員の数が減り、第一審の市民六人に対し控訴審が市民九人の構成に変わったが、合議体三分の二の賛成で有罪判決が下る仕組みと、市民の比重が控訴審でより高い原則は維持された。だが、人民裁判の体裁だけ繕っても、主権者が誤る可能性を認めたことにかわりない。人民の判断が真実の定義だというフランス革命が導入した理念は二世紀を経てついに終焉を迎えた（AFHJ, 2001）。

ヨーロッパ統一がフランス法制度に与えた影響はこれに留まらない。革命期より一貫して重罪裁判では判決理由の開示が禁止されていた。主文だけだ。人民＝主権者が判断した以上、それが最終決定であり、異議を申し立てる審級は存在しない。したがって理由を示して判決を正当化する必要もないし、してもいけない（刑事訴訟法第三五三条）。説明は判決への同意要請を意味するからだ。根拠はブラック・ボックスに秘匿される。神の審判と同じだ。

ところが重罪裁判に控訴を認めた結果、新たな問題が生じる。殺人未遂の咎で起訴された男性が重罪裁判にかけられ、二〇年の刑期を検察が求刑したが判決は無罪だった。それを不服として検察が控訴したところ、求刑は同じ二〇年であったにもかかわらず、懲役三〇年の判決が下された。そこで弁護側は欧州人権裁判所に上訴し、「判決理由が示されず、被告人の権利が完全に保護されたとは言えない」との理由でフランスの控訴審判決が破毀され、再審に至る。結局、フランスの控訴審が一二年の刑を下した。この際も検察の求刑は二〇年だった。

判決理由の明示を禁ずる法制度の下では、どうして判決が覆るのかわからない。クジ引きと同じでないか。試行錯誤を経てついに、理由を示さない判決の違憲性を憲法評議会が二〇一八年に認め、翌年、法改正にいたった（刑事訴訟法第三六五条第一項）。革命政権が樹立した人民主権の原則はこうして、なし崩し的に骨抜きにされていった（裁判制度の歴史と理念分析は小坂井2011a）。

†選挙制度と階級闘争

主権について、さらに考えよう。正しさを決める方法は存在するのか。多数決は何を意味するのか。各自が勝手な行動を取れば紛争が絶えない。したがって全員が守るべき規則を決める必要がある。どのような原理に基づいて多様性を束ねるか、〈多〉から〈一〉へ還元するか。この問いへの答えとして近代国家は代議制を採用する。普通選挙を通してすべての成人が選ぶ以上、議員は国民の意志を反映するという筋書きだ。

だが、選挙が民主的だと認められるのは一八世紀末のアメリカ独立戦争とフランス革命以降にすぎない。それまで選挙はエリートによる寡頭政治、反民主主義の制度と見做されていた。古代アテネ、七世紀末から一七九七年まで続いたヴェネツィア共和国、一三世紀から一五世紀までのフィレンツェ共和国では、くじ引きによる議員選出が基本だった。一八世紀のモンテスキューやルソーも選挙を民主的制度と認めなかった(Manin, 2019)。

くじ引きによる参政が民主主義であり、選挙による参政は貴族制だ。くじ引きで選ぶなら誰も遺憾の念を抱かない。祖国に奉仕する機会の希望がすべての市民に与えられる。(モンテスキュー『法の精神』)

イギリス国民は自分たちが自由だと思っている。大まちがいだ。自由でいられるのは国会選挙の間だけである。代議士が選出されるやいなやイギリス国民は奴隷となり、無と化す。(ルソー『社会契約論』)

国の人口が増え、直接民主制の実施が難しくなったために議員の選挙制度が発達したのではない。数の問題だけならば、くじ引きで国会議員を選出してもよい。くじ引きで議員を選ぶと無能な人間が集まり国家運営に支障が出るならば、議員になる資格を限定すればよいだろう。優秀な人材を登用する官僚試験によって代議士を募ることもできる。選挙を通して議員を決める利点は何か。

第1章で確認したように能力と社会階層には強い相関がある。それに選挙には膨大な費用がかかる。したがって政治家の出身階層が偏る。

アメリカ革命もフランス革命も、民主主義を成就するために貴族政治を追い払ったのではない。これら革命が追放したのは世襲の貴族制であり、自由に選ばれる貴族制がその後継として陣取った。ルソーの表現を借りるなら選挙による貴族制（aristocratie élective）だ。ロベスピエールは代表貴族制（aristocratie représentative）と呼んだ。王と貴族を追い出し、祖国・人民・主権の名の下に庶民階級を持ち上げた。だが、権力を奪取したのは新しい上層ブルジョワジーだった。彼らは自分の地位を正当化する上で、もはや神や土地あるいは生まれに頼らない。選挙に基づく別種の貴族だ。（Van Reybrouck, 2014）

出生による貴族支配が廃れ、個人の実力に依拠するエリート主義に替わった。くじ引き政治の可能性が潰えた事情はブルジョワジー台頭の歴史に呼応する。

くじ引き政治が最近、西洋諸国で見直されつつある。しかし、これらはポピュリズムへの迎合や懐柔にはなりえても階級構造を覆すには至らない。くじ引きの決定事項は参照されるにすぎず、強制力を一般にもたないからだ。

くじ引きの最大の問題は責任の所在である。政府閣僚や代議士をくじ引きで決めると決定に国民が従わない。自分たちが選んだ人間の決定は自分たち自身の決定だという筋書きが、くじびき政治や官僚任命方式では効かない。自分で決めた時、あるいは実際はそうでなくとも自ら決めたと錯覚する時、人は決定に進んで従う(Festinger, 1957。小坂井2013の解説も参照)。

一人一票の原則に意義はあるか。国民全員の選挙結果だから政府や国会は主権を反映するという。だが、この筋書きは単なる儀式だ。今まで議論してきたように階層構造の再生産を崩すのは難しい。そんな出来レースが主権を体現するとは眉唾だ。

アフリカのコートジボワールにこんな話がある。ある村で論争が起きた。ハイエナを今まで何頭も狩ってきたが一度もメスが捕まらない。ハイエナはオスだけなのか。メスもいるはずだという村人と、オスだけだという村人が対立する。そこで全員で狩りを行い、獲物をより多く捕った側が正しいと決めた。メスがいると主張していた人たちが鹿を六頭得たが、メスはいないと言う村人たちは何も獲れなかった。こうしてハイエナにもメスがいると決まり、それ以降、真理として定められた（Deluz, 1970）。

ハイエナの生態と捕獲した鹿の数はもちろん無関係だ。身体を動かし、危険を冒して狩りをともに行い、獲物を一緒に料理する、そして全員で祝いの宴を楽しむ。この手続きの核心は恐怖・不安・歓喜・感謝の共有、そして身体運動を通しての全員参加そのものにある。

能力を問わず、もれなく国民に一票ずつ与えて得票数の多い候補者を選ぶ手続きは、獲物を数えてハイエナの雌雄を決めるやり方に比べて合理的だろうか。美男子だから美人だからとタレント議員に投票する。宗教地盤に寄りかかって組織票を集める。選挙区に利益をもたらす議員に票を入れる。マスコミに扇動されて私的スキャンダルの候補者を叩く。政治に無関係な不倫事件で票を失う……。

熱い論争と全員参加が共同体の運営を成功させる。国民全員で決めれば正しい答えが選ばれるのではない。全員が参加したという錯覚が政治を正当化するのである（Scubla, 1992）。低い投票率が主権の物語を風化させる。将来、選挙演説をテレビだけに限定するとともに投票所を廃止し、インターネットで投票する制度になれば、選挙結果が主権を反映するという虚構の綻びが露呈するだろう。

選挙で代表を定める限り、社会階層が再生産される。貴族制を打破したフランス革命は人間解放をもたらさなかった。新たな主人公による貴族制の始まりにすぎなかった。選挙と学校は支配を維持するための政治装置である。

†見えざる手

正当性の根拠を失った近代は正統性を擬して神の死を繕う。だが、そこには原理的な無理がある。正しさの源泉を主権に移転したホッブズやルソーと別種の解決をロックは求めた (Locke, 1975)。他者との争いを避け、自己を守る権利から前者二人が出発したのに対して、飢えを逃れる必要から考察を始めたロックは食料など生活物資の保障を権利の根本に据えた。各人は自分自身の所有者であるゆえに、自らの労働が生む成果も自己の所有物になる。

ホッブズとルソーにとって所有権は対人概念であり、モノとの直接な関係とは違う。人間AとBのどちらが対象Oを所有するかという枠組みで初めて意味を持つ社会装置だ。ここで双方の権利を定める主権者が必要になる。Aしかいなければ、所有権は意味をなさない。対するにロックは各人の内部に権利の根拠を封じ込めた。こうしてロックは個人に内在する権利の定立により、主権者なる外部を立てる必要を回避した。正しさを内容として定めれば公理の地位を国家は失い、市民の権利を守るための単なる道具になる (Manent, 1987)。

ロックと違う回路でモンテスキューは主権問題に立ち向かう。公正な社会を根拠づけ、自由を保障する国家権力を模索したホッブズやルソーと異なり、モンテスキューは国家権力こそが自由を阻害する原因だと考えた。どんな権力をも抑止する思想、これが三権分立の核心だ。主権を立てるホッブズやルソーは正統な権力構造を実体的に取り出そうとする。他方、個人の自由を保障し、社会秩序を維持する方策をモンテスキューは権力間における妥協の産物として構想した。そのおかげで、解決不能な主権問題を迂回する。主権の代わりにモンテスキューが思いついたのはメカニズムとしての政治機構だ。根拠に支えられた主体でなく、変化する社会状況を司る動的システムである。人民主権であろうが何であろうが、権力である限り危険を孕む。したがって権力が互いを牽制し合って「目に見えない無」になるのが望ましい（『法の精神』、Montesquieu, 1748）。スコットランドの思想家アダム・スミス『国富論』の「見えざる手」に似ている。有名な章句を挙げよう。

見えざる手によって人は導かれ、自分の意志とかけ離れた目的を果たす。そして、この目的が意識されない事態は社会にとって悪いことでない。社会全体の利益のために働こうと意識するよりも、自分の私的利益だけを求めながら人はしばしば、ずっと有益な役割を果たす。

（Smith, 1776、強調小坂井）

主権のありかを規定し、正しい世界を合理的に構成しようと試みるホッブズやルソー、自己内部に権利の根拠を据えるロックと袂を分かち、モンテスキューとスミスは人間の意志を超える自律システムとして社会を捉える。これは根拠を放棄し、世界はなるようにしかならぬと達観する立場だ。合理性は根拠を生み出せない。根拠は信仰であり、時間が沈殿させる慣性力である。

†解の存在しない問い

正義論も社会契約論も普遍を志向する。これが合理性盲信に続く二つ目の誤りだ。普遍的価値が存在しなければ、格差の妥当性は各社会・時代の恣意に委ねられ、どのような分配が正しいのかという問いが意味を失う。普遍的だと信じられる価値はどの時代にも生まれる。しかし時代とともに変遷する以上、普遍的価値でありえない。普遍とは時間と文化の超越を意味する。だが、それは無理だ。歴史の垂直軸と文化の水平軸に限定される規範、これが真理と呼ばれる社会現象である。哲学者に判断できない善悪の難題でも我々素人なら簡単に答えが見つかる。倫理は信仰であり、根拠が存在しないからだ。

「トロッコ問題」と呼ばれる有名な思考実験がある（A）。無人トロッコが来たのに気づかず、線路で工事を続ける作業員が五人いる。トロッコはブレーキが故障し、このままだと作業員が皆死ぬ。危険に気づいた人が転轍機を操作してトロッコの進行方向を変えようとする。だが、そちらの線路にも工事関係者が一人いて、軌道を変えれば確実に死ぬ。どうすべきか。五人を救うために一人を犠牲にすべきか。そのまま放置して五人を死なせるべきか。

次の例と比較しよう（B）。珍しいHLA（ヒト白血球抗原）型の患者五人が死の瀬戸際に瀕している。臓器移植以外に助ける方法がない。患者二人は肺が必要であり、他の二人は腎臓が要る。そして残りの患者は心臓を移植しないと死ぬ。その時、来院した健康な若者の検査結果が知らされる。五人の患者との組織適合性が高い。若者を殺して臓器を摘出すれば、五人の患者を救える。医師はどうすべきか。

一人を犠牲にしても転轍機を操作して五人を救うべきだと考える人が多い。ところが若者を殺して臓器を取り出す選択をする人はほとんどいない。どちらの思考実験も五人を見殺しにして一人の命を守るか、一人を犠牲にして五人を救うかの選択だ。両者はどこが違うのか（Foot, 1967; Thomson, 1985）。

さらに次の状況を考えよう（C）。公園のベンチで若者がのんびりと新聞を読んでいる。近くで疫病が流行り、患者五〇人が苦しんでいる。何もしなければ患者たちがまもなく死ぬ。ところで、この若者は極めて稀な免疫抗体を持っており、足を一本切り取って抗毒素血清を作れば五〇人の命が救われる。どうすべきか。足を切断しても死にはしない（Unger, 1996）。Aと比較しよう。Aでは五人を救うために一人が死ぬ。Cでは五〇人の命を救うために足を一本犠牲にする。誰の命も失われない。それでもCではほとんどの人が介入を躊躇する。何故なのか。

誤解がないように念を押しておこう。我々の自然な反応・判断がどのような原理に依拠するかを明らかにするための思考実験であり、これら状況の解決が目的ではない。架空の状況設定であり、その解決自体に意味はない。したがって、臓器移植が必ず成功するとは限らないから不確かな賭けで若者を殺してはいけないなどと設定以外の条件を導入してはならない。

トロッコ問題の設定を様々に変化させて被験者の判断を調べた心理学実験がある（Hauser *et al.*, 2007; Greene *et al.*, 2009; Greene, 2013; Waldmann & Dieterich, 2007）。犠牲にされる者の身体に触れる必要があるか、離れた場所でスイッチを押すだけでよいか。犠牲者の死は五人を救うための手段として意図した殺人か、あるいは身代わりの死が予測されたとしても五人を救う際に生ずる事故なのか。選択を支持する者の割合が設定状況に応じて大きく変わる。だが、この実験結果が示すのは、ある文化・時代に生きる人々の反応にすぎない。判断が正しいかどうかは別の話だ。

人生をいかに生きるべきかという規範（価値）的問いに哲学者は関心を持つ。この問いかけに科学が助けになるだろうか。心理学者や神経科学者を含む広義の科学者は一般に規範と別の問いに関心を持つ。行動を影響する原因は何かという問いだ。啓蒙時代のスコットランド哲学者デヴィッド・ヒューム（一七一一―七六）は事実と価値の違いを強調した。どう判断すべきかを、我々が実際にどう判断するかによっては決められないのだと。（Edmonds, 2014、強調小坂井）

個人と集団の関係は政治哲学や倫理学の根本テーマをなす。カントに代表される義務論（deontology）とベンサムなどの帰結主義（consequentialism）とがしのぎを削ってきた。多くの人々を救う目的でも罪なき人を身代わりにするのは悪か。多数の幸福のためには少数の犠牲を容認すべきか。

ナチス・ドイツの降伏直後、一万人以上のフランス人が対独協力者として、裁判を経ずに殺された。無実の罪に問われた人が含まれる可能性を知りつつもレジスタンス指導者は処刑を許した。そうしなければ、復讐や内戦が各地で起きる恐れがあったからだ（Lotman, 1986）。より多くの犠牲者を出さないために、罪のない人を身代わりに殺す。同様の論理は新約聖書「ヨハネによる福音書」にも出てくる。世間を騒がすイエスがローマ人に処刑される代わりに、残るユダヤ人の命が救われる。ユダヤ大祭司カイアファの預言だ。

集団と個人の利益はしばしば一得一失の関係にある。すべての条件を勘案して合理的な答えを出そうとすると困る。どこかでごまかすおかげで社会が機能する。米国イェール大学法学部の授業で紹介された話を挙げよう。

ある国を訪れた精霊が首相に提案する。「あなたの国の経済は瀕死状態にあります。何とかお助けしたいと参上しました。素晴らしい新技術を提供する用意があります。国内総生産が倍増し雇用も飛躍的に伸びること、まちがいなしです。いかがでしょうか。ただしそのためには、ある程度の犠牲も覚悟していただかねばなりません。毎年二万人の命、特に若い男女の命を頂戴します。よろしいですか」。それを聞いて恐ろしくなった首相は精霊の提案を拒み、国から追放した。……こうして自動車を発明する機会が失われた。(Dupuy, 2005)

政治哲学や倫理学が説く正しい判断・行為と、人間が現実に取る判断・行為は異なる。恐ろしい伝染病が身近に迫っても人間は病人を見捨てないだろうか。テロの危険が切迫しても、容疑者を拷問して情報を引き出す誘惑に我々は抵抗できるか。経済が悪化しても障害者など弱者が犠牲にならないと断言できるか。大鷲のように飛翔せよと鯨に説く愚を我々は犯していないか。

分析や計画の能力に比べて、脳の感情的部分はより昔に形成されたと信じられている。それゆえ道徳的ジレンマを前にすると理性よりも感情が先に反応する。(Edmonds, 2014)

哲学者は様々な提案をする。だが、彼ら専門家の間でさえ合意は得られていない。それにもし哲学者が真理を見つけても、それを我々が受け入れられる保証はない。哲学や科学の合理性に人間がしたがうならば、社会学・文化人類学・心理学・認知科学・脳科学・精神分析は存在意義を失う。病気を治して患者が死んだら意味がない。合理性への盲信はそれと同じだ。

価値の相対性と無根拠を理解するために次の思考実験を参照しよう(Fuller, 1949)。落盤が起こり、探検隊員五人が洞窟に閉じ込められた。救援活動が始まり、隊員との無線連絡に二〇日後ついに成功する。だが、救出にはさらに一〇日かかる。飢餓状態にある隊員の命はそれまで保たない。どうすべきかと思案するうちに無線が切れてしまう。無線が復旧した時、隊員の数が四人に減っていた。仲間の一人を殺して食べたのだ。残りの隊員は飢餓を乗り切り、救助される。さて、この事件にどう対処すべきか。

法学者が様々な議論を提示する(Suber, 1998)。ところが、この問いには答えが存在しないとイギリスの文化人類学者メアリー・ダグラスは言う。人間は無から考えるのでなく、集団が歴史的に作り出す世界観や思考枠に則って判断する他ないからだ。

洞窟に閉じ込められたのが村の仲間だったとしよう。「俺を殺して食え」。村の長が口火を切る。それは彼にとって名誉でさえある。だが、そんなことを許せば、生還しても村人に合わせる顔がないと他の男たちが提案を拒絶する。次に少年が申し出る。「自分は何の役にも立たない。だから僕が死ぬのが筋だ」。しかし「お前はまだ若い。これから長い人生が待っている」と他の者が承知しない。次に最年長の老人が言う。「わしはすでに十分生きた。喜んで死のう」。さらに他の男が提案する。「幸い、俺はたくさんの子宝に恵まれた。家族が代わりに生きてくれる。だから俺を殺してくれ」。こうして彼らは話し合いを続け、正しい答えを見つけようとする。しかし意見がまとまらず、全員餓死してしまう。

探検隊員が宗教の信者ならば、どうだろう。最後の審判の日がついにやってきた。魂の永遠の救済のために神が我らを洞窟に閉じ込め給うた。こう信ずる者たちは歓喜に包まれ、死ぬまで祈りを捧げ続ける(Douglas, 1986)。

妊娠中絶・脳死・人間クローン・安楽死・死刑など、どれをとっても根拠は存在しない。どんな正当化をしようと恣意を免れない。今ここに生きる我々の眼にこの答えが正しく映るという以上の確実性は人間に与えられていない。判断基準は否応なしに歴史・社会条件に拘束される。正しいから受け入れるのではない。原因と結果が転倒している。同意して受け入れたから正しいと形容するのである。その背景には論理以前の信仰が横たわっている。

生物としての自然な姿はある。熱すぎたり冷たすぎる環境で人間は生きられない。緊張を絶えず強いられる人間関係が避けられ、平和を希求する。そのような限定条件はある。だが、何故それが正しいのか。生物が好む条件は善悪と無関係だ。裸を隠す習慣、食物を火で調理する技術、医療による弱者救済、性欲のあり方など人間の文化は自然に反している。道徳や宗教は動物としての自然な欲望の禁止である。

†異端者の役割

本書は普遍を否定し、世界の無根拠を説く。だが、価値が相対化されれば悪を糾弾できなくなると反対する論者が多い。この章を終えるにあたり誤解を解き、普遍信仰の危険を喚起しておこう。

禁止のない社会は存在しない。社会に生きる人間にとって禁止行為は絶対悪であり、相対的判断はなされない。裸で街を歩くな、所かまわず排泄するな、犬や猫は食用でない……。これら禁止は社会が外から押しつけた慣習だ。しかし、それが人格の深部に浸透する。食事に招かれ、「とても美味しい。材料は何ですか」と尋ねる。「うちの猫を一匹潰しました」と聞いて平気な者は少ない。敬虔なユダヤ教徒やイスラム教徒が知らずに豚肉を食べた後、その事実を悟った時の反応を想像してもよい。社会が押しつける禁止であっても激しい生理的反応が起きる。ここに相対的判断は生じない。正しいと信じられる価値は各時代・社会に必ずある。だが、時間が経ち社会が変われば、正しさの内容も変わる。ならば時代や文化を超越する普遍的価値ではない。普遍は変化と相容れない。

何が禁止されるかは時代・社会に左右される。殺人でさえ全面的に禁ずる社会は存在しない。死刑や戦争は国家による殺人だ。ある条件下で殺人を許容し、命ずる制度である。江戸時代の仇討ちもそうだ。親のかたきを討たない選択肢は武士になかった。殺人は義務だ。人身御供という習慣もかつてあった。供犠の拒否が逆に犯罪をなす。ヨーロッパ中世の魔女狩りも同様だ。

相対主義とは何をしても良いということでない。悪と映る行為に我々は怒り、悲しみ、罰する。裁きの慣習と相対主義は何ら矛盾しない。人間は歴史のバイアスの中でしか生きられない。社会が伝える言語・道徳・宗教・常識・神話・迷信・偏見・イデオロギーを除いたら人間の精神は消滅する。考えるとは、感じるとは、生きるとは、そういうことだ。

人類を貫く普遍が存在するならば、異なる価値観がなぜ過去に現れたのか。正しいと現代人に映ることだけが真理である理由がどこにあるのか。「私の価値観は正しい。なぜなら私の価値観だから」と言っているだけだ。時代が進むとともに普遍に近づくという進歩観は迷信にすぎない。価値観は正しいから社会に受け入れられるのでない。人間の相互作用が生成する価値観だから正しいと感知される。悪だから非難するのでない。非難される行為が悪と呼ばれるのである。

多数派には多数派の立場、少数派には少数派の考えがある。どちらが正しいかを決める審判はいない。両者を超越する神の視点は存在しない。多数派と少数派のせめぎあいから暫定的に真理が定まる。だが、まもなく新しい真理、新たな善悪の基準や美意識にとって代わられてゆく。

多数派の抑制力が働かなければ、逸脱者が勝手に振る舞い、紛争が絶えない。子供は社会規範を学ばないし、道徳が守られなくなる。それどころか道徳の存在そのものが消失する。だが、多数派支配が続けば、社会は変化せず、停滞する。少数派と多数派のせめぎ合いを通して社会が変遷していく。

社会には組織が溢れる。組織が担う機能の一つは社会の安定化だ。組織を作れば内部構造が生まれ、上下関係ができる。代表が決められ、権力が集中する。国家支配にとって民の組織化は都合が良い。各人を個別に制御せずとも代表者のみ押さえればすむ。所属が名誉と感じられたり、天下り機関のように金銭の恩恵があれば、代表になりたがる者が現れる。その上で組織防衛のために国家権力との妥協が必要な状況を作り出せば、代表者を簡単に操れる。ナチスに殺された犠牲者の数がユダヤ評議会のせいで膨れ上がった。こう述べたのはハンナ・アーレントだ（Arendt, 1963）。

ユダヤ人がいるところ、ユダヤ人指導者が必ずいた。あるいはそう認められる人々がいた。稀な例外を除き、何かの形で何かの理由から指導者はナチスに協力した。もしユダヤ人がまったく組織されず指導者がいなかったならば、大いなる混乱と貧困に陥っただろう。だが、犠牲者が四五〇〇万から六〇〇〇万に達することはなかった。これがすべての真実だ（フロイディガーの試算によるとユダヤ評議会の指示に従わなかったならユダヤ人の半分は助かったはずだ。［……］オランダではJoodsche Raadがそうだったように、どの組織もすぐに「ナチスの道具」になった。いつものようにユダヤ評議会の媒介のせいで一〇万三〇〇〇人のユダヤ人が絶滅収容所に送られ、およそ五〇〇〇人がテレージエンシュタットのゲットーに戻った。絶滅収容所から生還したのは五一九人だけだ。対して二万人から二万五〇〇〇人のうち、ユダヤ評議会員を含む一万人はナチスの手を逃れ地下に潜ったおかげで生き延びた）。

組織は保守化し、対立を厭う。自らの権威・権力が依って立つ基盤を脅かしてまでも既存構造を変える動機を多数派は持たない。真に革新的な思想は常に少数派がもたらす。威信も権力もなく、非難や虐待を受けながらキリスト・マルクス・フロイト・ガンディー・マンデラなどが自らの信念を説いた。一九六〇年代の黒人解放運動やフェミニズムの台頭が社会を根底から揺るがした。世界を変える動機を持つのは少数派だけだ。吉田松陰も坂本龍馬も下級武士だった。

テロが起きると非難の声が上がる。反対は自由だが民主的手段を採るべきだ、暴力に訴えてはいけない。我々はこう考える。だが、多数派が許容する限界を超えて改革を試みる時、打開する術として少数派にはしばしば暴力しか残っていない。フランス革命・アメリカ南北戦争・明治維新・ロシア革命・アルジェリア独立闘争・ヴェトナム解放戦争・アパルトヘイト打倒・東チモール独立……、どれをとっても暴力なしに成就できなかった。

目的のためには手段を選ぶなと言うのではない。暴力などない方が良いに決まっている。だが、実力行使しか残っていないと当事者が判断すれば、多数派がどう考えようと暴力に訴える反対闘争が起きる。少数派と多数派の対立と闘いが真理や正義を仮現させ、時の経過とともに変えていく。無用の用という老荘の箴言を思い出そう。今日の異端者は明日の救世主かもしれない。正しい世界に居座られないための防波堤、これが異質性・多様性の存在意義だ。フランスの社会学者エミール・デュルケムの古典『社会学的方法の規準』から引く。

自らが生きる時代の価値観を超えようと夢見る理想主義者の創造的個性が出現するために

は、その時代にとって価値のない犯罪者の個性も発現可能でなければならない。前者は後者なしにありえない。(Durkheim, 1895)

良い異端と悪い異端があるのではない。何が正しいかは結果論だ。社会の支配的価値に逸脱者・少数派が反旗を翻す。安定した環境に楔を打ち込み、システムを不安定な状態にする。少数派と多数派との間に繰り広げられる対立から次なる安定状態が生まれ、秩序が変遷する。社会は根拠のない、未来に開かれたシステムだ。

†正義という名の全体主義

犯罪とは何か。悪いことをするから罰を受けるという常識がすでに誤りだ。デュルケムが説く。

殺すなかれという命令を破る時、私の行為をいくら分析しても、それ自体の中に非難や罰を生む要因は見つけられない。行為とその結果［非難や罰］は無関係である。殺人という観念から非難や辱めを演繹的に［analytiquement 分析的に、あるいは内的関係として］取り出すことはできない。［……］処罰は行為内容から結果するのでなく、既存の規則を遵守しないことの帰結だ。つまりすでに定められた規則が存在し、行為がこの規則に対する反逆であるために処罰が引き起こされるのである。〔……〕禁止行為をしないよう我々が余儀なくされるのは、単に規則が当該行為を我々に禁ずるからにすぎない。(Durkheim, 1924、強調デュルケム)

行為の内在的性質——殺人はAという理由で悪である——によって犯罪性は決まらない。美人の基準と同様、行為の是非も社会的・歴史的に決まる。社会が成立し維持される上で規範ができると同時に、そこからの逸脱つまり多様性が現れる。肯定的評価を受ける逸脱要素を創造的価値として受け入れる一方、否定的烙印を押された要素は悪として排除する。生物が食物摂取後に栄養分だけ体内にとどめ、消化できない要素を排泄し、新陳代謝過程で生成される有毒物を腎臓や肝臓で分解・濾過して体外放出する仕組みに似ている。

同じ規範を全員が守れば、社会は変化せず停滞する。同じ価値観が続く、歴史のない社会だ。犯罪の起きない社会はありえない。どんなに市民が努力しても、どのような政策や法体系を採用しても、どれだけ警察力を強化しても犯罪はなくならない。デュルケムが言う。

正常な社会学現象として犯罪を把握するとはどういう意味か。犯罪は遺憾だが、人間の性質が度し難く邪悪なために必ず生ずる現象だと言うだけでない。それは犯罪が社会の健全さを保証するバロメータであり、健全な社会に欠かせない要素だという主張でもある。［……］集団規範の逸脱者がいない社会はありえない。そこで生ずる多様な行為の中には犯罪も当然含まれる。なぜなら行為に犯罪性が看取されるのは、その内在的性質によるのでなく、共同意識によって行為に意味が付与されるからだ。だから共同意識がより強ければ、すなわち逸脱程度を減少するための十分な力が共同意識にあればあるほど、同時に共同意識はより敏感に、より気むずかしくなる。他の社会であればずっと大きな逸脱に対してしか現れない激しい勢いで、ほんの小さな逸脱にさえ反発する。小さな逸脱にも同じ深刻さを感じ取り、犯罪の烙印を押す。

したがって犯罪は避けようがない。犯罪は社会生活すべての本質的条件に連なる。しかしまさにそのことが犯罪の有益性を表す。なぜならば犯罪と密接な関係を持つこれらの条件こそ、道徳と正義が正常に変遷するために欠かせないからである。(Durkheim, 1895)

悪の存在しない社会とは、全員が同じ価値観に染まって同じ行動をとる全体主義社会だ。ジョージ・オーウェル『一九八四年』のように秘密警察の監視下で逸脱者を見つけて洗脳するか殺せば、社会に悪がなくなる。だが、そのためには膨大なエネルギーが無駄に消費される。密告者を配置するだけでなく、密告者を監視するための人員も必要になる。そしてその監視員を監視する人間も要る……。

正義の希求と全体主義は紙一重だ。ラトビア出身の哲学者アイザイア・バーリンが自由を二種類に区別した（Berlin, 2008）。一つは、自ら欲する通りに行動する可能性を意味する消極的自由。他者の自由を侵害しない限り、自由が無制限に認められる。殺人や強姦の自由も理屈上は考えられる。だが、そのような自由は他者の自由を害するから認められない。こう理解するのである。国家権力や他者の干渉から逃れるという意味で「〜からの自由」と呼ばれる。ホッブズやジョン・スチュアート・ミルが支持した立場だ。もう一つの積極的自由は感情や欲望に流されず、理性が命じるままに正しく行動する能力、つまり自律を意味する。殺人や強姦の自由はそもそも概念として成立しない。自由の範囲をめぐって規定される「〜からの自由」と対照的に、到達すべき理想を想定する積極的自由は「〜への自由」と呼ばれる。この立場の論者としてカントやルソーが知られている。

古代ではプラトンが積極的自由の立場を採り（批判はPopper, 1945）、近代に入ってからはルソーやカントなど思想家の他にもロベスピエール、ヒトラー、スターリン、毛沢東、金日成、ポル・ポトなど多くの政治指導者が正義の理念を掲げた。宗教裁判や魔女狩りを通して中世キリスト教も正しい世界を守ろうとした。善悪の基準や施策を誤ったのではない。普遍的真理や正しい生き方が存在するという信念自体が問題だ。時間と空間を貫通する公正な規則を打ち立てようと正義論や社会契約論が企てる。だが、それは空しい努力であるばかりか、全体主義につながる危険な試みだ。

権利はすべての市民に共通する規定でなければならない。それが合理性と普遍性に続く政治哲学三つ目の迷妄だ。多様性を超えて最大公約数を見つけられるだろうか。欲望の真の姿を把握せず、平等や公平を議論できるのか。

格差は絶対になくならない。それどころか格差が小さくなればなるほど、平等が遠のき、希求する動きが加速する。その理由は近代の本質に直接関わっている。第7章で近代の正体を明らかにするが、その前に欲望に焦点を当て、集団的生き物である人間にとって格差が何を意味するか検討しよう。我々の本当の敵は格差なのか。平等は不可能なだけでなく、的外れの擬似問題だとわかるだろう。

†フランスの暴動

格差への不満がどう募るか具体例を通して考えよう。二〇一八年一一月から一年間にわたり

「黄色いベスト」運動がフランスの政権を揺らがせた。工事現場で使われる黄色いベストを身に着けた人々が政府の政策に反対運動を突きつける。燃料税値上げをきっかけに怒りが噴出し、毎週土曜に各地でデモが繰り広げられた。政策反対アピールに一〇〇万人以上の署名が集まった。

道路封鎖やロータリーでのピケから始まった抗議が次第に激化する。パリ凱旋門を占拠し、シャンゼリゼ通りの商店・銀行・レストラン・キオスクに放火し破壊する。初期には三〇万人近くの参加者を記録し、一九六八年「五月革命」に比すべき深刻な国家危機と捉えられた。デモやストライキが日常的に起きるフランスだが、黄色いベスト運動に参加した多くの人々はそれまで政党や組合に属した経験がなく、これが最初の実力行使だった。

警官隊との衝突で負傷した市民は二五〇〇人（内務省発表。デモ側はその倍以上を主張）を数え、その中には頭部を負傷した者二八四名、警官が投げた催涙弾で手首切断に至った者五名、非致死性銃の硬質ゴム弾命中により片眼を失った者二四名、睾丸を潰された者一名がいる。南仏マルセイユで五階の窓からデモを眺めていたアルジェリア人老婆の頭部に催涙弾が直撃し死亡した。デモ隊に囲まれパニックを起こした運転手の車に轢かれて死んだ人が一〇名に上る。警官の側も二〇〇〇人近くが怪我をしたと内務省が報告する。検挙された市民一万二〇〇〇人。うち二〇〇〇人が起訴され、四割が実刑判決を受けた。壊された店舗などの損害は二億ユーロ

（当時の換算レートで二五〇億円。以下同様）に上った。五〇〇〇以上の企業が営業不能に陥り、七万人を超える従業員がしばし失業を余儀なくされた。

世論調査によると、運動を支持する国民の割合が一一月末に八四％を記録し、三カ月経っても五八％が応援し続けた。民衆の怒りを鎮めるため、エマニュエル・マクロン大統領は燃料税値上げ凍結に加え、貧困者救済のために一〇〇億ユーロ（約一兆二五〇〇億円）の予算を約束する。フランス革命直前の一七八九年一月にルイ一六世が招集した三部会に倣って各地で公聴会を開催し、大統領自ら地方を駆け巡って国民の声を広く聴く機会を二〇一九年一月半ばから二カ月間設けた。

反対運動のきっかけは燃料税値上げだった。しかし、かなり以前から貧困化が進み庶民の生活が圧迫され、それがこの反乱を生んだと黄色いベスト運動の参加者・メディア・知識人が主張する。拡大した格差への不満が庶民の我慢の限界を超えたと言う。

だが、社会の底辺で貧困に苦しむ人間が暴動を起こす、拡がりすぎた格差が騒乱を生むという常識は正しいのか。景気が低迷し庶民の生活が特に苦しかった二〇〇八年と二〇一二年に大規模な騒動は起きていない。三〇〇〇人近くが逮捕され、緊急事態宣言が出された二〇〇五年秋のパリ近郊暴動では貧困そのものよりも、移民出身者などのアイデンティティ問題が引き金になった（Avis du Conseil National des Villes, 2006）。

第三回目（二〇一八年一二月一日）のデモ参加者を対象に行った調査がある（Centre Emile Durkheim, *Le Monde*, 11/12/ 2018に依拠）。黄色いベスト運動には貧困者だけでなく中流層からの参加者が多い。失業者やホームレスは少なく、正規雇用者の割合が高い。賃貸でなく住居所有者が大半を占める。運動の中核をなす人々は貧困ライン（二〇一六年度のＩＮＳＥＥ［フランス国立統計経済研究所］による定義では月収一〇二六ユーロ）以上の層に属す。抗議参加者の中には管理職もいる（中間管理職一三％、上級管理職及び知識人七％）。非管理職従業員の割合が高く、デモ参加者のうち主婦や年金生活者を除く就労者の四五％に上る。全国の従業員率二七％と比べると、その多さがわかる。対して肉体労働者は一九％であり、全国平均の二一％を下回る。職人・商人・企業主が一四％含まれ、全国平均の七％を超える。高卒二九％、大卒二〇％。五％は修士号取得。参加者の五五％が所得税を課せられ、フランス全体の課税者率四三％を上回る（五七％は低収入ゆえに免除）。八五％が自家用車を所有。調査サンプルが小さいので他データの確認を待たねばならないが、黄色いベスト運動の原因が貧困そのものだとは考え難い。

では格差が原因なのか。貧困自体はとりたてて深刻でなくとも富裕層との差が拡がり、不平等感が強まったからだろうか。二〇一七年の調査によると格差が大きすぎると答えたフランス人が六九％に上る。対してドイツでは五二％、英米ではともに二九％だった（GESIS, 2017）。「最近五年間で格差が拡がった」とフランス人の八九％が答え、貧困が今後深刻になるだろうと危惧する人が八四％に上った（DREES, 2018）。

ところが実際の格差は英米独よりもフランスの方が小さい。ジニ係数の小さい順に列挙すると（数値が大きいほど格差が大きい。格差がまったくなく、全国民の所得が同じなら0、富を一人が独占すれば1）、アイスランド〇・二五五、フィンランド〇・二五九、ノルウェー〇・二六二、スウェーデン〇・二八二、オランダ〇・二八五、フランス〇・二九一、ドイツ〇・二九三、スイス〇・二九六、アイルランド〇・二九七、韓国〇・二九五、イタリア〇・三二八、英国〇・三五一、日本〇・三三九、スペイン〇・三四一、米国〇・三九一である（OECD. Stat、二〇一六年、一部は二〇一五年）。つまり国民の実感に反してフランス社会の格差は小さい。そしてここ四〇年間、ジニ係数は〇・二八から〇・二九付近を揺れ動くだけで格差にほとんど変化ない（INSEE）。

階層構造が固定され、閉塞感が増した可能性はどうか。格差が拡大しなくとも階層上昇が困難になって不満が爆発した可能性はどうか。フランスは従来から社会上昇の難しい社会であり、格差が大きい英米とあまり変わらない。階層構造が緩やかな北欧諸国は例外としても、ドイツと比べてもフランス社会の流動性は低い。親と子どもの所得変動を調べるとデンマーク〇・一五（親子の所得が無関係ならば0、完全に決定されれば1。デンマークでは親の所得が子に影響を与える割合が一五％という意味）、ノルウェー〇・一七、フィンランド〇・一八、カナダ〇・一九、スウェーデン〇・二七、ドイツ〇・三二、フランス〇・四一、米国〇・四七、英国〇・五〇である（Corak, 2006）。親の階層に子も留まる傾向が英米仏では強い。

だが、フランスの階層構造は一九八〇年代半ばから変わらず、近年になって固定化が進んだのではない。一九八五年の統計によると四〇歳から五九歳のフランス人男性の三八％が父親と同じ階層に所属していた。二〇一二年の数字も三六％であり、横ばいだ（Besançon, 2017）。流動性が低下したために不満が募り、黄色いベスト運動が生じたという解釈も採れない。民衆の怒りの原因は何なのか。

†革命の起爆装置

テロに遭うのではと恐れたり、飛行機が落ちないかと心配する一方で自動車には平気で乗る。ところがテロ被害者になったり、飛行機が墜落して死ぬ確率は自動車事故死に比べて遥かに低い。事実と印象の齟齬は珍しくない。この切り口から黄色いベスト運動の謎に迫ろう。

相対的剝奪（relative deprivation）という概念が社会学にある。X（財・社会ステータス・パートナーなど）を欲しいが持っていない。対して他者はXを持っている（格差がある）と主観的に思う。実際にそうであるかは問題でない。そしてXの入手が現実的だ（景気が高まる。自分にはその能力や資格がある）と信じる。現状が期待を裏切る時、不満が高まる。不満は客観的状態で決まらず、自らの過去や他人の状況との比較から生まれる。

歴史を振り返ろう。民衆の生活が苦しかった時期を過ぎて一八世紀半ばからフランスの景気が上を向き始める。だが、その時まさに革命が勃発する。一九世紀前半を生きたフランスの思想家アレクシ・ド・トクヴィルの『旧体制と革命』が説く。

生活が改善されるにつれて日常の暮らしがより耐え難くなる。まるでフランス国民がそう感じているかのようだ。［……］革命が起きるのは、生活が悪化する時とは限らない。最も苛酷な法律でさえも存在しないかの如く、不平を言わず人々は耐える。ところが、まさに苦しみが軽減される時、法律を激しく拒む。［……］避けようがないと諦めて辛抱してきた不幸が、そこから逃れられると思った途端に耐え難くなる。悪弊が改善されると過去の悪弊よりも、まだ残る悪弊の大きさが目立ち、感情をよけいに逆撫でる。悪弊自体は確かに減った。だが、苦痛はさらに増す。封建制が最も猛威を振るった頃よりも封建制が消え去ろうとする時にこそ、フランス人は憎しみを覚えた。ルイ一四世の圧政以上にルイ一六世のわずかな身勝手が許し難く映った。(Tocqueville, 1856)

ロシアでも同様に一九世紀末から二〇世紀初頭の景気好転が一九一七年の革命を誘発したと

フランスの社会学者レイモン・アロンが指摘する。一八八〇年から一九一四年の期間、ロシアは世界一の経済成長率を記録した。一八九〇年から一九一三年の間に工場労働者数が一五〇万人から三〇〇万人へと倍増する。石炭生産量は五三〇万トンから二九〇〇万トンへと急増し、製鉄も七〇万トンから四〇〇〇万トンへと伸びた。石油産出量は三二〇万トンから九〇〇万トンへと増えた。一九〇〇年から一九一三年の時期に国民総生産が四〇%向上し、一人あたりの数値でも一七%の成長をみた。それに応じて教育も進み、一八七四年の男性識字率が二一・四%だったのに対し、一九一四年には六七・八%に向上した。小学校の生徒数も増加し、一八五〇年の一四一万人から一九一四年の八一五万人へと変化した（Aron, 1967）。フランスでもロシアでも革命前夜の経済は好景気に恵まれた。

美しい人に出会うだけで恋心は生まれない。遠く離れたところに憧れの人がいても、抗しがたい欲望は起こらない。映画俳優や有名スポーツ選手と付き合いたいと真剣に悩む人は少ない。親しくなって手に届くと感じた時、初めて狂おしい欲望が燃え上がる。最初は気にもとめなかった相手に注目するライバルを感じた時、にわかに独り占めしたくなる。

主体と対象の二項だけで欲望は捉えられない。対象をめぐる他者との三角関係から生まれる。「欲望する」を意味する英語の desire やフランス語の désirer はラテン語 desiderare から派生し、「何かの欠如または誰かの不在を名残惜しく思う」が原意だ。『広辞苑』でも欲望は「不足を感じてこれを満たそうと強く望むこと」と説明されている。欠如だけでは不足を感じない。他人の状況や自己の過去と比較して欠如を異常と感じた時、初めて欲望が現れる。一度は手に入れたもの、ほとんど手に入ったと思ったものが結局は手に届かない状況で発生する。他者だけでなく自分にだって所有できるはずだという思いから欲望が湧き上がる。フランスの文芸批評家ルネ・ジラールが分析したテーマだ（Girard, 1961）。

フランス革命勃発以前すでに経済的にも文化的にもブルジョワジーは貴族とほとんど同じ生活を営んでいた。ところが名誉がまだない。社会上昇を希求するブルジョワジーの前に立ちはだかる最後の障壁が貴族の称号だ。

庶民より上に位置する人間［貴族とブルジョワ］は実際誰もが似通っていた。同じ考え、同じ習慣、同じ好みを持ち、同じ快楽を求め、同じ本を読み、同じ言葉を用いていた。法律上の権利だけが彼らを分け隔てていた。（Tocqueville, 1856）

一九世紀後半の解放を経てゲットーが消滅するとドイツのユダヤ人にアイデンティティ危機が訪れる。ゲットーに閉じ込められていた時代、ユダヤ人とキリスト教徒の境界は相互に維持されていた。ところがユダヤ人解放後、両者の距離が小さくなり接触の機会が増えるにつれてユダヤ人の葛藤が増す。差別から解放されて上位集団の仲間にもう少しでなれるという心理が生まれ、キリスト教徒と自らを比較するようになる。それまで差別に甘んじていたが今では準拠集団が変わり、ユダヤ人として蔑視される日常が耐え難くなる（Lewin, 1946）。

不満は客観的条件によるのでなく、比較の対象で決まる。第二次世界大戦中、前線に配備された米国北部出身の黒人兵士は南部出身の黒人に比べて戦場の生活に不満がより強かった。人種差別に慣れた南部の黒人にとって前線の生活は必ずしも悪いと感じられない。だが、差別が緩やかな北部で育った黒人兵士は、戦争に行かずにすんだ他の黒人の生活と比較して不満が募る（Merton, 1957）。

上層との類似性が高まるにつれて下層者の上昇志向がより強くなる。ところがフランス革命前、貴族制度が境界を維持し、完全な浸透が妨げられていた。

超えられるようになったとはいえ、フランスの貴族と他の階層とを分け隔てる境界は依然として聳え立ち、動かし難かった。貴族以外の者にとって輝かしさを覚えると同時に憎むべき存在として君臨し続けた。高い犠牲を払い、侮辱に甘んじて得た特権によって境界を越えるやいなや、自分が今まで属していた低い身分の平民たちと区別される。

だが、授爵制度のせいで、貴族に向ける平民の憎悪は弱まるどころか計り知れないほどに強まった。貴族の地位を新たに手に入れた者は、以前同じ地位にいた平民の羨望をさらに煽った。(Tocqueville, 1856)

貴族になれない平民の羨望がますます強まる一方、授爵のおかげで貴族の仲間入りをしても旧来の貴族からは偽物と見下される。貴族と平民を隔てる境界を撤廃しない限り、自分たちの身分が本当には改まらないと悟った時、反抗が始まる。

米国に吹き荒れた黒人解放運動も同じ心理メカニズムで説明できる。経済が壊滅状態に陥った大恐慌時代(一九二九—三九)でなく、生活が楽になった一九六〇年代に大規模な反乱が生まれたのは何故か(Gurr, 1970)。

過去とは比較にならないほど黒人の生活が改善され、人種隔離政策に連邦最高裁が違憲判決(「ブラウン判決」)を出した一九五四年には黒人の期待が大きく膨らんだ。同年実施された調査結果によると「今後五年間に生活が改善されると思うか」という問いに「改善される」と答えた白人の割合が五三%に留まったのに、黒人では六四%だった。一九六三年の調査では「今後五年間に賃金が上昇する」と予想した黒人が六七%に上り(「賃金が減る」は二%)、「労働条件が改善される」と黒人の六四%が予想した(「悪化する」は三%)。今後五年間に「黒人に対する白人の態度が良くなる」「黒人の生活改善を白人が許容し、暴力で妨害しない」と信じる黒人の割合が七三%に達した。

公民権運動の参加者は黒人の中では上層に属し、比較的収入の高いホワイトカラー就労者が多かった。職業訓練校でなく、自然科学や人文学など社会評価の高い学問を修めた人々だった。厳しい人種差別が残る南部にあっても今後状況が改善されると公民権運動参加者の多くが期待し、白人のすべてが黒人に偏見を持つわけではないと楽観視していた。だが、経済・教育・雇用条件が向上しても黒人というだけで蔑視され続ける。社会から受ける評価と期待の不一致が不満を募らせる。不当な理由で差別されていると怒りを覚える。フランス革命前の社会状況と同じだ。

一般的傾向として、ひとは能力の高い者とでなく、自分と同等か少し低い者と比較する。それにより自己満足でき、劣等感を免れるからだ。女性の地位はたいてい男性より低く、同じ会社に勤めても女性の収入の方が少ない。ところで女性は社内の男性とよりも他の女性社員と自分を比べやすい。高能力者といつか同等になり、超える可能性が信じられなければ、比べても辛いだけだ。だから下か同等の者と比較する。そのため不公平な条件を強いられても気づきにくい(Tyler *et al.*, 1997)。

イスラエルの研究を参照しよう。女性向けの伝統職業に就く女性よりも、男性に混じって働く女性の賃金の方が高い。ところで後者の女性は同じ職場の男性と比較せずに、伝統職業の低賃金女性と自分を比べやすい。同じ職場の男性は賃金が高く、彼らと比較すると自分の劣勢が明らかになるからだ（Moore, 1991）。結婚した女性は他の女性と自らとを比べ、夫よりも自分の地位が低い事実は問題にしない。準拠集団が異なるからだ。

ところが個人ではなく集団を比べれば、地位の違いが自らの劣性に必ずしもつながらない。職場の他の者と自分を比べるのでなく、女性全体の地位を男性一般の地位と比べる。そして気づく。地位が低いのは自分が劣るからではない。社会が不公平だからだ、女性が不当に差別されているからなのだと（Crosby, 1982）。黒人だから、外国人だから差別されている。人種差別ゆえに地位が低いのならば自分の責任でない。悪いのは社会だ。したがって自己を卑下する必要はない。こうして防衛反応が消える。集団間の不公平に気づけば、成功の意味も変わる。より困難な状況を乗り越えたのだと自信が増す。そして自分だけの問題でなくなり、同じ差別に苦しむ人々と連帯する動きが現れる。

†比較・嫉妬・怒り

長い補助線を引いた。黄色いベスト運動に話を戻そう。フランスでは一九八〇年代から高等教育が大衆化し、社会上昇の期待が低所得層に広がった。大学進学するにはバカロレア試験に合格する必要がある。以前は難関だった（一九六七年度の合格率六一・七％）が、技術バカロレアが一九六八年に、職業バカロレアが一九八五年に新設されるとともに合格率が大幅に上がった(黄色いベスト運動が生じた二〇一八年度の合格率は一般バカロレア九一・一%、技術バカロレア八八・九%、職業バカロレア八八・六%)。年間一七〇ユーロ(二〇二〇年度)という安い授業料にも助けられ、低所得層から多くの若者が大学に行くようになった。

ところが、そこに錯覚があった。数字の上では下層からの大学進学者が急増した。しかし現実は民主化にほど遠く、階級再生産の構造は依然として変わらない。低所得層出身者の卒業率は低く、エリートを育てるグランゼコールに入学できるのは富裕層ばかりだ。高等教育の大衆化が実はまやかしだった、裏切られたと知った。失望から人々は社会秩序に異議を突きつける。不満や反乱は貧困が直接引き起こすのではない。そこには人間の複雑な心理が隠れている。

日本人は従順で権力に弱く、大衆行動を起こしにくいと言われる。だが、徳川幕府を倒した明治維新はどうか。黒船来航に始まる幕末の政治不安だけが原因ではないだろう。世の中を変革できると信じたが故に下級武士が動いたのでないか。一九六〇年代半ばから七〇年代初めにかけて盛り上がった学生運動はどうか。安保条約改定やヴェトナム戦争という政治環境だけが原因ではない。経済成長の高揚感に支えられ、社会を変えられると若者が感じたのでないか。変革の期待や信念なしに絶望だけから大きなうねりは生まれない。当時の状況を思い出そう。敗戦を喫し、劣等感の虜だった日本人が次第に経済力をつけ、自信を回復していった。一九六四年一〇月一日、「夢の超特急」と呼ばれた新幹線が開通し、九日後にはアジア最初のオリンピックが東京で開催された。一九六八年には西ドイツの国民総生産を抜き、米国・ソ連に次ぐ世界第三の経済大国にのし上がる。一九六四年から一九七三年の一〇年間の平均経済成長率が一〇・二%という驚異的数字を記録し、フランス(五・六%)・西ドイツ(四・七%)・英国(三・一%)・米国(四・〇%)など西洋先進国の追従を許さなかった。この時期に学生運動が活発化したのは偶然でない。

今や日本社会に格差が拡がり固定化した。階層間の境界が閉じつつある(橋木2006、橋本2018)。反乱を突きつける経済条件は整った。だが、グローバル化の波に翻弄され、変革の可能性が実感されない。不満はあっても現状を打破する具体策が見つからない。自分の生活を守るだけで精一杯、社会全体のことまで考えられない。だからインターネットで愚痴を垂れ、他人を誹謗して憂さ晴らしするだけで大衆運動には発展しないのか。

とはいえ、フランスの階級構造が二〇一八年に固定されたわけでもなければ、教育制度への幻想がこの年一挙に崩れたわけでもない。黄色いベスト運動が勃発したきっかけは何だったのか。

一九六〇年代の米国黒人解放運動では白人と黒人が比較された。フランス革命においても貴族と平民という集団比較が生じた。ロシア革命でも貴族とプロレタリアートが対立した。黄色いベスト運動はどうか。最初は個人的な不満だった。各自が感じる不安や怒りにすぎなかった。ところが燃料税値上げを契機に金持ちと貧乏人、エリートと庶民という集団対立の構図に発展する。パリ郊外に住む低賃金労働者は二時間かけてパリあるいは反対側の郊外へと仕事に出かける。交通渋滞に苛立つ毎日。そこに燃料税値上げの追撃だ。

マクロン大統領のイメージが怒りの連鎖に大きな役割を果たした。彼は三九歳という若さで大統領に選ばれた。三五歳で皇帝になったナポレオン・ボナパルトを別にすれば、フランスが共和政になって以来の最も若い国家元首だ。四三歳でアメリカ大統領に就任したジョン・F・ケネディと比べても若い。大統領に選出される以前ケネディは一〇年以上、下院と上院の選挙に当選し、国民の審判を受けていた。ところがマクロンは大統領になるまで選挙に一度も立候補していない。父親はアミアン大学医学部教授、生みの母親も医師。父離婚後の再婚相手も大学病院に勤める精神科医。マクロンの弟は放射線科医、妹は腎臓科医。医者の一家だ。ナンテール大学(パリ第一〇大学)で哲学修士号を準備しながら同時にパリ政治学院を卒業した後、最難関の国立行政学院(ENA)を修了して経済・財務省の財政監査官に任命された。

当時フランスではまだ徴兵制が布かれており、他の若者が兵舎でしごかれている時期もマクロンは学業を理由に免除されている。徴兵制を逃れるため、精神疾患を装ったり、自殺狂言を試みた者が少なくなかった一方、兵役に代えて対外協力省の海外任務につくために政治家や名士のコネを利用する若者もいた。マクロンには強力な伝手があったに違いない。これも妬みを買う一因だ。

高級官僚をしばらく務めた後、ロスチャイルド銀行に引き抜かれる。三一歳で名門投資銀行の重役だ。それから官僚の世界に再び呼び戻され、大統領府の副事務総長になる。この時まだ三五歳。そして二年後には経済・産業・デジタル大臣に抜擢され、政府の重要な位置を占める。エリート街道をまっしぐらに歩んできた人物だ。

黄色いベスト運動はマクロンへの反発から生まれた。前年二〇一七年の大統領選挙の際、黄色いベスト支持層のわずか五%しかマクロンに投票しなかった。抗議運動の参加者および支持者の多くは最右派のマリーヌ・ルペンと最左派のジャン=リュック・メランションを選んだ。二人ともポピュリズムを下地に、不満を抱える層に強い影響力を持つ。特にルペンの支持層はマクロンの基盤と正反対の構成をなす。ルペンの票田が低所得・低学歴の人々であるのに対し、マクロンの選挙民は高収入・高学歴だ。メランションに投票した市民の学歴はマクロンとルペンの票田のちょうど中間に位置する。だが収入はルペン支持層と同じように低い。このようにマクロン支持派と異質な社会層から黄色いベスト運動が立ち上がった。

社会正義実現のために富裕層から金を徴収して貧者に再配分せよと黄色いベスト支持層の五七%が要求する。対するに黄色いベストの反対派で同じ意見を表明する者の割合は七%にすぎない。マクロン主導のグローバリゼーションを黄色いベスト支持層の八三％が敵視し、政治家のほとんどが金持ちと勝ち組だけを優遇していると六七％が答える。国家権力への敵意も黄色いベスト支持層には強い（Algan *et al.*, 2019）。

大統領就任以来、マクロンはエリート官僚特有の冷たい合理性で改革を強行してきた。例えば富裕税廃止。資産の国外逃避を招くからというのが理由だ。経済活動に役立たないと年金への課税も強化した。社会党出身だと思っていたら新自由主義政策をトップダウンで強引に推し進める。投資銀行家の経歴も相まって「金持ちのための大統領」のイメージが定着する。新自由主義・右派のニコラ・サルコジ元大統領と親密で定期的に会って相談しているとも報道される。

こうしてマクロンをシンボルとする金持ち集団と虐げられた庶民という構図ができ、集団次元で比較が機能する。経済政策への反発だけでなく、政治要求が突きつけられる。直接民主制のスイスを範に国民投票が頻繁になされるよう法改正を求める。国会を通さずに立法を可能にせよとさえ主張する。そしてマクロン大統領の辞任を要求し、政府転覆を目論むまでになる。「エリート 対 支配される庶民」という構図だ。政府やマスコミは「民主主義 対 暴動」という枠組みで黄色いベスト運動を解釈する。だが、運動参加者は「国家 対 人民」の図式を押し出す。こうして集団次元に問題の根が投影され、大衆抗議が生まれたのである。

†平等のジレンマ

権利の枠組みで練り上げる社会契約論や正義論に、自己・他者・対象の流動する三項関係は捉えられない。嫉妬心の破壊力に鈍感なロールズは言う。格差を残すのは社会全体の生産性を高めるための単なる方便にすぎない、だから底辺に位置しても劣等感を抱く必要はないと。

羨望は集団にとって有害だ。他人を羨望する者は自分との差を縮めようとして結局、他者だけでなく自己に対しても害をなす。［……］他者の利益を減らすことが可能だとしても、そのために自分にも害が跳ね返るならば、他人の不幸を誰も望みはしないだろう。(Rawls, 1971)

貧困に苦しむぐらいなら、底辺に追いやられても富裕な社会で生活する方が幸せだとは、人の心の弱さがわからない者の言い草だ。格差の完全な解消は無理としても少しでも減る方がよい、士農工商と身分が分かれて固定する社会に比べれば、民主主義社会の方がましだ。我々はそう信じる。だが、それは人間心理を知らないゆえの楽観論だ。近しい対象との差こそが問題を孕むとアリストテレス『弁論術』(「羨望」)は指摘した。

妬みを抱くのは自分と同じか、同じだと思える者に対してだ。それは家系・血縁関係・年齢・人柄・世評・財産などが似通った人のことだ。［……］時・場所・年齢、世の評判などで人は自分に近い者を妬む。［……］競争相手や恋敵、一般に同じものを欲しがる者と人々は競う。そのため必ず嫉妬心を覚える。(Aristote, 1991)

比較にならないほど功績が違えば羨望は起きない。生まれるのは尊敬の念だ。アインシュタインやイチローに負けたと嘆き、ダ・ヴィンチやモーツァルトに劣等感を抱く人は珍しい。だが、拮抗する者に劣ると認めるのは辛い。封建社会では出生の違いにより身分が固定された。そのため下層の人間は上層との比較を免れ、羨望に悩まされにくい。だが、近代を迎え、身分制が崩壊すると人間は相互交換可能な同類になる。ゆえに他の理屈を見つけて地位の違いを正当化する必要がある。格差はなくすべきなのか、正当な格差があるのか。個人の内部に根拠が移動した世界ではこういう疑問が頭をもたげる。

身分制が打倒され、不平等が緩和されたにもかかわらず、さらなる平等の必要が叫ばれるのは何故か。人は常に他人と比べる。そして比較は優劣を必ず導く。近代社会では人間に本質的な違いがないとされる。だからこそ人は互いに比べあい、小さな差に悩む。自らの劣性を否認するために社会の不公平を糾弾する。私は劣っていない、社会の評価がまちがっているのだと。外部を消し去り、優劣の根拠を個人の内部に押し込める時、必然的に起こる防衛反応だ。平等を理想として掲げる民主主義社会の出現を前にトクヴィルは喝破した。

同胞の一部が享受していた邪魔な特権を彼らは破壊した。しかしそのことによって、かえって万人の競争が現れる。地位を分け隔てる境界そのものが消失したのではない。境界の形式が変化しただけだ。［……］差異が社会の常識になっている時には最も著しい差異にも人は気づかない。ところが、すべての人々がほとんど平等になると、どんな小さな違いも人の気持ちを傷つける。だから平等が進むにしたがって、さらなる平等への願望が一層強まり、不満が高まるのである。(Tocqueville, 1835)

これは近代の構造的欠陥だ。格差が生まれる仕組みを近代はごまかし続けなければならない。自由に選択した人生だから自己責任が問われるのではない。格差を正当化する必要があるから人間は自由だと社会が宣言する。努力しない者の不幸は自業自得だと宣告する。フランスの社会学者ポール・フォーコネが言う。

普通信じられているように自由は責任が成立するための必要条件でなく、逆にその結果だ。人間が自由だから、人間の意志が決定論に縛られないから責任が発生するのではない。人間は責任を負う必要があるから、その結果、自分を自由だと思い込むのである。(Fauconnet, 1920/1928)

中世が終わり、近代が産声を上げた。だが、この変遷は自由と平等の勝利を意味しなかった。不平等を隠して正当化する論理が変わっただけだ。奴隷制・農奴制・封建制・資本制と表向きの生産関係は変わったが、搾取は依然として続く。奴隷の生産物は奴隷所有者がすべて取り上げた。自分がする労働の一部を農奴は領主の所有地に振り分けた。自ら生産した農作・畜産物の一部を小作農は封建領主に差し出した。これらの支配形態では搾取の仕組みが明白だ。ところが、人間の労働力が商品の形態を取る資本主義社会では事情が変わる。労働力以上の価値が労働(すなわち労働力の消費)によって生み出される。だが、労働力の価値と、その使用から生まれる価値の差は労働者に還元されず、資本提供者が掠め取る。結局、搾取はなくならない。仕組みがより巧妙に隠され、他の理屈で正当化されただけだ(Marx, 1977)。

†近親憎悪と差別

小さな違いが問題を孕む。社会システムがそこで試練を受けるからだ。わずかな優位を守るために多大のエネルギーを費やさねばならない。こうして格差を維持する闘いが果てしなく続く。差別を例に遠近の力学に注目しよう。

異質性ゆえに他民族が差別されるのではない。二〇世紀初頭、東欧のユダヤ人はゲットーに閉じこめられ、異質性を残していた。他方、フランス革命による解放とナポレオンの政策によって同化への道を辿った西欧のユダヤ人は非ユダヤ人とほとんど区別できないほど社会に溶け込んでいた。ナチス・ドイツによる「黄色い星」着用の強制は、そうしないとユダヤ人を判別し難かったからだ。同化の著しく進んでいたドイツにおいてまさに反ユダヤ主義が猛威をふるい、住民に熱狂的に支持されたのは何故か。フランスの思想家アラン・フィンケルクロートが言う。

一般に信じられているところと違い、ユダヤ人が集団虐殺の犠牲になったのは、彼らが同化の努力をしたにもかかわらず、虐殺政策から逃れられなかったのでない。同化努力への反動として虐殺されたのだ。ユダヤ人が非ユダヤ化すればするほど彼らはより恐怖を募らせた。出自がわからなくなるにつれて、反ユダヤ主義の世論が投げかける呪いは激しさを増した。［……］非ユダヤ人というこの新しい身分こそが敵の恐怖と怒りを煽った。自らに残るすべてのユダヤ性を消し去るべく、同化ユダヤ人は細心の注意を払って純化に努めた。ところがゲットーの住民に対する伝統的嫌悪とは比べものにならない激烈な反応がこの文化同一化に対して巻き起こった。(Finkielkraut, 1980、強調フィンケルクロート)

距離が近くなればなるほど、境界を保つために差異化の暴力が作用する。フランスの社会学者エドガール・モランも『オルレアンのうわさ』において同様の現象を報告する。パリから一三〇キロほど南に位置する町オルレアンで一九六〇年代末に起きた事件だ。洋服店の試着室に入った女性が麻酔を掛けられて誘拐され、売春奴隷として外国に売り飛ばされているらしい。この噂を受け、警察が調査に乗り出したが、そのような事実はない。デマだと警察が何度発表しても噂の収まる気配がない。中傷の対象になったのは、どれもユダヤ人経営の店だ。ところで彼らは完全にフランス社会に同化し、出身が容易には判別できない人ばかりだったのに対し、いかにもユダヤ人風で東欧訛の残る人たちは流言の被害に遭わなかった(Morin, 1969)。

パレスチナ人とイスラエル人の紛争も近親憎悪だ。土地の争奪という問題が基にあるとはいえ、利害関係のみが敵意の理由ではない。ユダヤ教とイスラム教は双方とも砂漠で遊牧民が生みだした一神教だ。イスラム教はモーゼ・イエス・ムハンマドを預言者として理解し、ユダヤ教・キリスト教・イスラム教に連続性を見る。同じセム語族に属するヘブライ語とアラビア語は親戚だ。アッサラーム・アライクム（あなたがたに平和がありますように）とアラブ人が挨拶し、シャーローム（平和を）とユダヤ人が言う。豚肉食を禁じる宗教はユダヤとイスラム以外には珍しい。割礼もユダヤとイスラム共通の慣習だ。身体的特徴も似ている。

近親憎悪のメカニズムはユダヤ人をめぐってドイツの社会学者ゲオルク・ジンメルが二〇世紀初頭にすでに指摘していた（Simmel, 1908）。ここではフランスの社会心理学者セルジュ・モスコヴィッシの言葉を引いておこう（Moscovici, 1984-85）。

人種差別は逆に同質性の問題だとわかる。私と深い共通性を持つ者、私と同意すべきであり、私と信条を分け合うはずの者との不和は、たとえ小さくとも耐えられない。不一致は実際の度合いよりもずっと深刻なものとして現れる。差異を誇張し、私は裏切られたと感じ、激しい反発を起こす。他方、私とまったく異なる者に対峙する時、我々を分け隔てる、越えられない溝には注意を向けさえしないだろう。つまり我々に耐え難いのは差異ではない。同質性と繋がりだ。

キリスト教は凄惨な異端狩りを繰り返した。多神教やイスラムなど外の異物に対してよりも内の異物たるプロテスタントを最も残酷に粛清した事実を思い出そう。

フランスでもっとも差別されているのはマグレブ（アルジェリア・モロッコ・チュニジア）出身者だ。彼らに比べるとアジア人はそれほど差別を受けない。その理由としてマグレブ人の異質性に言及するフランス人は多い。しかし実際にはフランス文化への同化度や宗教の類似性など、アジア人に比べてマグレブ人の方がフランス人により近い（Tribalat, 1996）。外見もマグレブ人とフランス人はよく似ている。

差別の原因が客観的差異でないことは日本の部落問題にも明らかだ。いかなる言語・文化・宗教・身体基準によっても判別できない人々の「家系」を探って異質性を捏造する。朝鮮人ほど日本人に近い人々はいない。そのうえ彼らのほとんどは日本に生まれ育ち、多くは日本語しか話せない。それなのにヘイトスピーチや差別に終わりが見えない。

圧倒的多数の在日韓国人にとって、韓国とは父母たちや祖父母たちの故郷ではあっても、自身の故郷ではない。法的にいえば、在日韓国人は日韓の間を往来し、生活地を選択することができる。だが、多くの在日韓国人は自分にそんな選択可能性があることも知らないほどに本国とは無縁な生活をしている。在日韓国人の九〇パーセント以上は日本生まれの世代であり、彼らにとって韓国という国は単なる外国というよりは因縁のある地だとしても、それは外国に近い存在になっているのである。「近くて遠い国」というのは日本人よりも在日韓

国人にふさわしい言葉なのである。（鄭 2001）

黒人差別も差異の問題でない。米国南部出身の白人知識人は自らが抱く不合理な感情を次のように分析する（Leonard, 1964. 我妻／米山 1967より引用）。

［……］私が若い頃北部に移って黒人達と対等の立場に立ってつきあいを始めた頃、私は自分が、感情的にも、知的にも、黒人に対する偏見を払拭していたつもりだった。しかし［……］黒人と握手をするたびに、私は自分の手を洗いたいという、甚だ不合理な、しかし、強烈な衝動に駆られたのであった。私はあわて、困惑し、自らを恥じた。しかし、黒人と握手をした自分の手がよごれているという感情を、どうしても禁じえなかった。これは実に信じられない、おかしな感情であった。というのは、私は生まれおちた瞬間から、黒人召使の黒い腕に抱かれ、黒い手によって体を洗われ、黒い乳房から乳をもらい、黒い手の作る食事をたべて育ったのであり、彼等の黒い肌がきたないと感じたことは、ただのいっぺんたりともなかったからである。

人種差別は差異という与件が生むのでない。同質の場に力ずくで差異を捏造する運動だ。近代になって奴隷制が廃止され、人間の平等が認められた、まさしくその時に人種主義が台頭する。ルイ・デュモンは言った。

これこそ平等主義が意図しなかった結果の恐らく最も劇的な例だろう。［……］イデオロギーが世界を変革する可能性には必ず限界がある。そして、その限界に無知なゆえに、我々が求めるところと正反対の結果が生じる危険をこの事実が示唆している。(Dumont, 1977)

自分の人生に不満を感じる者が社会の不公平を糾弾する傍ら、成功者は自らの能力や努力に原因を求め、機会均等とメリトクラシーが正義を保障すると信じる。こうして勝者と敗者の闘争が永遠に続く。すべての市民を納得させ、平和をもたらす根拠が存在しない以上、水掛け論は止まない。

心理は権利と相容れない。合理的存在として人間を捉える正義論や社会契約説には原理的な欠陥がある。人間は他人と比較する存在だ。「他人との比較や競争をやめ、自分自身の生き方を探そう」。こう誘うハウツー本が巷に溢れる。だが、そんなことは絶対に無理だ。比較から解放される人間がいるとすれば、それは悟りを開いた仙人だけだ。比較なしに人間は存在しえない (Festinger, 1954; Girard, 1961; Tajfel, 1978)。

格差をなくす試みは必ず失敗する。格差のない社会とは、人間のいない社会と同様、無意味な表現だ。支配者が格差の消滅を許さないからだけでない。格差を望むのはすべての人間の本性だ。格差は疑似問題であり、本当の問題から目を背けさせるために近代が仕掛ける戦略である。

第6章　人の絆

格差に怒り、嫉妬し、悲しみ、憐れむ。この感情は他人の不幸にも向けられる。人間が関係態であり、一人で生きていないからだ。一人では生きられないからだ。権利や平等概念に基づいて人の繋がりを構築しようとは、火を消そうとして油を注ぎ、喉の渇きを癒すために海水を飲むようなものだ。油を浴びせるたびに炎はさらに燃え上がり、飲めば飲むほど喉が渇く。他者との損得勘定で格差問題は解けない。人の絆の仕組みをわからずして格差の正体は摑めない。出発点で誤解しているからだ。

政治哲学と法学は経済学同様、他者の利益と反しないよう調整しつつ各人の権利を守る。これらのアプローチは考察の起点に主体を据える近代の特徴に呼応する。これが四つ目の虚妄だ。人の絆の不思議を解く鍵は、その先を探しても見つからない。個人主義と異なる贈与の論理に注目しよう。人間の不完全、主体の不在こそが人間を結びつける。『神の亡霊――近代という物語』で提示した議論に新たな光を投じ、人間関係の奇跡に迫りたい。

†個人と社会の関係

中世の桎梏から近代は人間を解放し、自由を与えた。だが、そこからまさに近代の迷走が始まった。前近代の共同体はヒエラルキーを本質とし、個人が従属・服従する全体構造として理解されていた。神なる外部が秩序の正しさをアプリオリに保証していた。ところが、自律する個人という本質的に非社会的な存在を近代は生み出し、どのように人の絆が生じるのかという大問題が発生する。

個人はどう結びつき、社会で共存するのか、自由な個人の単なる集合が、どうして有機的な共同体に変質するのか。この難問に人文・社会科学は二種類の答えを用意してきた。自由で合理的に行為する個人が利益を得るために他者と交換を営み、社会関係が営まれる。これが経済学、特に新古典学派が依拠する個人主義パラダイムである。対するに人間の思考が社会規範に縛られるおかげで人の絆が生まれると社会学、特にデュルケム学派が説いてきた。個人が先か集団が先か。社会唯名論か社会実在論か。方法論的個人主義か全体論的アプローチか。

これは個人と社会の関係を超えて、部分と全体の結びつきをどう把握するかという、より一般的な認識論上の問題でもある。アインシュタインが指摘する。

惑星が太陽の周りをどのように移動するかという問いに対しては確かに、これらの法則［ケプラーの法則］によって完全な答えが与えられている。すなわち軌道が楕円形を描くこと、均等な時間内に同じ面積が通過されること、楕円の長軸と公転周期との関係などについてである。だが、これらの法則は因果関係の必然性には答えない。［……］これらの法則は包括的に捉えた運動を問題にするのであり、システムの運動状態が直後の状態に至る機制は検討されない。今日の言葉で語るならば、これらは積分的法則であり、微分的法則ではない。(Einstein, 1991)

積分的・微分的という表現は数学的に厳密な意味で用いられている。だが、それぞれ包括的・局所的と広義に読み換えるならば、全体論（ホーリズム）と還元論の対立として解釈できる。ケプラーの法則は現象描写にすぎず、太陽と惑星はなぜ一定の関係を維持するのかという疑問は浮かばない。太陽と惑星をまとめて捉え、システム全体を記述するからだ。対してニュートンの分析では太陽や惑星の関係がアプリオリに与えられない。それぞれの天体を一つの独立した個体（質点）に還元した上で、いったん切り離された天体群を万有引力の媒介により再び結びつける論理構成が採られる。ブラック・ボックスの内部に一歩踏み込み、よりダイナミックな分析に成功する。

だが、それにより同時に大きな難問を新たに生み出してしまう。序章で引用したベントレー宛の書簡を思い出そう。複数の離れた物体が何らの媒介もなく瞬時に相互作用を及ぼす万有引力は荒唐無稽な想定でしかない。理論の不条理を繕うためにニュートンが頼みの綱にしたのは万能の神と偏在なるエーテルの存在だった。要素の相互関係として全体を把握する試みは、最終根拠として神という外部を想定し、創造説という全体論に戻ってしまう。

部分と全体はどういう関係にあるのか。酸素と水素が化合して、原材料になかった性質が新たに出現するのは何故か。部分の総和を全体が超えるのは何故か。人間世界も同様である。社会をアプリオリなシステムと見るのでなければ、複数の個人が集まったときに、どのようにして相互関係が発生するのか。単なる個人の集合がどうして有機的システムに変換されるのか。

個人と社会の関係をめぐって経済学・政治哲学・法学などの方法論的個人主義と社会学の全体論がしのぎを削ってきた。第4章で参照したルイ・デュモンの警告を思い出そう。神の権威に頼る身分制のまやかしは暴かれた。だが、虚構を排し、合理的契約の擬制によって秩序を定めても、規則を担保するために警察という暴力装置が必要になる。両者を超えるパラダイムは見つかるだろうか。

†贈与の矛盾

交換制度は契約・市場・贈与という三つの形態に区別できる。契約は権利と義務を定め、公正な交換を保証する。市場は商品と貨幣をブラック・ボックスに投入し、需要と供給のメカニズムに則って交換する。どちらの場合も合理的な等価交換が行われる。他方、合理性からの積極的な離反が贈与の原動力をなす(Godbout, 2000)。

規則が明示された関係では精神的負い目が誰にも生じない。権利を持つ者は履行を要求でき、相手は権利を満足させなければならない。義務を果たすだけの相手には感謝する必要もなければ恩を感ずる理由もない。権利が行使される瞬間に互いの関係が決済されて終わる。契約は人間関係を排除しながら必要な物資・労働力・情報を交換する社会装置だ。市場も人間関係を避けながら交換を可能にする。同意した価格が支払われる限り、買い手は商品を受け取る権利があり、売り手は手放す義務を負う。権利と義務を明確に規定された合理的な契約、市場経済が織りなす自由な交換はどちらも人間無関係を意味している。

近代の勘違いに気づくために贈与現象に注目しよう。贈与には矛盾がある。その確認から始める。贈物を受け取った側は贈物を返さなければならない。さもなくば、贈与の連関が途絶える。ところが贈物を必ず返してくれると知っているならば贈与と呼べない。等価の見返りを期待する贈与は単なる取引だ。したがって贈与ではない。それに御礼を返されれば、最初の贈与が色褪せる。贈物を返す行為がまさに贈与の意義を奪う。こうして贈与は概念自体に論理矛盾を内包する。

フランスの文化人類学者マルセル・モースはニュージーランドのマオリ族が信じるハウという霊に注目した。贈与物にハウが取り憑き、元の持ち主に返還しなければならないという負い目が、贈物を受け取った者に生まれる。この信仰のおかげで本来矛盾する現象が成立する(Mauss, 1983)。贈物をするが見返りは期待しないという言明と、贈物をもらったら必ず返礼せよという言明が矛盾と映るのは、両方とも贈与当事者が発すると誤解するからだ。当事者の外部に位置する第三項の導入でパラドクスが解消される。贈物を受け取ってくれという気前の良いメッセージは贈主のものであり、贈主に感謝し他の贈物で返礼せよという命令はハウが送る。つまり二つの異なる内容のメッセージが二つの異なる情報源からやってくる。ハウが当事者と分離するおかげで贈与の連鎖が可能になる(Anspach, 2002)。

ハウはマオリ族の迷信だ。だが、この虚構媒介のおかげで共同体の絆が維持される。贈与当事者に生ずる心理現象と、贈与制度という社会現象との間に循環関係が成立する。下心のない贈与を受けたのならば、なぜ贈物を返す義務があるのか。返す義務があるなら、どうしてそれが贈与なのか。贈与し合う人間と贈物だけで贈与システムを構成するとアポリアに陥る。だが、メタレベルに仮現する虚構の導入によって、この二つの疑問が同時に氷解する。

贈与の本質は経済の外にある。贈与の収支決算は贈物の価値を差し引いても出ない。相手が何をどれだけ必要とするか、贈る側にどれだけの能力や余裕があるかで贈物が決まる。受け取ったモノ、してもらったことの対価として贈るのでない。贈物は相手の存在自体への気持ちを表す。相互作用を通して信頼と呼ばれる剰余価値が生まれ、人の絆が補強される。

O・ヘンリー『賢者の贈物』を思い出そう。夫ジムにクリスマス・プレゼントをしようとデラは一年間懸命に倹約したが、たいした額は貯まらなかった。クリスマスが明日に迫る。途方に暮れた彼女は膝まで届く自慢の髪を売り、プラチナ製の時計バンドを買う。ジムが大切にする金時計にうってつけだ。帰宅した夫は妻の変わり果てた姿を見て驚く。髪を売った経緯を知ったジムは古びたコートのポケットから贈物を取り出す。包みを破ると中からベッコウの櫛が現れる。宝石で飾られ、彼女の長い髪にうってつけだ。だが、その髪はもうない。「でもいいわ。髪はすぐまた伸びるから」。デラはそう答え、贈物のバンドを時計に取り付けるよう夫を促す。「デラ、クリスマスのプレゼントは二人ともしばらくお預けにしておこう。櫛を買うために、あの時計は売ってしまったんだ」。

クリスマス・プレゼントの価値と、それを得るために手放したモノの価値とを比較すれば、この交換で二人とも損失をこうむった。大切な時計あってのバンド、美しい髪あっての櫛。だが、贈与の収支決算はそのような単純計算ではない。贈物を通して信頼が高まり、愛の絆がより強くなる。

夫の時計をデラが盗んで売りさばき、その代金で櫛を買ったとしよう。それを知らないジムは時計のバンドが欲しいために妻の髪を無理矢理切って売る。髪を失ったデラに櫛はもう役立たない。ジムも時計を失い、プラチナ製のバンドだけが空しく光る。二人に残ったモノは『賢者の贈物』の設定と同じだ。だが、心理は決定的に違う。一方では愛と信頼が深まり、他方では別れが迫る（Anspach, 2002）。

信頼がなければ即時の決済が要求される。あるいは返済を保証する契約を結ばねばならない。だが、信頼はそのような用心を無用にする。信頼があれば公平な決済が保証されると言うのではない。反対に、収支の不均衡を積極的に受け入れられる状態を信頼と呼ぶのである。

本来の人間関係における収支勘定は各瞬間に決済されない。長い時間を経て収支が均衡する場合もあれば、親子のように当事者間だけで完済しない場合もある。養育にかかった労力と費用を子から返してもらおうと望む親はまずいない。育ててもらった負債を全部返済しようと子は考えないし、それが可能だとも思わない。そして借りは次世代に持ち越される。施しを受けた親に借りを返す代わりに自らの子に施す。こうして世代間の絆が生まれる。小さな輪の中で完結しないで決済が先に持ち越されるおかげで外に開かれた関係が作り出される。負債を返し合いながら人間は結びつけられる。いや、負債を返すという否定的表現は正確でない。単に相手が必要とするから与える関係、与えること自体が喜びになる関係、それは経済損失を心理的利益に変換する錬金術だ。

第4章で友愛の意味を検討した。自由と平等という権利関係だけで人間の世界は築けない。主体を礎《いしずえ》にする近代個人主義が目指すのは結局、人間無関係に他ならない。権利・義務を完全に明示できるようになる時、人間の世界に信頼は要らなくなる。だが、それは同時に人間が人間たることをやめる時だ。

†臓器国有化の目的

経済学・政治哲学・法学など、主体を出発点に据えて人間関係を説明するパラダイムは謬見に惑わされている。臓器移植を題材に考察を続けよう。臓器の販売はほとんどの国で禁止されている。臓器提供は贈与だ。だが、この贈与には奇妙な矛盾がある。

死体の臓器をスペアパーツとして再利用するためには、固有の氏名を持つ人間を匿名の単なるモノに変質させなければならない。手術室ではドナーの氏名が伏せられ、整理番号で扱われる。その目的の一つが死体の非人格化だ。遺体とレシピエントを同じ手術室に入れれば、臓器をすぐに移植できる。そうしないのは何故か。匿名性が大切なら隣接する手術室を使えばよい。だが、現実には切り取られた臓器だけが場所を移す。搬送中に臓器は劣化する。摘出後、移植して血流再開するまで数時間しか保たない。それでも遺体とレシピエントを同じ場所に集めない。
臓器摘出と移植双方に必要な手術スタッフを一カ所に揃えにくいとか、手術室を必要数確保するのが難しい、遺体の運搬が大掛かりになるなどの物流事情もあるだろう。一人の心臓・肝臓・腎臓・角膜を複数のレシピエントに分けて届ける場合もある。遺体と患者を動かさずに、摘出した部品だけ移動すれば経費節約できる。しかしドナーとレシピエントを一緒にしない理由は匿名性保護や技術制限あるいは経済性だけでない。

臓器摘出の現場に入ろう。血色が良く、まだ温かい状態で死体が手術室に運ばれると冷却と同時に血液を抜く作業が始まる。臓器劣化を防止するためだ。魚の活け締めに似ている。冷却液を血管に注入し、助手が冷却液を臓器に直接浴びせる。その間、医師は臓器を揉んで血抜きを促進する。臓器から血を抜き冷却液を注入する工程は臓器の鮮度を保つためであり、技術的必要から生まれた。しかし同時に心理機能も果たす。血抜き作業、そして時間経過と空間移動を通して人間の身体からスペアパーツへと臓器の意味が変化する。それによって初めてドナーからレシピエントへと臓器の所属変更が可能になる (Boileau, 2002)。なぜ、この変換が必要なのか。

生命の贈物をもらったレシピエントは死者に心から感謝しつつも、遺族に会って礼を述べたいと希望はしない。匿名性に阻まれ、それが不可能だからではない。遺族から金銭を要求されると恐れるからでもない。死者に自分を乗っ取られ、臓器保存の容器に変身するとレシピエントが感じるからだ。家族との接触がドナーの具体的イメージを喚起して同一化を引き起こす(Godbout, 2000)。移植の結果、ドナーの性格が移ったとレシピエントが錯覚する記憶転移現象が知られている。思い出・癖・嗜好などが脳だけでなく臓器や細胞にも記憶されるという疑似科学も現れた。真相は心理的同一化だ。レシピエント・ドナー・家族だけでなく、手術に携わる医療スタッフもこのモノ化プロセスに巻き込む必要がある。

　異物取り込みには二つの方式がある。一つは消化。外来物を解毒・中和・無力化し受容する。異物は同一性を留めず分解されて、受け入れ側の身体に同化する。対するに臓器移植は合体方式だ。消化とは逆に異物をそのままに保ちながら、免疫抑制剤によってレシピエントの身体を中和・無力化する。外来物は同一性を保持し続け、異質性が残存する(Godbout, 2007)。

　レシピエントのドナーへの同一化を防ぐため、医学は身体の機械論に頼る。心臓はポンプであり腎臓や肝臓は濾過装置にすぎない、角膜はカメラのレンズだ、臓器はスペアパーツだとレシピエントに説く。だが、ドナーの遺族にはこのレトリックが使えない。臓器は単なるモノではない、大切な生命の贈物だと二枚舌を余儀なくされる。

　この難問を切り抜けるため、国家が戦略を立てる。臓器提供の推定同意原則はその一つだ。臓器提供を拒否する明確な意志を当人が生前に示さない限り、臓器摘出に同意したとみなす考えである。フィンランド・スウェーデン・ノルウェー・フランス・ベルギー・ルクセンブルク・オーストリア・スペイン・イタリア・ギリシア・ポルトガル・ハンガリー・ブルガリア・チェコ・スロヴァキア・ポーランド・スロヴェニア・ラトヴィアが法制化した。

モノと人を峻別するローマ法を踏襲し、欧州大陸法では身体が人格（精神）と同一視され、抽象的存在として扱われてきた。ところが輸血や臓器移植が行われるようになると法体系が挑戦を受ける。法律上、初めて身体が精神と切り離されモノとして扱われ始める。

一九四九年に制定されたフランスのラフェイ法は故人の遺言書に明記される場合に角膜の遺産相続を認め、相続した家族がレシピエントに無償贈与する筋書きを考えた。だが、医療事情はその後、大きく変化し、善意に頼っていては心臓・腎臓・肺などの急増する需要に供給が追いつかない。そこで拒否遺志がなければ同意したとみなすカイヤヴェ法が一九七六年成立した。子どもへの相続を指示する遺言書がなくとも相続意志が推定されるのと同様、拒否の明示がない限り社会への連帯意志を認めるという理屈だ。死体を故人と遺族から切り離し、公共財とする。臓器提供の拒否を当人が生前に明示する場合の例外を除き、すべての市民を潜在的ドナーと認定する。社会の共有財産として人間の死体を位置づけたのである（Baud, 1993）。

カイヤヴェ法の目的は臓器の供給促進だけでない。死体の所有権を国家に認め、国家から国民が受ける権利として臓器供与を位置づければ、老齢年金や失業手当と同様、臓器は国民に配布すべき資材になる。単なるスペアパーツであり、他の医薬品と変わらなくなる。この発想をさらに進めたのがフランスの哲学者フランソワ・ダゴニェ『生体管理』の提案だ。持ち主のない遺失物としてすべての死体を扱い、国家が没収して社会全体の財産とした上で臓器を移植に利用せよと言う。

> 連帯の名において国家権力は擬人法でこう宣言するべきだ。「お前の誕生を国家は可能にし、お前を保護し、見守り、教育し、世話してきた。命が尽きたら、お前の死体を放棄せよ。こうして国家を介して、お前は子孫の健康維持に貢献するのだ」。(Dagognet, 1988)

　死体国有化は社会契約論だ。人の絆を合理性に翻訳し、贈与が起こす危険な同一化を防止する。第4章で読み解いた友愛概念の役割を思い出そう。権利は人間を切り離す思想だ。

　心臓・腎臓・肝臓などの実質臓器と同様、血液もモノ化される。感染症防止および効率の理由から全血でなく、赤血球・血小板・血漿製剤に分け、必要な成分だけ輸血するのが普通だ。血液は加工され、薬品に変身する。ドナーにとっては贈与だが、レシピエントにとって輸血は医療処置だ。ドナーの匿名性に加えて、数人から得た血液成分が混合される場合もある。輸血によってドナーに同一化する危険はない。

精子提供にも同じ心理メカニズムが働く。一七八〇年にイタリアの修道士がメス犬を使って人工授精を成功させて以来、人間においても夫の精子を使って密かに人工授精が行われていた。一八八四年になると米国フィラデルフィアで夫以外の精子を使った人工授精が初めて試みられる。一九三四年に科学雑誌 *Scientific American* に掲載された論文によると、この方法で毎年五〇人から一五〇人の赤ん坊が誕生したらしい。

だが、この技術は恥ずかしい行為、タブーとして隠され続けた。人工授精を姦通とみなすカトリック教会の糾弾をかわすため、一九七〇年代に入ると人工授精を推進する医学界は精子提供の匿名制度を設け、医療行為として位置づける。冷凍保存技術が発達し、精子の提供と使用が分離されたおかげで人工授精の社会認知が進んだ。夫以外の男の新鮮な精液のイメージが薄れ、精子は白衣を纏う技術者が扱う医療素材に変質していった(Chemin, 2019)。このようなモノ化プロセスを経なければ、精子提供者の影がいつまでもつきまとい、人工授精を受ける女性と夫の心に傷跡が残る。

†人肉食と近親相姦

近代合理性の行方をさらに追おう。異物の内化方式として合体と消化を対比した。臓器移植と人肉食に対して社会の反応が違うのは何故か。一九七〇年代、『ソイレント・グリーン』という米国映画があった。安楽死させた老人の死体を食料に加工する未来社会の物語だ。そんな時代がいつか来るかも知れない。いや、実は人肉食はすでに日常行為であり、最初から人類はそうして生きてきた。

授乳のことだ。乳は細胞だから、切り取った指を天ぷらに揚げて食べるのと、どこが違うのか。指は二度と生えてこないが乳は再生する。だから授乳は許されるのか。それなら血を飲んでもいいだろうし、死体の指を喰えば問題ないだろう。死体は禁忌の対象だと言うのか。しかし我々が食べる牛や豚は死体だ。魚の踊り食いのように生きたまま齧りつく者はいない。それと同じでないか。

今日では火葬場が改良され、死臭が感じられなくなったが、以前は遺体が焼き上がるまで嫌な臭いを遺族が耐えた。ところで悪臭の原因は腐った内臓や脳髄を燃やすからだ。魚の活け締めのように死直後に血抜きして腹わたと脳を捨てた上、死体を燻せば、香ばしい燻製カモ肉のようになるかもしれない。死肉を食って弔う行事に葬式が変質する。家族の死体を台所で調理する習慣が普及すれば、火葬場も墓も要らなくなり、葬儀業・墓石業・僧侶・墓地経営者が職を失う。墓の土地不足と食糧問題も一挙に解決する。死体のモノ化工程が必要なら、臓器移植と同様、国家が仲介して人間の死体を食肉に変質させるだろう。ナガテユカの漫画『ギフト±』は正規のルートで臓器移植を受けられない患者のために凶悪犯を生きたまま解体し、取り出した新鮮な臓器を利用する物語だ。クローン技術で人間を作り、生きた臓器貯蔵庫として育てるカズオ・イシグロのディストピア小説『わたしを離さないで』もある（Ishiguro, 2005）。

悪い冗談ではない。知らないうちに現実は進み、事後承諾の土壌が作り出される。死刑囚と執行者双方の苦痛を減らすための技術改良が数百年前から繰り返されてきた。電気椅子・ガス室・絞首刑・銃殺刑・ギロチン、どれも死刑囚の苦痛を軽減し、執行者の心理負担を和らげるための発明だった（死刑の技術変遷は小坂井 2020）。だが、注射刑の採用によって死刑の意味に質的変化が起きた。受刑者は眠るように死んでいく。精神病者や精神薄弱児の毒ガスによる殺害をナチスは安楽死と呼んだ。「アーリア人種」を純化・保護するために近代医学を動員し、できるだけ「人道的」にユダヤ問題を解決しようとしたナチスと同じ方向に世界は進んでいる（Lifton & Mitchell, 2002）。医学の衣を死刑に着せ、死刑執行人が耐えてきた心理負担を減らし、より能率良く処理する。病院で施される普通の手術と同じように麻酔をかけて死刑囚を処置する。毒ガス室・電気イス・ギロチンの考案や改良に医者が協力してきた。命を救う使命の医学が死刑執行を主宰するグロテスクな構図を注射刑採用が完成させる。

電気イス刑の代替方法を検討する米国フロリダ州の委員は死刑執行から死の概念を払拭する方法がないかと模索し、受刑者の臓器を摘出し利用する可能性に言及した。そうすれば、社会秩序の破壊者が分解・浄化・再利用され、最終的に社会に還元される（Grossman, 1996）。中国では二〇一五年の法改正まで死刑囚の臓器を供給してきた。二〇一四年以前の臓器ドナー六五%以上が死刑囚だった(劉2019)。先に言及したダゴニエの提案は死体リサイクル究極の形である。

近代合理性とはこういうことだ。臓器移植も人工授精も過去にはおぞましい行為だと思われていた。その感覚が時代とともに変遷した。今は抵抗感のあるブタなどの異種臓器移植も次第に広まるだろう。監獄がいっぱいになり、予算が枯渇すれば、死刑制度を復活する国が現れる。少子化問題が深刻になり年金政策が破綻したら、老人を安楽死に誘導する「人生定年制」が議論に上るかもしれない。すでに日本の火葬場は驚くほど近代的な設備に姿を変え、外から見るだけでは何の建物かわからない。将来、人肉食が受け入れられ、食肉加工工場に変わらないと断言できるか。現在では信じられないおぞましいことばかりだが、世界の変遷は人間の意図を超え、先を行く。

禁止に根拠はない。単なる慣習の産物だ。近親相姦タブーはすべての社会に見受けられる普遍的現象だと言われる。だが、平行イトコ婚は禁止されるのに、交差イトコ婚は許容されるだけでなく奨励される社会もある。有性生殖をする生物は同系交配を避けて多様性を保つという進化法則や遺伝学的理由ではこの違いを理解できない。そこで女の交換制度として婚姻が解釈される。他集団に女を贈与すると共に外部から女を自集団に迎え入れる循環運動により交流が生まれる。レヴィ＝ストロース『親族の基本構造』は外婚を奨励する契機として近親相姦タブーを説明した（Lévi-Strauss, 1967）。

だが、これは起源論だ。婚姻や性の形態が変化した現代でも同じ習慣が維持される理由はない。フランス・オランダ・スウェーデン・ルクセンブルク・ベルギー・スペイン・ポルトガル・ブラジル・アルゼンチン・日本・中国・ロシア・インド・トルコ・イスラエル、そして西アフリカのコートジボワールなどで成人間の同意による近親相姦は合法である。今のところ婚姻は許されない。だが、西洋では結婚が形骸化し、財産管理契約の性格を強めている。二〇一四年の数字を見ると、フランスで誕生した新生児の五七・四％が婚外出産だ（INSEE）。私生児だったり、両親の離婚が原因で子どもが差別される恐れもない。相続などの法的権利も一九七二年以降、嫡出子と私生児の間に違いがなくなった。近親相姦で誕生する子どもが今後増えてもおかしくない。あるいは兄弟姉妹の間で避妊しての恋愛が広まるかもしれない。兄弟や姉妹の同性カップルならば妊娠の心配もない。

殺人や強姦など、議論の余地のない犯罪だと認識されるのは理由が明白だからでない。禁止する本当の理由がわからないからである。「悪いに決まっている」。思考が停止するおかげで規範の正しさが信じられる。レヴィ＝ストロース説であろうと、エディプス・コンプレックスのフロイト説であろうと、近親相姦を忌避する理由が明らかになった瞬間にタブーが相対化され、消滅への道を辿る。

道徳は虚構だ。だが、その虚構性が同時に隠蔽される。虚構のおかげで社会が機能する事実自体が人間の意識から隠される。いみじくもパスカルは言った（『パンセ』）。

法の根拠を検討する者は、法がはなはだ頼りなく、いい加減だと気づくだろう。［……］国家に背き、国家を覆す術は、既成の習慣をその起源に遡って調べ、習慣が権威や正義に支えられない事実を示して、習慣を揺さぶることにある。［……］法が欺きだと民衆に知られてはならない。法はかつて根拠なしに導入されたが、今ではそれが理にかなったものにみえる。法が正しい永遠な存在であるかのように民衆に思わせ、起源を隠蔽しなければならない。さもなくば、法はじきに潰えるだろう。（Pascal, 1977）

性と死の分野にはタブーが多く残る。しかしタブーは文化の産物であり、自然の所与ではない。代理母出産が普及し、人工子宮が将来、陳腐な技術になるかもしれない。そうすれば家族制度が風化し、親子の絆が理解不可能になる。相続が意味を失う。そしてタブーの無根拠が露わになる。かつて死体解剖・臓器移植・人工授精・経口避妊薬がそうだったように。

神は存在せず、善悪は自分たちが決めるのだと悟った人間はパンドラの箱を開けてしまった。

生命倫理の分野だけでなく、同性愛と同性結婚、性別適合手術や近親相姦などの是非を判断する上で、近代以前であれば聖書などの経典に依拠すればすんだ。その解釈だけで事足りた。だが、道徳を正当化する源泉はもはや失われた。

倫理判断や裁きは信仰だ。それゆえに強大な力を行使する。裁判と神は同じ論理構造に支えられる。裁判は力だ。有無を言わさず、それ以上に議論を遡及させない思考停止の砦をなす。人権思想は近代の宗教である。

同一化と集団責任

贈与に話を戻そう。赦しも贈与だ。そしてここにも同一化が絡む。どんな心理メカニズムが人の絆を生むのか。

被害者が受けた損害が完全に回復されないにもかかわらず、すべてを白紙に戻し新たに関係を結び直す。すべての負債が清算されたならば、加害者を赦す必要はもうない。収支決算がすでにすんでいるからだ。赦しは被害者が持つ正当な権利の放棄であり、契約論理を破る不合理な行為だ。被害者が享受すべき正義の実現を諦める不当な所作に他ならない。

赦すは英語で forgive、フランス語で pardonner と言う。どちらの単語も贈与概念を内包する。イタリア語 perdonare、スペイン語 perdonar も同様だ。ドイツ語 vergeben にも geben

（与える）が入っている。本来ならば与える必要のないもの、あるいは与えられないものを敢えて与える［donner］ことを通して［par］人は罪を赦す。同じ世界に生きるチャンスを罪人に再び与える［give］ために［for］人は赦す。贈与と赦しの仕組みに主体の不在を感知すべきだ。同一化を通して相手が自分の一部になる、自らが他者に融合する。同一化が捏造する虚構なくして人の絆は生まれない。

世代を超える集団責任を考えよう。大日本帝国の戦争責任を戦後生まれの日本人が負う。おかしくないか。子どもの行為の責任を親が負うように、次世代を教育する義務が現在生きる人々にあるとは言えるだろう。しかし親が人殺しでも子に罪はない。当時まだ生まれていなかった、あるいは幼少だった人々に過去の世代の責任が問われるのは何故か。

時間軸でなく空間軸にいったん視点を移そう。殺人事件が起きる。犯人が日本人（あるいは中国人・ユダヤ人・黒人）だという理由で他の日本人（中国人・ユダヤ人・黒人）に責任があるとは言わない。差別によくある詭弁だが、この責任転移のからくりは同一化だ。個人の行為が日本人（中国人・ユダヤ人・黒人）という集合の属性として認識される。そしてその後、加害者とは別の人間に拡大解釈される。世代間の責任転移も同一化が起こす。ある時点における共同体・国家、次の時点における共同体・国家、そしてさらに次の時点の共同体・国家……という世代群を一つの集合に括り、それを「日本」という固有名詞の下に同定する。こうして世代間で責任が転移する。

ホロコーストの責任が日本人にないのと同様、日本軍や日本国家の過去の行為に道徳責任を負う義務も権利も戦後生まれの日本人にはない。ナチスのユダヤ人虐殺を告発するように、日本の戦争犯罪も他人事として認められるはずだ。それを嫌がって南京虐殺はなかったとか、日本だけが悪いのでなく朝鮮や中国も悪かったとか、当時の世界情勢から考えて日本の植民地政策を非難できないと感情的になるのは「日本」に同一化するからだ。日本の戦争犯罪を悔い改めろと主張する日本人も「日本」に同一化している。自分では何もしないくせに、ひいきの野球チームの成績に一喜一憂するのと同じ心理だ。

国家という擬制の連続性が紡ぐ政治責任は別である。共同生活を営むために人間は様々な擬制を生み出してきた。法人の連続性が認められなければ銀行預金さえできない。金を下ろそうと銀行に行って「あなたが預金した銀行は先週で消滅しました。今の銀行は頭取が交代し、別の存在なので返金できません」と窓口で断られては困る。擬制は人工的に定めた約束だ。スポーツや囲碁・将棋などの規則と変わらない。構成員が刻々と置換される事態に対して擬制の連続という物語を用いて法人や国家の同一性を保証する。過去の国家行為の賠償が、当時生まれていなかった現在の国民に科せられても論理上何ら問題ない。国家元首の謝罪も道理に合う。

第4章で確認したように虚構と擬制は違う。虚構性が明らかになると道徳や宗教は機能しない。虚構が生まれると同時に虚構性が隠されなければ、集団の道徳責任は機能しない。同一化は人間心理の根本をなす。日本で大地震が起こり多くの死傷者が出た時、異国にいながらも同胞の死を悼んだ。犠牲者を一人として知らない。それでも日本人という物語が合理的判断を超えて私に迫ってきた。オリンピックで日本選手が活躍する姿に胸を熱くするのも記憶を通して私の存在が日本と結びつけられているからだ。選手の汗と涙に私は何ら関係しない。それでも同一化が感情をかき立てる。

「戦争当時まだ生まれていなかったから私に責任はない。しかし他人事としてなら日本の責任は明白だ」。日本人がこう認知しても朝鮮人や中国人は納得しない。当事者から離れ、事実の正否も棚上げし、問題を一般化して考えてみよう。数世代前に起きた事件をめぐって加害者として非難される子孫と、被害者として糾弾する子孫が対立する。被害者にとって忘れ難い仕打ちだ。逆に加害者にとっては一刻も早く忘れたい出来事だ。したがって被害者に比べれば、加害者にかかる同一化の圧力は弱い。それでも集団責任の論理誤謬から逃れられない。だから感情的になる。ならば、加害者にできない心理作業を被害者に要求しても無理だ。

「お前の先祖がこんな残虐行為を行った。責任を取れ。謝罪せよ」。加害者の子孫を被害者子孫が難詰する。そのとき加害者の子孫は先祖を庇う防衛も可能だが、先祖と自らを切り離して自己防御することもできる。「その通りだ。だが、どうしてその責を私が負わねばならないのか」と。だが、被害者の子孫にとっては、被害にあった先祖との同一化放棄が裏切りと感じられ、拒否反応が起きる。同一化への圧力が加害者の子孫と被害者の子孫で異なるとはこういうことだ。

心理錯誤は論理的に説明しても消えない。汚れていると信じて手を洗い続ける強迫神経症患者に「あなたの手は清潔だ」と諭しても無駄だ。誤りを犯しているのは虚構に囚われた患者だけでない。汚れてないと繰り返す隣人も同様である。

親子の親近感は生物学的繋がりから生まれるのでない。血縁は同一化が生み出す虚構だ。産院で嬰児を取り違える。血液型や皮膚色の違いなど誤りが明らかでない限り、親も子もその事実を知らずに一生を終える。それぞれの子は「養父」と「養母」の愛を受けて育つことだろう。子の生まれた土地がパレスチナあるいはユーゴスラヴィアだとしよう。産院には様々な民族出身の妊婦がいっしょに赤ん坊の誕生を待っている。生まれた子が何かの手違いですり替えられる。パレスチナ人として育てられたユダヤ人の子がイスラエル軍に決死のテロ攻撃を行い、「祖国」の栄光のために散る。アルバニア人の親のもとで育ったセルビア人の少年がセルビアの民兵にリンチにかけられ、若い命を落とす。フランス映画『もうひとりの息子(Le fils de l'autre)』(ロレーヌ・レヴィ監督、二〇一二年)や邦画『そして父になる』(是枝裕和監督、二〇一三年)も子の取り違えが起こす悲劇を扱っている。

鳥には刷り込み現象がある。卵から孵化した後に雛鳥は、最初に見いだす動く対象を親だと思いこむ。通常は親鳥が身近にいるが、最初に出会う対象が他の鳥だったり人間だったり、さらには点滅するランプだったりすると、それら運動体を親だと勘違いする。同様の現象はサルやネズミなどの哺乳類でも起きる。小さいうちに親以外のサルやネズミに飼育されると生みの親と育ての親を見分けられない。生みの親をかぎつける嗅覚は野生動物にも備わっていない。DNAなど関係ない。家族の絆は同一化が起こす奇跡だ。

自分の親が生みの親でないと知った時、我々は衝撃を受け狼狽《うろた》える。そして本当の親を捜し始める。だが、ここで問題になるのは「生みの親だと思っていた人が実はそうでなかった」という認知だ。事実を知らなければ何事も生じない。逆に、実際に生みの親であっても何らかの理由からそれを疑う事態が起きれば、心の動揺が生じ、「本当の親」を捜すだろう。自ら腹を痛めて子を産む母親と違い、自分の精子が関与する子かどうか父親にはわからない。それでも思いこみで済ませている。普通はそれで何の不都合もない。血縁虚構の重要性と、血縁の事実は別である。

†ユダヤ人という虚構

人種の虚構性に第2章で光を当てた。同じ理由で民族も虚構だ。言語・宗教・慣習などの文化、経済や政治の構造、地理的まとまり、名称など民族を分類するために様々な要因が考慮されてきた。だが、例えば母語を基準に二人の人間を同じ民族に分類しても宗教や経済、政治組織など他の基準によると別々の民族に分類されてしまう。

血縁も神話だ。アメリカ合衆国・カナダ・オーストラリアなど複数の民族が共存する多民族国家と、ドイツや日本など国民のほとんどが一つの民族で成り立つ国民国家が対比される。だが、複数の民族が集まって国家を作ったのか、一つの民族だけで国家が成立したのかという出発点を基に二つの形態が区別されるのではない。現時点でどう了解されているかが両者を分かつ。ソ連やユーゴスラヴィアが内部崩壊したのは多民族を起源とする国家だったからではない。多様な人間集団を一つの民族にまとめられなかったからだ。同一化の運動が同一性を後から生成する。

戦争が勃発すると国内の宗教対立・階級確執・地域紛争や、身分・性別・学歴・世代間の軋轢が跡形もなく消え、一枚岩になった国民が敵に対抗する。外敵の対立項として「我々集団」が生まれる。反植民地闘争から多くの国家が誕生し、国内統一が達成された。群雄割拠の藩対立を超えて日本人という包括カテゴリーが誕生する上で欧米列強の脅威が果たした役割を思いだそう。一三〇年にわたるフランス支配との闘いの中からアルジェリア人が産声を上げたのも同じだ。ユダヤ人もアラブ人も日本人も虚構の物語であり、その正体は同一化だ（小坂井

2011b)。

イスラエル以外に住む離散ユダヤ人は聖書に記されるようにパレスチナから追放されたユダヤ人の末裔だろうか。フランスの歴史家マルク・フェローがこの定説に疑問を投げかける。ヨーロッパや南北アメリカに住むユダヤ人の中には青や緑の瞳を持ち、金髪の人が少なくない。先祖が同じならば、パレスチナのユダヤ人との身体的違いをどう説明するのか。わずか数千年で瞳や髪の色は変化しない。世界に離散するユダヤ人は現地の人々との間に生まれた子孫か、ユダヤ教に改宗した者の子にちがいない(Ferro, 2002)。

イェルサレム攻囲戦(紀元七〇年)の際にローマ人がユダヤ人を追放した史実は有名だ。ところが、これは後世に捏造された神話らしい。労働力として利用できる外国人を追い出す習慣がローマ人になかったと『ユダヤ人の起源――歴史はどのように創作されたのか』を著したイスラエルの歴史家シュロモー・サンドが述べる。またユダヤ教は布教活動しないと信じられているが実際には多くの人々がユダヤ教に改宗した(Sand, 2008/2010)。

ハンガリー出身の思想家アーサー・ケストラーは『ユダヤ人とは誰か――第十三支族・カザール王国の謎』で東欧系アシュケナジムの先祖はユダヤ教に改宗したテュルク系ハザール族だと主張した。一九六〇年頃の数字でアシュケナジムが一一〇〇万人、南欧系セファルディムが五〇〇万人いた。圧倒的な人口に支えられ、イスラエル建国に主導的役割を果たしたのは前者だ。

建国初期、イスラエルのユダヤ人の九〇％が東欧のイーディッシュ語を話していた（Schnapper, 1991）。つまり当初のイスラエル国民のうち旧約聖書のユダヤ人と血縁で結ばれている人は僅かしかいない。

歴史を遡れば、異民族侵入のたびにユダヤ人女性が強姦され、妊娠してきた。征服した女は戦利品だ。生まれた子どもの面倒を侵略者はみない。だから強姦で生まれた子どもはユダヤ人の母がユダヤ人として育てる。またユダヤ社会は母系制であり、子どもは母に属すという事情もある。こうしてユダヤ人と他の民族との混血が進んできた（Koestler, 1976）。

一般にユダヤ人と非ユダヤ人の結婚は頻繁で、その率が最も低いモロッコ出身イスラエル人でも男性四六％女性五一％という高い数字に上る。すなわちユダヤ人の二人に一人はユダヤ人以外と結婚する。ソ連崩壊直前の一九八九年には一四〇万人のユダヤ人がソ連にいたが、非ユダヤ人配偶者が八〇万人おり、これら二二〇万人すべての人々にイスラエルへ「帰る」権利が与えられている（Courbage, 1998）。

共産主義から逃れるために虚偽申告をしてユダヤ人になりすました者も多かった。虚偽申告した非ユダヤ人は少なく見積もってソ連からの全移民の一割、多ければ三分の一に上る。二〇世紀初頭からソ連崩壊までの期間にパレスチナに移住したソ連出身者がイスラエル入植者全体のおよそ三分の一におよぶ。ソ連崩壊後には五〇万人を上回る入植者数を記録し、現在でもイスラエル人口の主な源流をなす。この一割から三割は無視できない数字だ（Courbage, 1998）。

このように多くの非ユダヤ人がイスラエルのユダヤ人になっている。血縁を疑問視する事情はまだある。ファラシャと呼ばれる人々がエチオピアにいる。黒人であり、信仰内容も異なるという理由から宗教権威がファラシャ（ベタ・イスラエル）をユダヤ人と認めず、イスラエルに入植できなかった。結局、国民大半の反対を押し切って一九八四年一一月から翌年初めにかけてイスラエル政府がファラシャを航空輸送する。黒い肌を持つユダヤ人の誕生だ。

†ユダヤの運命

民族同一性をさらに考えよう。集団の絆を神話が支える。虚構だからこそ、強大な力を発揮する。

一九四八年のイスラエル建国に際してアラブ諸国と戦争が勃発し、イスラエル領土のパレスチナ人七〇万が亡命を余儀なくされた。一九六七年の六日戦争でさらに三〇万の難民が生じた。国際連合パレスチナ難民救済事業機関（UNRWA）に登録される難民の数は現在五〇〇万人を超える。紛争前イスラエルに住んでいたパレスチナ人と子孫には帰国を拒否しながら、世界中に散らばるユダヤ人にはイスラエルに「帰る」権利が認められている。この政治状況の中、「離散ユダヤ人」のほとんどが実はユダヤの末裔でないとわかると致命的打撃を受ける。現在のイスラエル総人口は八〇〇万人。そのうちユダヤ人が六〇〇万人、アラブ人が一七〇万人を占める。残りは他の民族だ。離散ユダヤ人の流入が止まるとともにパレスチナ難民五〇〇万人の大半が帰国すれば、イスラエルはまちがいなく消滅する。

ユダヤ人とは何か。イスラエル国家建設において血縁が重要な意味を担った。サンドの解説を引こう。

程度の差こそあれ、「血縁共同体」として国民を定義してきたのはシオニズム運動すべての派に共通する。[……]パレスチナの地[……]への権利を保障する根拠の一つとして血縁が機能した。[……]近代のユダヤ人が最初の離散ユダヤ人の子孫でないならば、「ユダヤ人だけの土地」である聖地への移住を正当化できるのか。(Sand, 2008/2010)

シオニズムがイスラエル建国を根拠付けた理由は皮肉にもナチスがユダヤ人を迫害した人種主義と変わらなかった。ユダヤ人は血縁で結ばれた一つの人種をなし、単に文化や宗教を同じくする集団ではない。こう説かなければ、ユダヤ国家は誕生しえなかった。

[……]世俗生活に共通点がまったくない人々の国を、それでもユダヤ国家と定義する以上、

生物学的基盤が集団同一性の根拠をなすという曖昧だが有効なイメージが必要だった。イスラエルのアイデンティティを支える国家政策の背後に、国民＝永遠の人種という古びた観念の暗い影が漂っていた。(Sand, 2008/2010)

外敵に脅かされなければイスラエルは生まれなかった。シオニズム運動に最大の貢献をしたのは反ユダヤ主義だった。「反ユダヤ主義者は我々の最も確実な友人となり、反ユダヤ主義の諸国が我々にとっての友好国となるであろう」。テオドール・ヘルツルが書簡にこう記したようにシオニズム指導者たちは反ユダヤ主義を利用した。

反ユダヤ主義が重要な味方であり、ユダヤ国家建設の強力な要因だとヘルツル以来、シオニズムは考えてきた。反ユダヤ主義との同盟関係、そしてナチズムで絶頂を迎えた反ユダヤ主義の発展がなければ、パレスチナのシオニズム運動はほぼ確実に失敗したであろう。ユダヤ人を永遠の異物と考える反ユダヤ主義の教理をシオニストの宣伝が意図的に支えた。(El-Azem, 1989)

二〇〇〇年にわたる長い迫害の末、フランス革命による解放にユダヤ人は希望を抱く。だが、フランス普遍主義はユダヤ人を民族として解放せず、あくまで個人として自由を与えた。この理念を受け入れ、ユダヤ人は進んで同化の道を歩む。パレスチナに国家を建設するシオニズムの企てはユダヤ人に支持されなかった。だが、一九世紀末になって反ユダヤ主義が再びぶり返し、ユダヤ人が危惧を抱く。『ユダヤ人国家――ユダヤ問題への近代的解決の試み』をヘルツルが発表したのは一八九六年。ユダヤ人排斥の激化と並行してシオニズム運動に注目が集まり、活発化する。

同化の期待を完全に断ち切り、シオニズムに最大の「貢献」をしたのが数百万のユダヤ人を虐殺したヒトラーだった。総人口のおよそ三分の一を滅ぼされたユダヤ人は他の民族と同じように自らの国家を持つ以外に「ユダヤ問題」の解決がありえないと悟った。ホロコーストの衝撃がシオニズムの現実性を一挙に強める一方、ユダヤ人が同化する道はほぼ完全に塞がれた。連合軍勝利後、辛うじて生き残ったユダヤ人の受け入れをどの国も渋った。生きる可能性はパレスチナへの入植しかなかった。

ユダヤ問題解決のために歴史がユダヤ人に課したのは結局、次の四つの可能性からの「選択」だった。①各国内部に少数民族として差別に甘んじながら居住し続ける、②解放から同化に至る道、すなわち民族としてのユダヤ人消滅、③ヒトラーが企てた物理的絶滅、④最後に残った可能性が他の民族同様、国民国家の建設つまりパレスチナの地にイスラエル国家を樹立する道だった。離散ユダヤ人への迫害がなかったら、おそらくイスラエルは成立しなかった。こう述べたのは在仏イスラエル大使を務め、ブラウニング『普通の人びと』を仏訳した歴史家エリー・バルナヴィだ（Barnavi, 1982/1988）。

民族は同一性に支えられる集団でない。外部の脅威が集団同一化を引き起こす。民族は虚構だ。それはユダヤ人に限らない。アラブ人・アメリカ人・ドイツ人・フランス人・中国人・朝鮮人・日本人も虚構である。ユダヤ人が血縁で結ばれているかどうかはイスラエルの正当性と無関係だ。血縁で繋がれた人々だけに国民形成の権利があると言うならば、南北アメリカ諸国・オーストラリア・ニュージーランドなどの移民国だけでなく、日本・中国・韓国・イギリス・ドイツ・フランス・イタリアなどの国民国家も成立しえない（小坂井 2011b）。

†同一性の謎

人の絆に根拠はない。同一性虚構のメカニズムを敷衍《ふえん》するために「テセウスの舟」の寓話を引こう。漁師が舟を漕いで毎朝、魚を捕りに行く。木の舟はだんだん傷んでくる。ときどき新しい板で修理しなければならない。漁師は年をとり引退し、息子に舟を引き継がせる。息子も同じように毎日漁に出る。舟はどんどん悪くなり修復される。そして孫の代になる……。舟は修理のたびに部品が新しくなる。したがって、いつかすべての材料が交換される。そこで疑問がおこる。これは祖父の舟なのか。毎日使ってきたのだから同じ舟に違いない。だが、祖父の舟の材料はもう残っていない。それでも同じ舟と言えるのか。

舟を構成する木材（質料《ヒュレー》）は替わっても、この舟をこの舟たらしめる構造（形相《エイドス》）は維持されている。ゆえに、すべての部品が交換されても同じ舟だ。アリストテレス『形而上学』はこう考えた。では目前で舟を燃やそう。そして前の舟と同じ構造になるように新しい材料で舟をその場で建造する。この場合、新しい舟は復元コピーにすぎず、連続性が感じられない。一〇〇年かけて少しずつ材料を替えようが一瞬で替えようが、すべての材料が新しくなる事実にかわりない。だが、一度ですべての部品が替わらず、部品交換の期間が十分長ければ同じ舟だと感知される。同一性は対象に備わる性質でない。観察者に現れる錯覚だ。

構成部品が間断なく入れ替わる舟と同様に集団の構成員も不断に交代する。一〇〇年ほどで日本人の総入れ替えが完了する。にもかかわらず集団が同一性を保つと感じるのは全員が一度に交換されず、少しずつ連続的に置換されるからだ。毎日交換される日本人の割合は総人口の〇・〇〇二％ほどにすぎない。ある状態から他の状態への移行が滑らかに行われるおかげで日本人と呼ばれる同一性の感覚が保たれる。特にヒトの場合は他の動物と異なり、生殖活動期間が季節の限定を受けず、集団の更新時期が特定されない。そのため変遷が切れ目なく連続的になされる事情も民族同一性の錯覚を助ける。

対象の各部分が相互依存し、共通の目的で有機的に結合されている感覚が同一性錯覚を強化する。度重なる修理のために著しい変化が生じているにもかかわらず、同一性感覚が消えないのは舟の各部分が同じ目的のために存在すると了解されるからだ。部分と全体との間に必然的な関係が想像されると構成部分から全体が遊離する（Hume, 1969）。

ドイツ出身の歴史家エルンスト・カントーロヴィチが示したように、中世ヨーロッパの王国・教会・職業組織・大学など、構成員が入れ替わっても共同体自体は永続するという理解が中世の神学者や法学者によって次第に形成されていった。共同体は多様な人々からなる。そして時間経過とともに新しい世代に置換されてゆく。だが、多様性と変化が背景に退くとともに、固有の目的や使命が付与された共同体が構成員を超越し、現実の人々は共同体の目的を成就するための単なる手段として現れる。さらには国王も王国の物質的媒体の地位に貶められる。現実の国王の身体は滅びるが本質としての国王は永遠に不滅だという物語が成立する（Kantorowicz, 1957）。同じ虚構が日本にも現れた。歴代天皇は「天皇霊」なる未来永劫に存続する唯一の本質が宿るための単なる質料にすぎないとする折口信夫の理論だ。万世一系でなく、万世一帝である。天皇家の血縁連続どころか、天皇の不変が唱えられた（津田 1989）。

テセウスの舟をホッブズに倣って敷衍しよう（Ferret, 1996）。古くなった舟板を今度は捨てずに保存する。そして材料がすべて交換された後で、保存してあった元の板を使って設計図通りに再び組み立てる。すると初めの舟テセウスⅠ、新しい材料で少しずつ修復したテセウスⅡ、元の板で再度組み立てたテセウスⅢという三つの舟が概念上考えられる。古い材料をそのつど捨ててテセウスⅢが出現する可能性がなければ、テセウスⅠとテセウスⅡの連続性は自然に納得できる。だが、残しておいた材料を組み立ててテセウスⅢが出現した瞬間に確信が揺らぐ。古びて傷んだテセウスⅢを目の当たりにするや否や、それまでテセウスⅠと同一視されていたテセウスⅡが途端に複製の位に格下げされるとともに、傷だらけのテセウスⅢが実は祖父の本当の舟だったと思い直す。

a＝bかつa＝cであれば、b＝cという等式推移律が成り立つ。だが、この例ではテセウスⅠ＝テセウスⅡ、かつテセウスⅠ＝テセウスⅢでありながら、テセウスⅡ≠テセウスⅢだ。テセウスⅡはテセウスⅠと空間および時間軸上で連続する。テセウスⅢはテセウスⅠと同じ板で構成され、物質的連続性がある。だが、同じ空間に同時に存在するテセウスⅡとテセウスⅢは同一でありえない。二つのモノは一つでありえないからだ。どうして、そんなことになるのか。

テセウスⅠ＝テセウスⅡという等式がそもそも成立しないのである。形相不変を根拠に同一性は保証できない。それ以外に何かが必要だ。だが、その何かは舟自体にない。同一性の根拠は当該対象の外部に隠れている。

奇術師が白いスカーフを丸めると純白の鳩に変わる。すり替えでなくスカーフが鳩に変化したと感知されるためには観客によって両者が同一化される必要がある。スカーフが消えて数分後、奇術師の手の上に鳩が現れても変化が起きたと思わない。スカーフが消えた直後に舞台の袖から虎が現れても、スカーフが虎に変身したと思う観客はいない。白いスカーフが同じ大きさの白い鳩に同じ場所で瞬時にすり替えられるから変化を感じる。空間と時間の連続性が同一性の錯覚と変化を両立させる。同一性は存在しない。同一化という運動があるだけだ。

手品の不思議はどこにも実在しない。早合点や見落としを利用して観客の心の中だけに作り上げられる幻影である。奇術師に誘導される観客がいなければ、どこにも出現しない残像であり、空想だ。だが観客はその実在を疑わない。騙されてたまるかと目を凝らす者は幻想の美しさに手が届かない。不可思議への水先案内人を信用し、自ら身を委ねる人だけに奇跡が起きる。

†死者との絆

人の絆は儚《はかな》い。何の実質にも支えられていない。だが、この脆《もろ》く壊れやすい絆に人はしがみつき、執拗にこだわる。脆弱で同時に堅固な虚構。この両義的性質は死者との繋がりによく表れている。贈与や赦しは多くの場合、水平方向の絆を紡ぐ。死者への思いは垂直的な絆だ。死期が迫る。愛する家族にも友にも、もう会えない。すべての存在との別れである死を厭う。だが、こう感じるのは私がまだ生きているからだ。私が死ねば、悲しむ現象自体が消え去る。大海原への散骨や生まれ故郷での埋葬を望むのも、死して恥を晒さずという美意識も錯覚だ。死者のために何かしてあげたいと願うのは不条理である。英雄として後世に伝えられようと辱められようと死者は知らない。「死者にとって」という物語が、残された者の記憶の中に作られる。

私の記憶という表現はおかしい。私とは記憶そのものだ。他者と共有した時間をすべて取り除いたら私自身が消失する。だから我が子を亡くした親が精神を病み、自己喪失に陥る。愛する伴侶と死に別れ、生きる意欲を失う。亡くなった人の写真に語りかけ、遺品を大切に取っておく。葬式は残された者の記憶を整理して生前とは別の場所に死者を住まわせるための手続きだ。ここにも同一化が働いている。

デカルトの有名な断章「cogito, ergo sum（我思う、ゆえに我あり）」には論理飛躍がある。cogito（我思う）が成立するからと言って、そこに私が存在するとは結論できない。「私が思う」という形で意識が生まれる。「（私の）歯が痛い」「（私は）哀しい」という形で感覚が現れる。そこまでは良い。だが、「思う私」「痛みを感ずる私」「哀しむ私」の存在はそこから導けない。あくまでも cogito（我思う）という現象が成立するのであり、それを可能にする私が存在するかどうかは別の問題だ。ラテン語の動詞 cogito と sum には主語 ego が省略されている。

I think, therefore I am; Je pense, donc je suis; Ich denke, also bin ich. と英仏独語で表記するとさらに錯覚しやすい。確実なのは「I think」「je pense」「ich denke」という現象であって、その現象から切り離されたI・je・ichは存在しない。

後代の思想家はそこを批判した。ドイツの科学者ゲオルク・クリストフ・リヒテンベルクはEs denkt. と言い、イギリスの哲学者バートランド・ラッセルがIt thinks in me. と表現し、フランスの精神分析学者ジャック・ラカンが、Ça pense en moi. つまり「私において、それが思う」と言い換えた。「それ（es、it、ça）」は実体ではない。it rains.（雨が降る）のitと同様、形式主語である。そうでなければ、cogitoの無意識バージョンでしかない。

〈私〉はどこにもない。プロジェクタが像をスクリーンに投影する。プロジェクタは脳の比喩だ。脳が像を投影する場所は自らの身体や集団あるいは外部の存在と、状況に応じて変化する。ひいきのチームを応援したり日本選手の活躍に心躍らせる。勤務する会社のために睡眠時間を削り努力する。我が子の幸せのために喜んで親が犠牲になる。これら対象にそのつど投影が起こり、〈私〉が現れる。私は脳でもなければ、像が投影される場所でも像自身でもない。私はどこにもない。私とは社会心理現象であり、社会環境の中で脳が不断に繰り返す虚構生成プロセスだ。主体の不在は次章で詳しく検討する。

一人称・二人称・三人称の死という区別が知られている。三人称の死は他人事だ。ナチスに殺されたユダヤ人の数が六〇〇万に上ると聞いても、それは統計上の数値にすぎず、抽象的な死は感情を呼び起こさない。ラウル・ヒルバーグ『ヨーロッパ・ユダヤ人の絶滅』は醒めた分析が二五〇〇頁も続く大著(仏訳)だが、最後の方に一カ所だけ感傷的な文章がそっと、しかし唐突に出てくる。ユダヤ人が銃殺される場面に居合わせた者の言葉だ。

一〇歳ほどの少年が父親に手を握られていた。涙をこらえる息子に父が静かに語りかける。子どもの頭を優しく撫でながら父は天を指さし、何か言って聞かせているようだった……。黒髪の痩せた女の子を覚えている。私のそばを通る時、ある仕草をして呟いた。「二三歳……」と。みな全裸だった。墓穴の縁に刻まれた階段を彼らは降りて行き、すでに横たわる人々の頭を踏みつけながら、ナチス親衛隊員が指さす場所まで進んだ。負傷した者も死に絶えた者も一緒に横たわっていた。そして、そのそばに全裸の人たちが身を横たえた。まだ息のある者の頭を撫でながら誰かが囁いていた。そして銃声が数発響きわたった。(Hilberg. 2006)

この文章を眼にした時初めて犠牲者の姿が瞼に浮かんだ。距離を取った分析をどれだけ読んでも起きなかった痛みが胸を締めつけた。学問の対象として考察してきた三人称の死が急に意味を変えて迫ってきた。

一人称の死は認識論的錯誤だ。自らの死を恐れるのは不条理である。身体の痛みを厭うのは当前だ。だが、自己の消失を恐怖するのは何故か。難しい手術を受ける前に思う。「もしかすると世界を見るのは、これが最後か」。一つの可能性は手術が成功し眼が覚める。「良かった。愛する人とまた一緒に過ごせる」と感慨に浸る。もう一つの可能性は失敗して手術台の上で死ぬ。だが、この場合は死んだ事実を当人は知らない。死は他人が感知する出来事であり、当人に死は到来しない。

本当に意味のあるのは二人称の死だけだ。それは人間を主体として捉える見方を斥け、関係態として把握することに他ならない。他者や集団への同一化が主体欠如の結果だとわかれば、人の絆の不思議に一歩迫れるだろう。

生命に意味などない。再生産を繰り返し死ぬまで生き続ける。それだけだ。尊い命とか命の尊厳とか言うが、生命自体に価値も尊厳もない。死にたい人間が死んで、どこがいけないのか。問題は死にたくない生命を他人が勝手に破壊することだ。だから死にたければ死ねばよい。

だが、私の死を悲しむ人がいれば、否応なしに波紋を生む。私の命や人生が無意味であるように我が子の生命や人生も客観的には無意味だ。それでも、その存在をどうするかは私の自由にならない。生きるも死ぬもこの子自身が自分で決めることだ。私の自由にならないが育てる義務を負う存在。こうして他者との絆が誕生する。存在理由を問うことの許されない外部が現れ、私の命に意味が与えられる。私の死を拒む人を悲しませないために生き続ける。関係せざるをえない他者の存在が、ひるがえって自己の存在を正当化する。政治哲学の外部、贈与におけるハウ、血液・精子・臓器をモノ化する国家、供犠や信頼と同様に、外部にはじかれるおかげで共同体を稼働させる媒介項、これが死者だ。

人間は合理的でないし、完結した存在でもない。主体はどこにもない。だからこそ絆が生まれ、世界が動く。老子も言う。

三〇本の輻《や》が、車輪の中心に集まる。その何もない空間に車輪の有用性がある。粘土をこねて容器をつくる。その何もない空間に容器の有用性がある。戸口や窓の穴をあけて、家をつくる。その何もない空間に家の有用性がある。こうして、何かが有ることから利益を受ける。だが実は何もないことの有用性が根本に在る。(小川 1968)

主体を出発点に据えると肝心な点を見失う。欠如のおかげで愛や自己犠牲が可能になる。他者や集団への同一化を通して幸せを感じ、嫉妬や憎悪を覚える。献身や自己犠牲の姿に誰もが感動するのは何故か。思いやりの気持ちはどこから来るのか。他者への裏切りに心を痛め、偽善を恥じるのはどうしてか。他者の存在を自己に重ね合わせる同一化を通して不条理な奇跡が現れる。自己が存在しないからこそ、他者のために生きられる。

第7章　主体という虚構

人間は外因の沈殿物だ。どこを探しても内因は見つからない。出発点に遺伝・環境・偶然しかなければ、それら外因をどう組み合わせても内因には変身しない。だから自らの能力に責任を負えず、したがって格差に正当な理由はない。だが、この簡単明瞭な論理も常識の壁に阻まれ、様々な逃げ道が模索される。これまでの章の総括として以下では主体の虚構性を敷衍し、近代個人主義の袋小路を明らかにする（詳しくは小坂井2018、2020）。

社会という拡散する方向に探し続けても、逆に脳という収束する方向に探し続けても主体は見つからない。社会学者・心理学者・脳学者の多くは主体の危うさを認める。だが、その論理を最後まで突き詰めずに、主体を担保する場所がどこかにあるだろうと高をくくる。砂漠に現れるオアシスの蜃気楼のように、そこに着きさえすれば飲み水があり命拾いすると安心する。だが、近づけば蜃気楼は遠のき、ついには消え去る。本気になって探さないから解決の出口がすべて塞がっている事実に気づかないだけだ。主体幻想は政治哲学五つ目の誤謬であり、土台を蝕む最大の欠陥である。

主体が存在しなければ、格差はどう正当化されるのか。社会秩序を維持する上で、主体虚構はどんな役割を担っているのか。主体が幻想なら、それでも主体が存在すると我々が感じるのは何故なのか。主体論争が擬似問題なら、主体擁護論は人間の目を何から逸らそうとしているのか。

†内因幻想

脳に蓄積された情報と外部刺激の相互作用が生み出す内容が意識に上る。私とは思考や感情など精神活動が投影される場所だ。思考する私はいない。外因が私を操る。主体はどこにも存在しない。私は一つの受精卵から発達した。私の誕生前にあったのは両親の遺伝子と母親の胎内環境だけだ。それらがどのような相互作用を起こしても、産まれた後に環境と偶然が影響しても、生成される認知メカニズムの製作主は私でない。私が成立する以前に私は存在しないのだから。したがって私の行為にも存在にも私は責任を負えない。

親や外界の条件が人格を形成したとしても、他の誰でもないまさに自らの人格である以上、行動や存在に対して責任が発生するという意見もある。人格形成責任論と呼ばれる立場だ。しかし、この論はすぐに破綻する。人格を作り出した責任を問うためには、人格形成の時点で自由な行為者を想定しなければならない。ところが、その自由な行為者も、それ以前に形成された人格に基づく以上、論理が無限背進する。責任は当人を突き抜けて外部に雲散霧消する。法哲学者・瀧川裕英『責任の意味と制度——負担から応答へ』から引用する。

［……］人格形成責任論は様々な批判を浴びているが、最大の問題点は人格形成責任論が「時間的な」理論であろうという点にある。すなわち、人格形成責任論は、ある行為に対して責任を問うことは、たとえ当該行為が決定されていたとしても、行為を決定した人格を形成した責任があるならば可能であると主張するが、その主張が妥当であるためには、当該行為以前の人格形成過程自体が自由であり、その人格形成過程に対して行為者が責任があると主張するためには、その人格形成過程自体がさらにそれ以前の人格形成過程の所産であると主張できることが必要である。そのため、人格形成責任論は無限背進に陥ることになり、結局生後間もない乳児が最も自由であり、その自由によってその後の全ての行為の責任が基礎づけされるという奇妙な理論に陥ってしまう。人格形成責任論がこのような問題を抱えてしまうのは、人格形成責任論が時間的な理論であり、時間的な遡行を理論的に内在させているからである。（瀧川 2003）

米国の生理学者ベンジャミン・リベットの有名な実験を挙げよう。好きなときに手首を持ち上げてもらう。行為の瞬間は被験者が自由に決める。身体を動かす無意識信号が脳に生じると、運動が実際に起きるための神経過程と、行為をしようという「意志」を生成する心理過程とが同時に作動する。信号が脳内で発火してから運動が起こるまでに約五五〇ミリ秒（〇・五五秒）かかるのに対し、意志が生まれるまでには三五〇ミリ秒ほどしかかからない。つまり実際に身体運動が生じる〇・二秒前にその意志が形成される。行為の少し前に意志が生じるので、意志が行為を起こす感覚のごまかしに気づかない（Libet, 2004）。自由に行為すると言っても行為を開始するのは無意識過程であり、実行命令が出された後で「私は何々がしたい」という感覚が生まれる。

行為を起こす過程と、意志を作る過程は別に生じるので、意識と行為の順序が逆になり、行為完了後に意志が現れたとしても理屈上はおかしくない。人を殴ってしばらくしてから、「気に食わない奴だ。殴ってやろう」という意志が現れる。殴ろうと思う前に相手がすでに足下に倒れている。こんな異様な光景だ。もしそのようにヒトの神経が配線されていたら自由や責任という概念もデカルトやカントの哲学も生まれなかっただけでなく、人類社会が今のような形を取ることさえなかっただろう。

この状況をシミュレーションした実験もある。被験者にスライドを見てもらい、いつでも好きな時にプロジェクタのボタンを押して次のスライドに移動するよう指示する。ところが実はボタンはプロジェクタに接続されておらず、ボタンを押しても何も起きない。その代わりに被験者の脳波を測定し、指の運動を起こす命令信号が発生した瞬間にプロジェクタのスライドが変わるようにしておく。被験者はこの舞台裏を知らない。さて実験が始まると被験者は不思議な経験をする。ボタンを押そうかと思う寸前にスライドがすでに変わってしまい、その直後にボタンを押す意志を感じるという、通常とは逆の感覚が現れる。まるで本人も知らないうちにプロジェクタに心を読み取られているような感じだ。指を動かす命令信号が発生すると、運動を実際に起こすための過程と「意志」が生まれる過程とが並行して進行するがトリックのせいで、ボタンを押す意志を先取りしてスライドが変わるのである（Grey Walter, 1963. Dennett, 1993から引用）。

リベット実験を参照したのは意志の虚構性を証明するためではない。意志が意識的に制御不可能な認知メカニズムの産物であるのは、よく考えれば当然だ。身体運動と同様に言語・感情・思考なども脳が司る。脳が精神活動を生む以上、その生成は瞬時に行われず時間がかかる。したがってその間、脳の生成物は意識に上らない。どんなスーパー・コンピュータでも演算に時間がかかるように脳が意志を生成するまでに〇・三秒ほど必要だ。秒速三〇万キロメートルで進行する光でさえ、太陽から約一億五〇〇〇万キロメートル離れた地球まで到達するのに八分二〇秒近くかかる。仮に今、太陽が消失したとしても八分以上、地球はその事実を知らず、同じ軌道を回り続ける。情報や力は瞬時に伝わらない。

手を動かすという単純な身体運動だけでなく、以上のプロセスはどんな場合にも当てはまる。犯罪行為も例外でない。精神活動を脳が生む以上、どんな行為も出発点は無意識の脳信号であり、意識的制御は不可能だ。意識が生まれた後、そこから脳のメカニズムにフィードバックが起きても、それも無意識下の脳活動だ。脳では多くのプロセスが同時進行しながら情報処理される。意志や意識は行動を起こす出発点でなく、脳で行われる認知処理の到達点にすぎない。米国の認知神経科学者マイケル・ガザニガが言う。

何かを知ったと我々が思う意識経験以前に脳はすでに自分の仕事をすませている。〈我々〉にとっては新鮮な情報でも脳にとってはすでに古い情報にすぎない。脳内に構築されたシステムは我々の意識外で自動的に仕事を遂行する。脳が処理する情報が意識に上る〇・五秒前には、その作業を終えている。(Gazzaniga, 2000)

高等動物や人間の脳は左右二つの大脳半球で構成され、それらは脳梁で接続されている。どちらかの大脳半球に達した情報は脳梁を通して他方の半球に伝えられる。脳梁が切断されると片方の大脳半球にある情報は他方の大脳半球に伝わらなくなる。もう一方の大脳半球はその情報を「知らない」状態になる。

脳梁を切断する癲癇《てんかん》治療がある。癲癇とは電気信号が脳に異常発生する症状だ。脳梁を切って左右の大脳半球を分け隔てれば、片方の大脳半球に起きた異常な電気信号がもう一方の大脳半球に波及しない。正常な大脳半球の活動が維持できるので意識不明に陥らずにすむ。麻痺していない手足を使って横たわったり、安全な場所に移動できる。言語能力を司る左半球が正常ならば、電話をかけて助けも呼べる。

脳梁切断術を施しても知能が低下したり人格が変わったりしないので普段は問題が生じない。だが、大脳半球がそれぞれ独立に働くようになるので不思議な現象も起きる。患者が怒りだして妻に乱暴を始める。右半球が興奮すると、神経系統は左右交差しているので左手が反応する。左半球はそれを見て右半球の行為を止めようとする。つまり右手を使って左手の乱暴を制止する。まるで一つの身体の中に二つの精神が宿るかのように右手と左手を媒介に左右の脳が代理戦争を始める（Gazzaniga, 1970）。

当人には二種類の感覚が現れる。比較的多い例は「拮抗失行」と呼ばれ、優位な左半球が司る右手の動作を、右半球が制御する左手が妨害する場合である。この症状では、自分の意図にしたがって動く右手を、他者が操る左手が邪魔する感覚が現れる。つまり右半球が命令する左手の動きは不随意運動として感じられる。もう一つは「意図の抗争」と呼ばれ、何かを行おうと意図すると、それに反する別の意図が現れる。交互に出現する二つの意志が抗争する感覚だ（深尾 2004）。統一された主体は存在しない。

以上の考察を斥けるためにはデカルト二元論や生気論（vitalism）に戻り、脳の活動と独立する霊魂を措定するほかない（小坂井 2013、2020）。精神活動の出発点をどこに据えるかが立場を分ける。脳か霊魂か。選択肢は他にない。脳科学の成果を前に自由と決定論をめぐる論争が続くのは西洋の学者が今でも霊魂のイメージに囚われているからだ。世論調査会社ＩＦＯＰ（Institut français d'opinion publique）が二〇一一年に実施した調査によると、神の存在を信じるフランス人が五六パーセントに上る。そのほとんどがカトリックだ。米国有力大学二一校に勤務する研究者一六四六人を対象として二〇〇七年に行われた調査によると物理学者・化学者・生物学者のうち、神を信じる学者が六割に達する（Hood, 2010）。

†意志と行為の疑似因果

意志の正体をより正確に見極めよう。意志と願望一般は区別しなければならない。手を動かそうと欲しても、思うだけでは手は微動だにしない。「憎いあいつを殺そう」と考えている間は単なる願望であり、実際に銃の引き金を引く身体行動を起こす指令は常に無意識に生まれる。

因果律を基に責任を定立する上で意志が問題になるのは、意志が行為の原因をなす限りでのことだ。行為と無関係の単なる心理状態ならば、意志について議論する意味が失われる。ところで意志が原因ならば、対応する行為が必ず生じなければならない。定義からして原因と結果の間には必然的関係があり、銃の引き金を引く意志があっても実際には発砲する場合もあるし、そうでない場合もあると言うならば、そのような意志は行為の原因と認められない。「明日から絶対にタバコをやめる」という強い意志があっても実際に明日になると「昨日はそう思ったけど、急にやめるのは辛いから量を半分に減らすことから始めよう」と考えが変わるならば、前日の禁煙意志は願望にすぎず、禁煙の原因たりえない。では意志と単なる願望とを分ける基準はどこにあるのか。それはまさしく行為が実際に起きた事実以外にない。哲学者・中島義道が説く。

もしXが「歩いている」という記述を行為として認めるなら（当人が意識しようとすまいと）そこに「歩こう」という意志記述を認めなければならないということである。Xが「殺した」ことを認めることは、Xのそのときの心理状態に一切かかわらずこの意味でXに「殺す」意志があったことを認めることにほかならない。川で溺れそうな子を見て無我夢中で飛び込み、ずぶ濡れになって子供を抱きかかえつつ「自分が何をしたかわからない」と語る男はその子を「助けた」がゆえにその子を「助ける」意志をもっていたのである。「助けたい！」と内心叫びながら岸辺で腕を拱いていた人々は「助けなかった」がゆえに「助ける」意志をもっていなかったのである。［強調中島］

［……］こうした行為と同一記述の意志をわれわれが要求するのは、過去の取り返しがつかない行為に対してある人に責任を課すからである。「実践的自由」における「自由による因果性」とは意志と行為とのあいだの因果性ではなくて、じつは意志と責任を負うべき結果とのあいだの因果性なのである。ある行為の行為者に責任を負わせることをもって、事後的にその行為の原因としての（過去の）意志を構成するのだ。（中島 1999、強調小坂井）

身体運動を単なる出来事でなく行為だとする認識が、意志という架空の存在を要請する。責任が問われる時、時間軸上に置かれた意志なる心理状態と、その結果としての行為との関係が問題になるのではない。次の例を考えよう。恋人を奪われ嫉妬に狂う男がいる。復讐心から恋敵を銃で撃つ。撃たれた相手は病院に運ばれるが経験不足の研修医しかおらず、治療にまごつくうちに出血多量で死ぬ。あるいは交通渋滞のために救急車が病院にすぐ着けず死亡する。もう一つの筋書きと対比しよう。先ほどと同じように恋人を奪われて嫉妬に狂う男が恋敵を銃で撃つ。しかし今度は救急車がすぐ病院に着き、有能な医者が命を救う。

犯人が捕まり裁判が行われる。第一のシナリオでは殺人罪だ。第二のシナリオでは殺人未遂にすぎない。刑期が大きく異なる。二つの想定はどこが違うのか。犯人の行為はどちらの場合も変わらない。同じ動機（恋人を奪われ嫉妬に狂い、復讐したい）に動かされ、同じ意図（殺す）の下に同じ行為（銃の照準を定めて引き金を引く）を行った。被害者にとっての結果は異なる。だが、違いの原因は犯人に無関係だ。ヤブ医者か名医か、道が混んでいたかどうか、犯人に無関係な原因だけが違う。動機も意図も行為も同じなのに、どうして責任と罪が異なるのか。前者は殺人であり後者は殺人未遂にすぎないからだなどと言ってはいけない。犯人の行為が同じなのに、なぜ一方が殺人として厳罰に処され、他方は殺人未遂として扱われるのか。そこが焦点だ。

この思考実験は特殊な例でない。酒を飲んで車を運転し注意力が鈍ったために横断歩道で徐行しなかったとしよう。そこに子どもが飛び出し、轢き殺す。運転手は実刑判決を受け、自らの過失を後悔する。しかし子どもが飛び出さず、事故が起きなければ、飲酒運転は平凡な出来事として記憶にも残らない。

犯罪の原因は何なのか、どのような過程を経て被害者が死に至ったのかという発想が躓きの元だ。問題の核心はそこにない。誰が悪いのか、誰が責任を負うのかと怒りをぶちまけ、悲しみに沈むのである。因果律からすれば、行為が同じなのに結果に応じて罪や罰が変わるのは論理誤謬だ。だが、因果律と異なる論理に責任はしたがう。秩序の意味構造に出来事を位置づけ辻褄合わせをする、これが責任と呼ばれる慣習の内容だ。

†意志の捏造

意志や主体は個人の心理状態でもなければ、脳信号でもない。哲学者・河野哲也はデカルト的主体概念を斥け、ネットワーク機構として主体を把握する。

> こうした個体主義的な心＝主体の概念に抗して、本書で提示したいのは、次のような心＝主体の概念である。まず、心の分散性の概念である。すなわち、心は脳の中にあるのではなく、あえてその所在を問うならば、脳以外の身体の諸器官、さらに身体の外部にあるさまざまな事物に宿っていると見ることも可能だということである。この意味で、心は環境のなかに拡散して存在していると言ってもよい。（河野 2005、強調河野）

主体をモノとして一カ所に同定する従来の説を斥ける河野説はダイナミックなメカニズムとして主体を捉える。だが、脳あるいは身体に閉じ込めず環境中に分散してもネットワークやシステムは実在物だ。主体や意志は違う。殴る・銃撃する・強姦するなどの行動を受動的な出来事でなく、積極的に選ばれる自主的行為だとみなす社会判断である。人間のあり方を理解する形式であり、解釈枠だ。人間は自由な存在だという社会規範がそこに表明されている。

こんな比喩が理解を助けるだろうか。主体はどんな構造をしているのかと河野が問いかける。対して私論にとって主体や意志は構造でなく、世界を見る眼鏡だ。そびえ立つ摩天楼の屋根に美しい虹が架かっている。虹という現象を河野はネットワークあるいはシステムとして同定する。対して、虹を錯覚するのは、どのような眼鏡を通して見ているからなのか、これが本書のアプローチだ。

リベット実験が測定したのは意志でなく、意志が意識化された瞬間にすぎないと分析哲学者・古田徹也が言う。車を運転して友人宅に行く。どの道を右に曲がるかなど個々の行為は意識されない。だから運転のどの瞬間が意志かは同定できない。意志は時間の幅を持つ一連の脳あるいは身体運動の総合過程だと説く（古田 2013）。だが、それでは意志と行為の関係を因果律で理解できない。原因と結果という時間の流れに取り込むためには起点を考えざるをえない。だから意志は瞬間的出来事だとか、因果律の枠内で考えようと言うのではない。因果律と異なる関係で意志と行為を結ぶとは何を意味するのか。それは心という内因が身体の行為を引き起こすという了解を捨てることだ。

ヒュームの「因果規則説」が説くように、因果関係は自然界の客観的あり方でなく、人間の習慣が作り出す表象だ（Hume, 1969）。意志は時間軸に投影すべき事象でなく、社会制度が生み出す認識形式である。古田の言う通り、意志は瞬間の心理状態でない。分析哲学が示すのは、そのように人間と社会が機能しているという了解だ。意志や主体は責任帰属のために近代が捏造する解釈装置であり、濾過器である。

万物は流転する。神なる仮説を放棄した近代という思考枠はそれ以前と異なる世界の表象を生み出す。歴史と文化を貫通する人間像や社会の姿は存在しない。筆跡による性格判断や血液型占い、占星術や手相、穢れの観念、先祖崇拝や仏壇などの社会装置、近親相姦タブー、人種偏見、性欲の対象などと同じく、意志と行為の関係は社会表象であり、ある時代・文化に固有な理解枠だ。

法律概念の意思もそうである。殺意は殺そうという心理状態でなく、このような状況では殺意があったと定める社会規定だ。哲学者・黒田亘『行為と規範』から引用する。

行為と行為でないものの区別の基準を意志の作用という内面的な過程の有無に求める考えが広く行われてきた。［……］この考えでは、われわれが他人のすることについて、当人の証言をまたず、もちろんその人の心の中を覗きこむこともせずに、行為と行為ならぬものの区別を迷わずつけているのはなぜなのか、説明することができない。「行為」の定義的基準とされる意志過程なるものは、あらかじめ常識の了解によって行為ならぬ現象から区別されている人間の営みの背後に、ことさら仮定された内的過程であり、たいていは架空の存在なのである。

〔……〕要するに、われわれのすること、なすこと、行うことは、物理的、生理的、心理的な現象としてもつ一定不変の特徴のゆえに「行為」と呼ばれるのではない。「行為」の概念は「規範」や「規則」、「責任」や「価値」といった、それぞれ人間理解の枠組みの一角をなす重要概念と密接な関係にある。ある人間的な現象を行為と見なすことは、同時にそれを右のような重要概念のネットワークに入れ、「規則」「価値」「責任」等々の概念の適用対象でもあるものと考えることなのである。（黒田 1992、強調小坂井）

意志・意図と意識を混同してはならない。意識は実在する心理状態だ。だが、行為の原因たる意志や意図は心理状態でなく、責任を帰属するためのイデオロギーであり、政治装置である。意識に上る内容はいかなる状況でも身体の動きの原因たりえず、どのような説明を持ち出しても、心の描写と身体運動のメカニズムは無関係だ。たまたま一致する場合もある。だが、それは偶然の一致にすぎず、心的状態が身体運動を生むという因果関係はない。どのような虚構が生まれるかは社会の要請による。

心理過程は意識に上らない。自らの行動や判断を実際に律する原因と、判断や行動に対して当人が想起する理由との間には大きな溝がある。心理状態がどのようにして生じるのか、何を原因として喜怒哀楽を覚えるのか、どのような過程を経て判断や思考が生まれるのか、つまり精神活動の原因は当人にもわからない。

日常生活において自分の感情・意見・行動を理解したり説明する際、実際に起きる心理過程の記憶に我々は頼るのでない。行為や判断が形成される心理過程は当人にも知ることができない。したがって自らの行為・判断であっても、あたかも他人のなす行為・判断であるかのごとくに推測する他ない (Bem, 1972)。

では人間は自分の心の動きをどのように理解するのか。我々は常識と呼ばれる知識を持ち、社会・文化に流布する世界観を分かち合っている。どのような原因で行為が生ずるのかという因果律も、この知識に含まれる。窓を開けるのは部屋の空気を入れ替えたり、外を眺めるためであり、空腹を覚えたので窓を開けたという説明は非常識だ。すなわち自らの行動を誘発した本当の原因は別にあっても、他のもっともらしい「理由」が常識の中から選ばれて援用される。このように持ち出される「理由」は社会で学習する因果関係のパタンだ。つまり行為や判断の説明は社会に流布する世界観の投影である (Nisbett & Wilson, 1977。詳しくは小坂井 2013 の解説を参照)。

†非決定論の誤解

遺伝子・環境情報・偶然という構成材料と、それらが総合されて生まれる私との間には断絶がある。したがって外来要素から成り立つにもかかわらず、それを超える主体が生まれるという議論がある（大庭1989、1997、2005、河野2011）。原因Aが結果Bをもたらし、さらにCが導かれる。しかしABCの間には創発性が生じるからCはAに還元できない。ゆえにCは自律し、Cが行う行為の責任はCに帰属する。こういう論法だ。第3章でみたように、遺伝子構成がまったく同じ一卵性双生児でも相互作用を通して個性が発達する。したがって構成要素が同じでも、異なる個体として成長する。

だが、自律と主体は違う。生物はすべて自律している。学習も人間だけの特性でない。イヌやネコは経験を通してエサ場や危険な敵・場所を憶える。創発性・自律性・学習能力は免疫系・神経系・内分泌系にも当てはまる。水素原子にも酸素原子にもない性質を水が持つように単純な化合物でさえも創発性を示す。自由や主体を創発性・自律性・学習能力と混同してはならない。外因をいくつ重ねても、そこから新しい構造が生まれても、それは内因には変身しない。序章で紹介したハリスの風刺画を思い出そう。創発性により発現するのは人工知能のような認知メカ、ニ、ズ、ム、であり、責任を負う主体ではない。自律するからとイヌやネコに責任を問わないように、自律以上の何かが責任概念に要請される。創発性は部分と全体の関係をめぐる概念だ。対して主体は責任を正当化するための思考枠であり、認識形式だ。両者は峻別しなければならない。

量子力学に依拠して自由と責任を救う試みもある。素粒子の軌道は確率的にしか予測できない。同様に人間の行為も多くの人々を観察すれば、社会・心理条件と犯罪率の関係を推測できるかも知れない。しかし、どんなに詳しくデータを集めても特定の個人が犯罪に及ぶかどうかはわからない。だから人間行動は決定論に従わず、責任を負う必要がある。こういう主張である。だが、この類推は的外れだ。素粒子は軌道を知ることも自分で変更することもできない。したがって、人間は自らの行為を意識的に制御できるかという肝心な点の考察に役立たない。

非決定論は責任や刑罰の論理になじまない。外的攪乱要因つまりノイズが起こす行動に対しては責任を問えない。私と無関係な偶然により殺人が生ずるならば、処罰の苦痛を通じて私の人格を矯正しても今後の犯罪抑止は望めない。それに偶然が原因なら、私は悪くないはずだ。どうして罰を受ける必要があるのか。

決定論と非決定論どちらの立場であれ、責任を因果関係で捉える点は変わらない。そこに誤りの元がある。因果律に縛られない行為とは何か。それは偶然に発生し、理由なく起きる行為だ。勝手に手足が動き出す。不意に殺意を催し、隣人の首を絞める。このような状況は自由どころか逆に、身体や精神の自由が利かないことを意味する。偶然起きるならば、私の行為と呼ぶことさえできない。

自由意志が行動の原因をなすゆえに責任が発生するという常識にとって意志の否定は由々しき事態だ。そこで「無意識の意志」を立てる論者もいる（大澤2010）。だが、無意識を自由意志と呼べば、主体と責任が空洞化するだけだ。無意識の意志は定義からして意識的に制御できない。制御不可能ならば、責任は生じない。

自由意志のプロセスとは、行為を遂行するか否かという自らの選択に対して意識的に責任を負うことだ。意識的な制御可能性がなければ、無意識に生ずる行為に我々は責任を問わない。

癲癇発作を起こし意識や運動が麻痺している人や口汚い悪口を叫ぶトゥレット症候群患者の行為を自由意志による行為とは呼ばない。ならば、健常者に無意識に生ずる出来事も制御不可能なのに、何故それが自由意志の結果であり、責任を負わねばならないと考えるのか。（Libet, 2004。自由意志は存在しないが、行為の拒否指令は可能というリベットの解決の批判は小坂井2018）

†両立論の詭弁

因果律の枠内で自由と責任を擁護する両立論がある。ハリー・フランクファートの有名な思考実験を検討しよう。本人が知らないうちに、ある人Pの脳に装置が埋め込まれた。犯罪でない行為Aを行おうとしても装置が作動して犯罪行為Bを行ってしまう。したがってPに行為の選択肢はなく、決定法則に行為が従う。ここでPが自由意志によってBを選ぶとしよう。どちらにせよBしか行為できない状況であってもBを自由に選び、装置が作動しない以上、この行為の責任がPに発生する。つまり他行為不可能性と自由意志は両立し、責任も担保できる(Frankfurt, 1969)。

だが中島義道が説くように、これは詭弁だ。フランクファートは他行為可能性を否定しながら、その前段階で他の決心の可能性を認め、他行為可能性を密かに導入する。確かにB以外の行為はできないが、「Aを決心するか、Bを決心するか」の選択がPに許されている。そうでなければ、「自由意志によりBを決心すればBを行うが、自由意志によってAを決心しても装置のせいでBを行ってしまう」という前提が崩れる。つまりAを決心するかBを決心するかまだ決定されない時点が存在し、かつ、どちらかをPが選べる。外因により行為が決定されるという脳科学の知見と自由意志を両立させる目的でフランクファートはこの思考実験を提案した。

ところが結局、外因に制御されない決心の可能性を密輸入するのでは問題を先送りにしただけであり、論証に失敗している。ＡかＢのどちらかを選ぶ自由意志がどうして可能なのか。それが肝心の問いだ（中島 2009）。

自由と責任の常識を維持するためには、二つの矛盾する命題を同時に満足させる必要がある。意志が行為の原因をなすから責任が発生するならば、意志と行為の関係は必然であり、意志から行為が起こるプロセスは決定論として理解しなければならない。

> 「自由な行為」とは、多年の経験を通じて形成された人格的主体の個性を明瞭に表現する行為、自我の表面に属するのではなくその深層から発する行為である。従来の自由論が説いてきたのとは逆に、その行為者の、その状況における行為であるかぎり反対の行為の可能性を考える余地のないような行為、それ以外ではありえないほどに人格的に決定された行為、それこそが「自由」のあかしとなる行為ではないか。（黒田 1992、強調黒田）

だが、意志自体は外因に影響されない力、何にも依拠しない出発点でなければならない。つまり意志の発露瞬間は原因のない非決定論として理解される。この矛盾を両立させるには、科学がすでに淘汰した霊魂という神秘的な力を呼び戻す以外ない。

このようなアポリアに陥るのは、因果律の枠組みで自由や責任を考えるカテゴリー誤謬を犯すからだ。自由や責任が決定論問題と無関係だと気づいている者は少ない。ドイツの倫理哲学者モーリッツ・シュリックは『倫理問題』第七章「どのような時、人は責任を問われるか」をこう始める。

> 私は躊躇し嫌々ながら、この章の倫理問題を議論する。何故なら、倫理の根本的問いと今日でも考えられているが、実はすでに議論が盛んになされ、誤解が原因で導入されたにすぎない、自由と意志をめぐる疑似問題だからだ。思慮深い思想家たちによりずっと昔に解決済みの疑似問題だ。この誤解は今まで何度も話題にされ、特にヒュームが明快に説明した。この問いを扱うために大量のインクと紙を無駄遣いするだけでなく、もっと重要な問題に回すべき知的エネルギーを浪費し続ける、哲学の大スキャンダルだ。[……]「自由」について一章を綴るのは本当に恥ずかしい。倫理において重要なのは小見出しに入れた「責任」という単語だけだが、まさしくこの言葉から誤解が生まれる。(Schlick, 1930、強調小坂井)。

序章で法則と法律の違いに触れた。自由は法則の否定でなく、強制の反対概念である。自由や責任をめぐる問いと行為の決定論問題を混同してはならない。両者は別の事項であり、何の関係もない。このカテゴリー誤謬こそが、処罰や格差の原因を個人の内部に捏造する近代の罠だ。行為の決定論も非決定論も自由かどうかの判断と無関係である。こう論じるシュリックの文章は一九三〇年、つまり一世紀近く前に書かれた。それでも相変わらず多くの思想家がこの疑似問題に囚われている。

†原因究明と責任のパラドクス

行為の因果論と責任のパラドクスを具体例で確認しよう。米国の歴史家クリストファー・ブラウニングは『普通の人びと』で、第二次大戦中ポーランドに駐留したドイツ警察予備隊の活動を明らかにした（Browning, 1992）。予備隊に配属された警察官のほとんどは年をとりすぎて前線に送っても使いものにならない工員・商人・手工芸者・事務員など普通の男たちだった。ヒトラーの政権奪取以前に人格形成を終え、反ユダヤ主義に取り憑かれた人間ではなかった。ところが五〇〇人に満たない少人数ながら、わずか一年四カ月の間に三万八〇〇〇人のユダヤ人を銃殺し、四万五〇〇〇人をトレブリンカ絶滅収容所のガス室に送り込み殺害した。この部隊に限らず、殺戮を担った者は当時ドイツの一般市民と何ら変わらなかった。ホロコースト研究の大著ラウル・ヒルバーグ『ヨーロッパ・ユダヤ人の絶滅』から引く。

殺人機構に絡めとられた役人たちは他のドイツ人と精神上何ら変わらない。犯罪者は特殊なタイプのドイツ人でない。以下に述べる見解は殺人者だけでなくドイツ人全員に当てはまる。［……］

行政計画・司法構造・予算体系の性質からして、人員の特別な選別・養成はありえなかった。どの警察官がゲットーの見張りに回されるかわからなかったし、列車の護送に充てられるか知れなかった。第三帝国中央保安局の行政官に移動式虐殺装置の管理が命じられる可能性もあった。中央経済行政局の金融専門家は誰でも絶滅収容所に勤務する可能性があった。言い換えるならば、たまたま該当部署に就いていた人間が、その時その時必要とされる任務に動員された。（Hilberg, 1985）

だから人格・教育・宗教・イデオロギー背景にかかわらず、このような犯罪をなす可能性は誰にでもあるとブラウニングとヒルバーグは結論した。学習の実験だと偽って、見知らぬ人を拷問させる「アイヒマン実験」を行ったミルグラムも同じ立場だ。被験者の三分の二は抵抗を覚えながらも、痛みで絶叫する「生徒」（サクラ）を四五〇ボルトの高圧電流で苦しめた。教育程度・信仰・政治信条・性別にかかわらず、上から指示されるだけで、ほとんどの人間が悪事をなす事実が明らかになった（Milgram, 1974、小坂井 2013 の解説を参照）。『イェルサレムのアイヒマン』を著したハンナ・アーレントも副題「悪の陳腐さ」が示唆するように同じ解釈を支持し、人類史上未曾有の虐殺も普通の人間の正常な心理過程を経て生じた出来事だと説いた(Arendt, 1963)。

しかしブラウニングと同じ資料を用いてポーランド駐留ドイツ警察予備隊の活動を分析した米国政治学者ダニエル・ゴールドハーゲンはこの解釈に異議を唱え、ユダヤ人虐殺の原因はナチスに限らずドイツ人すべてに共通する特殊な殺戮型反ユダヤ主義だと『ヒトラーの自発的死刑執行人たち――普通のドイツ人とホロコースト』で主張した(Goldhagen, 1996)。殺戮行為の原因をブラウニングは社会状況に求め、ドイツ人に限定しない。他方、ゴールドハーゲンはドイツ人の特性に帰した。ちなみにこの違いは彼らの著書のタイトルに明示されている。ブラウニングが「普通の人々」としたのを受けてゴールドハーゲンは「普通のドイツ人」と命名した。

ヒルバーグ・ブラウニング・ミルグラム・アーレントの解釈にしたがい、組織形態や社会状況など外界の強い影響を人間が受けると考えると困った事態が生じる。上の命令に従い、誰でも殺害に加担するなら、どうして我々はナチスの責任を問えるのか。ところでホロコーストの原因を一九世紀に培われたドイツ特有の反ユダヤ主義に帰すゴールドハーゲンも原因分析と責任判断の矛盾から逃れられない。『ヒトラーを解釈する』を著したロバート・ローゼンバウムが指摘する。

ドイツ人に固有だとされる絶滅志向的反ユダヤ主義［eliminationist anti-Semitism］によって冷厳かつ情け容赦なしに誘導されるのなら、ドイツ人は他の行為を選択する可能性がないことを意味する。選択余地がなければ責任も発生しない。抵抗を許さない強い力で頭の中に響く、殺せと命令ずる幻覚の声に突き動かされる精神分裂症患者に責任がないのと同じだ。［……］自らの決定論的説明モデル［ホロコーストの原因はドイツ人特有の反ユダヤ主義だというテーゼ］にゴールドハーゲンが執着すればするほど、ドイツ人を免罪するという彼自身望まない結果が導かれる。ドイツ人は抵抗不可能な力によって踊らされる単なる駒になる。抵抗する可能性がなく、他の選択を取りえなかった存在としか映らなくなる。（Rosenbaum, 1999）

ゴールドハーゲンの主張が正しく、ホロコーストの原因が一九世紀に培われたドイツ固有の反ユダヤ主義だとしよう。ヒトラーはどう位置づけられるか。ユダヤ人虐殺をイデオロギーの産物として捉えるとヒトラーの果たした役割が矮小化され、責任が軽減される。「ヒトラーがいなくとも当時のドイツのイデオロギー状況はヒトラーのような人間を必ず生んだだろう」とゴールドハーゲンが語る（Rosenbaum, 1999）。その論理に従えばヒトラーはホロコーストの原因でなく、ドイツ文化が引き起こした結果だ。それだけでない。一九世紀ドイツの精神風土がホロコーストの原因なら、ユダヤ人殺害の責任を問うどころか、ヒトラーが被害者になってしまう。ブラウニングらのテーゼと同様、ナチスの責任を問えなくなる。

ヒトラーの政権奪取を因果関係で説明すると悲劇の責任が雲散霧消してしまう。もし各人の力を超える抽象的要因によって不可避的にヒトラーが宰相に任命されたのなら当時の誰に対しても責任を問えないだろう。(Rosenbaum, 1999)

虐殺の原因を精緻に分析すればするほど、誰も悪くない、悪いのはナチス体制を生んだ反ユダヤ主義あるいは人間すべてに共通する社会・心理過程だという結論が導かれる。映画『ショア』(ホロコーストのヘブライ語表現。ホロコーストの原意は生贄、ショアは大惨事を意味する)の監督クロード・ランズマンはホロコーストを理解する試み自体を激しく非難した。

何故という問いを立てる時、望むと望まざるとにかかわらず、必然的に正当化してしまう。このような問い自体が破廉恥なのだ。何故ユダヤ人は殺されたのか。何故という問いに答えなど存在しない。言い換えるならば、どんな答えであってもそこから正当化が始まり、ショアの仕組みを「理解可能」にしてしまうからだ。(Rosenbaum, 1999)

ホロコーストの原因は分析しなければならない、しかしそれは免罪ではないと道徳を説いても論理矛盾は解けない。我々がここに直面する困難は原因追究が必然的に孕む問題だ。責任を問う社会慣習は因果律と異なる論理に支えられている。なぜ、この混同が起きるのか。

†自由意志の歴史背景

人間は自由なのか、行動は外因が起こすのかという決定論問題は古代ギリシア時代にもキリスト教世界でも処罰と結びつかなかった。近代に入って初めて出てきた争点だ。アリストテレス『ニコマコス倫理学』は随意行為と不随意行為を区別し、責任＝非難が生ずるのは前者の場合だけだとした。だが、それは自由意志が存在するか、行為が決定論に従うかという議論でない。非難・責任・処罰の慣習において随意行為と不随意行為が区別される社会基準の確認だ。自律する個人という発想が古代ギリシア時代にはなかった。アリストテレスの随意性は自由意志と違う。

責任の根拠を社会規範に求める古代ギリシアの考えはキリスト教世界に受け入れられない。移り変わる慣習に惑わされず、罪や罰の規定は普遍的根拠に基づかなければならない。普遍的根拠とはもちろん神だ。ところで神が世界を創造し善を象徴するなら、悪がなぜ生じるのか。

善である神と人間の悪の共存は論理矛盾でないか。こんな解決が考えられた。神に背き原罪に堕ちて以来、神の意志と異なる意志を人間が持つようになる。こうして悪が生まれ、行為の原因たる犯罪者の処罰が正当化されるのだと(Sandel, 2020)。

だが、これは近代の人間観に惑わされた時代錯誤の解釈だ。処罰はあくまでも神の専権事項であり、自由意志が行為の原因だから責任を負うという近代的解釈はまだ現れない。個人の内部に原因がなくとも、神の意志に背く邪悪な意志を抱いたり、まちがった行為をする人間は不良品であり、存在そのものが悪だ。所与と行為を区別する必要はまだない。

道徳の根拠を社会慣習に帰すギリシア哲学においても、神に根拠を投影するキリスト教においても個人の意志と外因の関係は切実な問題にならなかった。前者にとって意志や行動が社会の影響を受けるのは当然だ。後者にとっても各人の人格が神の摂理に適合するかどうかが善悪の判断基準であり、人格や意志がどう形成されるかは本質的問題でない。

善悪の基準を社会規範に求める古代ギリシアと袂を分かち、近代はキリスト教と同じように、各文化・時代の偶有条件に左右されない普遍的根拠によって善悪を基礎づけようと企てる。だが、神なる超越的権威にもはや依拠できない近代は袋小路に迷い込む。社会あるいは神という外部に求めなければ、根拠は個人に内在化せざるをえない。内因から生じた自主行為なのか、外因によって起きた不可抗力なのかという問いが初めて切実になる。だから決定論と責任の関係をめぐって近代以降、哲学者が膨大な議論を費やしてきたのである（Smiley, 1992）。

自由意志は霊魂の名残だ。生命というモノの存在が生物学に否定されて久しい。生命は実体でなく、プロセスであり現象である。それ以前に霊魂も淘汰された。精神活動は脳のメカニズムが生む。酒を飲んだり、覚醒剤や抗鬱剤を摂取すると知性や感情に変化が現れる。ホルモンのバランスが崩れると苛立ったり意欲をなくす。脳にタンパク質が蓄積すると認知症になり、人格が崩壊する。心肺停止が数分続くと脳組織が破壊され、死を免れても意識は戻らない。交通事故で頭を怪我したり、脳腫瘍切除手術の後遺症で痴呆化する。脳が精神活動を生成するのでなければ、何故このような変化が起きるのだろう。

内部の心と外部の身体という二元論がそもそもの誤りだ。部屋の内部と外部は観察者にとって両方とも外部に位置する。内部と外部は部屋を基準に区別されるが、それは外界にある存在物の左右や上下を分けるのとかわらない。心と身体の関係は違う。内因と外因は空間的な区別でなく、主観と客観という二つの認識枠だ。

外因から内因は絶対に生まれない。内因は外因から生ずるのでなく最初からあると言うならば、神や霊魂のような存在になり、とにかく初めからあるとしか言いようがない。内因論は実体としての生命を想定する生気論に行き着く。だが、このような神秘主義を採る科学者は今日ほとんどいない。

†神の擬態

人間はブラック・ボックスを次々とこじ開けて中に入る。だが、マトリョーシカ人形のように内部には他のブラック・ボックスがまた潜んでいる。内部探索を続けても最終原因に行き着けない。そこで人間が考え出したのは、最後のブラック・ボックスを開けた時、内部でなく外部につながっているという逆転の位相幾何学だった。この代表が神である。手を延ばしても届かない究極の原因と根拠がそこにある。正しさを証明する必要もなければ、疑うことさえ許されない外部が世界の正しさを保証するというレトリックだ。

進歩したとか新しいという意味で近代という言葉が理解されやすい。だが、近代は古代や中世より進んだ時代でなく、ある特殊な思考枠だ。神が死に、世界は人間自身が作っていると私たちは知り、世界の無根拠に気づいてしまった。もはや、どこまで掘り下げても制度や秩序を正当化できない。底なし沼だ。どこかで思考を停止させ、有無を言わせぬ絶対零度の地平を近代以前には神が担保していた。だが、神はもういない。

人間社会は二種類の主体を捏造した。一つは外部に投影される神。最終責任を引き受ける外部は偶然でなく、神・天・運命のように主体として現れる。責任の帰属は怒りや悲しみの矛先を見つける機能を果たす。したがって意味を与える存在でなければならない。偶然を罵っても怒りは収まらない。神の死によって共同体の外部に主体を見失った近代は、自由意志と称する別の主体を個人の内部に発見した。だが、これは神が化けた擬態だった。人間を超越する外部を捏造した前近代と同じ論理が踏襲されている。社会秩序を根拠づける外部は、こうして内部虚構の形で生み出され続ける。意志と主体は責任を問うための論理であり、責任を根拠付けるために動員される虚構、デウス・エクス・マキナだ。

地球が宇宙の中心をなし、その周りを太陽と他の惑星が回ると信じられていた時代があり、コペルニクスやガリレイの新説を蒙昧だと退ける人々がいた。他の動植物同様に人間も進化した、聖書の創造説はまちがいだとダーウィンが説いた時、反対する人々がいた。無意識を発見し、性衝動と結びつけたフロイトを難詰した人々がいた。抵抗を引き起こしながらも、新しい見方がしだいに社会に浸透していった。だが、主体幻想は消えない。神にしがみつくか自由意志にしがみつくか、社会秩序を維持する術が他にないからだ。自由・平等・人権・正義・普遍・合理性……、近代を象徴するキーワードの背後に神の亡霊が漂う。

日本と西洋の違いにも簡単に触れておこう。一神教の神をもたない日本に私論は当てはまらないだろうか。拙著が扱うのは論理的な問いだ。正しさはどう定まるか。それは文化や歴史を超えた課題である。

神なる公理を無条件に受け入れ、そこから演繹して定理を打ち立てる。これが西洋の辿った道だ。だが、最初の前提が嘘だから、信仰から目を覚ました時、すべてを支えてきた根拠を失い、右往左往する。神の死後、近代は正しさを手続き問題に解消し、ごまかし続ける。他方、一神教社会でない日本では公理から演繹する思考方式が政治や法の世界で発達しなかった。キリスト教のような絶対外部を儒教と仏教は生まなかった。超越的土台のない社会は正統化を要請しない。今ここに生きる人間の目に正当化さえできればよい。第4章で触れた裁判員制度導入時の論争が良い例だ。だが、どちらにせよ虚構が社会を成立させる事情に変わりない。

命題を証明するためには根拠を示す必要がある。だが、根拠の正しさを証明するために、さらなる根拠が要請される。したがって論証が無限遡及する。これが西洋の筋書きだ。だが、それとは別の認識形式もあるとジンメルは言う。

ある原理の証明をする際、根拠を見つけ、またその根拠を支えるさらなる根拠に到達するやり方を続けよう。周知のように証明すべき最初の原理が確かだと仮定さえすれば次々に証明が可能になる。演繹として見るならば確かに循環論であり空しい。しかし我々の知識を全体として捉える時、このような認識形式は浸透している。膨大な量の前提が無限に重なり合い、それらの境界が曖昧なまま知識が蓄積される事実を思えば、命題Aが命題Bによって証明され、この命題Bが他の命題C、D、E……によって証明され、それらが最終的に命題A

によってのみ証明される可能性を排除する必要はない。命題C、D、E……という論拠連鎖が出発点に戻って循環する事実が意識に上らないほど十分長ければよいのである。(Simmel, 1977、強調小坂井)

「論拠連鎖が出発点に戻って循環する事実が意識に上らないほど十分長ければよい」と明言されるように無限遡及的理解と同様、循環的推理も虚構である。強固な論理体系を構築する野心は前者の戦略を採る。だが、そのような公理体系もいつか必ず破綻する。キリスト教神学の壮大な伽藍のメッキが剝がれたように。論理整合性が厳しく問い詰められず、常識に満足する日本社会が選んだ後者の方がかえって、虚構性が露わになる危険が少ないのかもしれない。

†自由意志という政治装置

意志と能力は同じ虚構構造に支えられている。能力が格差を正当化する仕掛けを理解するための補助線として処罰の仕組みをまず明らかにしよう。

社会には逸脱者が必ず現れる。秩序を維持するために危険人物を処罰しなければならない。ところで処罰はどう正当化されるか。人間は自由だから自分の行為に責任を負わねばならない。我々はそう信じる。だが、実は論理が逆立ちしている。責任を誰かに帰すために人間は自由だと社会が宣言するのである。自由は虚構であり、見せしめのために責任者を捏造して罰し、怒りや悲しみを鎮める政治装置だ。

常識によると刑罰の手続きは①犯罪事件の発生、②原因を作った犯人を探し出す、③犯人の責任を判断し、④罰を与えるという順序にしたがう。すなわち犯人をまず見つけ、責任確定後に罰が決定される。だが、この順序はおかしい。外因が行為を生む以上、因果関係に基づいて責任は定立できない。小浜逸郎『「責任」はだれにあるのか』が指摘する。

> 責任をめぐる正しい洞察からすれば、「意図→行為→損害の事態→責任の発生」という時間的な順序があるのではなくて、「起きてしまった事態→収まらない感情→責任を問う意識→意図から行為へというフィクションの作成」という論理的な（事実の時間的流れに逆行する）順序になっているのですね。（小浜 2005、強調小坂井）

犯罪は共同体への侮辱であり反逆だ。秩序が破られると社会の感情的反応が現れる。したがって人々の怒りや悲しみを鎮めるために犯罪を消し去らねばならない。ところが、すでに起きてしまった犯罪は無に帰せない。そこで犯罪を象徴する対象が選ばれ、破壊される儀式を通して秩序が回復される。このシンボルが犯人＝責任者の正体だ。フォーコネはこう論じた。

犯罪の結果を——感情の波及効果を——破棄する必要がある。駆りたてられた激情が尽きて鎮まらなければならない。［……］法に反するものを取り除き、以前の秩序を回復するだけではすまない。処罰を通して再び新風を吹き込み、傷ついた感情を癒さねばならない。［……］犯罪が生んだ動揺を鎮め、侵された戒律を回復するために社会が見つけた唯一の手段は、社会が受けた冒瀆のシンボルに感情を爆発させ、このシンボルを想像の上で破壊することだった。この破壊の怒りが処罰の源泉をなす。処罰が完了するのは、犯罪が取り除かれたと社会が信ずるに至った時であり、その前ではありえない。

［……］

犯罪の代替物として適切だと判断され、罰を引き受ける存在が責任者として認められる。

（Fauconnet, 1920/1928、強調フォーコネ）

秩序への反逆に対する見せしめとして刑罰が執行される。造反事実が人々に告げられるとともに社会の掟や禁止が想起され、規範が再確認される。禁忌に触れると恐ろしい処罰が待つと威嚇する。

一九九九年一二月、米国テキサス州の死刑囚が薬物自殺を図った。囚人は病院まで飛行機で運ばれ蘇生する。そして翌日、処刑された。一九九五年八月、執行直前に自殺を試みたオクラホマ州の受刑囚が手当を受け、意識を取り戻す。そして予定通りの時刻に殺された。二〇〇二年一一月に心臓手術を二度受けた後、翌月に処刑されたイリノイ州の囚人もいる（Lifton & Mitchell, 2002）。何故こんな手の込んだことをするのか。

「犯人を極刑にして下さい」。被害者遺族が叫ぶ。いまさら何をしても故人は帰らない。それでも厳罰を望むのは処罰の本質が復讐だからだ。冤罪の可能性があっても「あいつが犯人に決まっている」と遺族は譲らない。無実の者を誤って罰すれば、真犯人を逃してしまう。したがって冤罪疑惑が持ち上がった時、本来ならば遺族が真っ先に再審を要求し、慎重な捜査と厳密な審理を望むはずだ。ところが容疑者を憎み、冤罪の可能性を否認するのが普通である。ここにあるのは合理的判断でない。心理現象だ。

悪の元凶を抹殺し、反逆の物語に終止符を打つ。こうして過去が修復され、秩序が再構成される。未来に向かって悪のシンボルを消し去り、次に起こりうる禍から目を背ける。カジノでサイコロに息を吹きかける。神社で賽銭を投げ、破魔矢を買う。仏壇の前で呪文を唱える。死刑は、それと同じ制御幻想だ。

シンボルの力に今更ながら驚く。踏み絵を強要され、キリストの姿を踏みにじるぐらいなら死を選ぶ。試合の前にスポーツ選手が十字を切る。ベツレヘムの聖地に巡礼し、メッカの方角に祈りを捧げる。空海ゆかりの八十八ヶ所を訪ねて巡拝する。国旗を掲げ、国歌を斉唱する。あるいは国旗を燃やして抗議する。墓・仏壇・神棚などの社会装置、冠婚葬祭の儀式、割礼と女性器切除の風習、七五三・元服・洗礼・入学式・卒業式・入社式などの通過儀礼、豚・牛・犬・猫・蛇を始めとする食物禁忌。有名人にサインをねだり、一緒に写真を撮る。御札を神社で求め、お守りを身につける。挨拶に握手し、頭を垂れる。

西洋では親指を立てて称賛を示す。だが、拳を握って中指を上に伸ばせば殴られるかもしれない。指の違いでこれほど反応が変わる。

遺骨を保管する、とくに喉仏を重宝する。親の形見を大切に守ったり、愛する人の写真に語りかける。そもそも遺体がシンボルだ。肉親の臨終直後、遺体の頭を医師が蹴飛ばす場面を想像しよう。遺族は怒り、悲しむ。何故だろう。まだ生きている病人を殴れば痛がる。対して死体はもう何も感じない。それなのに生きている人間を殴る以上に死体の冒瀆に我々は憤る。墓や位牌はただの石と木片だ。それでも粗末に扱うと遺族が心を痛める。墓を壊すと日本では礼拝所不敬罪に問われ、六ヵ月以下の懲役もしくは禁錮または一〇万円以下の罰金に処される(刑法第一八八条一項)。フランスでも懲役一年以下および一万五〇〇〇ユーロの罰金である(刑法二二五条一七項)。

女の下着に男が興味を持つのは何故か。その下に性器が隠れているからだ。下着は性器のシンボルだからだ。では性器になぜ関心を持つか。モノを何時間見つめても、その理由はわからない。性器の内部を覗いても性欲の原因は見つからない。こうして性欲の源が雲散霧消する。性の魔力はそのようなモノからでなく、性器の「所有」というコトが象徴する他者との関係から溢れ出る。そもそも性器がシンボルであり、人間関係の代替物にすぎない。

中学の遠足に持たされたオニギリが一つ余った。「お前、食べるか」と級友にさし出したら少し食べたところで「もう要らない」と道端に捨てた。とても腹が立った。そして悲しかった。なぜだろう。母の思いやりが踏みにじられたと感じたのだろうか。食べ物を粗末にするなと教えられていたからか。自分にも要らないのに。これもシンボルの力だ。

犯罪のシンボルとして何が選ばれるかは時代・文化により異なる。一二世紀から一八世紀まで特にフランスで動物裁判が行われた。人や家畜を殺傷したり、畑や果樹園を荒らした動物が逮捕されて監獄に放り込まれる。領主の代訴人つまり検察官の証拠調べがすむと、被告である動物の起訴請求が行われ、受理されれば動物の弁護人が任命されて裁判が始まる。証人の陳述を聞き、検察官が論告求刑し、弁護人が釈明した後、裁判官が判決を言い渡す。たいてい死刑だ。審理のどの過程でも動物が人間と同様に扱われた。動物裁判は民衆によるリンチでない。裁判および処刑は公的制度であり、費用を国王や領主が負担した（池上 1990）。

すでに死んでいる人間さえも有罪判決を受け、死体が絞首刑・火炙り・斬首に処された。フランス革命をわずか一〇〇年ほど遡る一六七〇年に公布されたフランス王国勅令は宗教異端者や王殺し犯人の死骸の顔を地面で擦りながら市中を引き回すよう規定し、その後に絞首刑を命じた。

死体や動物が裁かれる原因が例えばアニミズム信仰ならば、アニミズムが支配的な時代ほど、この傾向が強いはずだ。ところが動物裁判が頻繁に行われたのは原始社会でなく、近代化を遂げつつあるヨーロッパだった。合理主義哲学の祖と言われるデカルトの没年が一六五〇年。『方法序説』が著されたのが一六三七年、『省察』は一六四一年だ。死体の処刑を規定する勅令が出されたのはデカルトの死後である。ルイ一四世（在位一六四三―一七一五）時代の法学者が死体を処刑したのは懲罰の苦しみを死体が感じると信じたからでない（Fauconnet, 1920/1928）。

処罰されるのは犯罪の代替物であり、怒りをぶつけて復讐するためのシンボルだ。犯罪行為者が責任者として選定され罰を受ける場合は確かに多い。だが、それは行為者が事件の原因だからではない。単に最も目立つからだ。

犯罪場面が心に浮かぶ。この劇場で主役を演ずる登場人物つまり行為者［auteur］がいる。しかし実は役者［acteur］という言葉の方が適切だろう。［……］罰を受ける対象［patient］として行為者が最も頻繁に選ばれるのは、行為者のイメージが犯罪と特に密接に結びつくからだ。犯罪により生じた動揺が最初に波及し、強く結合するのが行為者のイメージだからだ。犯罪事件から生じる不安を前に行為者のイメージだけが喚起されるからだ。（Fauconnet, 1920/1928、強調フォーコネ）

処罰される責任者は常にスケープゴートだ。この言葉は普通、真犯人の代わりに無実の人が犠牲になる場合に使う。だが、フォーコネ説においてスケープゴートは犯罪自体の代替物であり、犯罪行為者の代替物ではない。けじめをつけるためのシンボルだ。ゆえにスケープゴートとして選ばれたシンボルがまさしく真犯人であり、責任者にほかならない。

誤解なきよう念を押しておこう。このように処罰せよとフォーコネが言うのではない。規範論ではなく、社会学の記述だ。過去から現在そして未来までずっと原理は変わらない、人間社会はこう機能するという意味である。責任現象の客観的分析として誤りだとフォーコネ説に反論することは可能だ。だが、正義に悖ると非難するのは的外れである。

対象とそのシンボルは言語の意味（シニフィエ）と表現（シニフィアン）の関係に似ている。ワンと吠える愛玩動物は前者であり、犬という記号が後者だ。同じ対象を日本語で犬と呼び、英語でdog、フランス語でchienと表すように記号と内容の結びつきは恣意的だ。シンボルも同様に当該文化にとっては必然だが、その思考枠を離れれば、意味さえ理解できない。イギリスの文化人類学者エドマンド・リーチが述べる。

カチン族の女性が結婚前に短髪の頭を隠さないのに、結婚すると途端にターバンをこれ見よがしに巻く理由は分からない。自らの身分に変化が生じたことを公に示すためにイギリスの女性が特定の指に指輪をはめる理由も分からない。だが、私が知りたいのは次のことだけだ。カチン族の女性がターバンを巻く現象には何らかの象徴的意味があること、ターバンの存在が女性の身分に関する何かを我々に伝えるということである。(Leach, 1954)

シンボルをどんなに凝視しても、それが重要な理由はわからない。キリスト像・お守り・国旗・貨幣・神殿・仏壇・神棚・位牌・墓・遺体・性器、どれもそうだ。社会関係がシンボルを生み出し、意味づける。踏み絵を拒否して殺される隠れキリシタンは無神論者にとって愚かな意地にすぎない。他文化からみれば宗教儀式は奇妙な仮装の無意味な踊りだ。割礼や女性器切除も、そのような風習を知らない者にとっては野蛮な俗信だ。蛇・犬・サソリ・カタツムリ・昆虫などを食物から除外する戒めを馬鹿げた迷信だと嗤う地方もある。服喪や墓を知らない社会はないが、それでも不合理な因襲だと斥ける人はいる。死体は単なる生ゴミだとする思想があってもおかしくない。仏教思想の根本に戻れば、死体への執着は断念すべき妄想だ。女は骨・筋肉・内臓・脂肪・皮の塊であり、糞袋にすぎない。こう説いて性欲を断つ宗派もある。

だが禁忌やシンボルが機能する文化内においては合理性も必然性も疑われない。普遍と相対主義の関係もこれに似ている。ある時代・社会の論理内部では普遍的と感じられる価値も他の社会や異なる時代から見れば、恣意性が露呈する。責任者の選定も同じだ。当事者にとって他に犯人はいない。「犯罪の代わりになりうるシンボルを社会は誠実に［de bonne foi］生み出す」とフォーコネが明示するように（強調小坂井）、責任が問われる時、逮捕された者が身代わりであり、無実の人だという認識はない。身代わりだと判明すれば、他のシンボルを社会は再び求め、これが真の責任者だと信じられる者が罰せられる。秩序はその恣意性が隠蔽されるおかげで成立する。だが、その社会・時代の思考枠から一歩外に出れば、確信が揺らぐ。なぜ、常識が崩れにくいのか。モスコヴィッシが説明する。

論理的手続きの進行方向とちょうど反対に、まず既存の価値観に沿った結論が最初に決定される。そしてどのような結論が選び取られたかに応じて、検討にふされるべき情報領域が無意識に限定・選択される。まず客観的な推論がなされその結果として論理的帰結が導き出されるのでなく、その逆に、先取りされバイアスのかかった結論を正当化するために推論が後から起こってくる。（Moscovici, 1976a）

宗教・イデオロギー・常識・迷信は科学に劣る誤った知識ではない。科学同様、固有の社会機能を持ち、異なる形式によって生み出され、独自のメカニズムを通して維持される生産物だ。子どもや「未開人」は大人や「文明人」と異なる思考を紡ぐ。それは前者の認知・判断能力が後者に比べて劣るからではない。彼らは異なった世界に生き、異なる経験を積み、異質な記憶を沈殿させるために違った思考や行動を示すのである。

理解とは空箱に新しいものを投入するようなことではない。箱はすでに溢れんばかりに詰まっている。様々な要素群が整理され、ぎっしりとひしめく箱の中にさらに新しい要素を追加する。そのままでは余分の空間がないから既存の要素を並べ替えたり、一部の知識を捨てなければ新要素が箱に入らない。世界にはいつも意味が充満している。社会が歴史的に作り上げる認識枠を通さずに人間の思考はありえない。第4章で挙げたメアリー・ダグラスの主張を思い出そう。集団の価値観を離れて合理性は判断できない。集団性こそが根拠の源泉であり、真理の定義である（Moscovici, 1992）。

†処罰と格差の論理構造

応報正義と分配正義は同じ虚構構造に支えられている。犯罪行為が生じた時、当該行為をなした個人を特定し処罰する。これが近代社会における処罰の理解だ。だが、自由意志なる内因は存在しない。自由意志による行為だから責任を負うという論は成り立たない。意志は心理状態でなく、処罰を正当化するための虚構である。格差も似た構造をしている。各人の能力には違いがあり、それが収入や地位の差を生む限り、格差は正当だと認める。これがメリトクラシーの原理であり、法の下の平等の構図だ。だが、これは循環論にすぎない。能力は格差を正当化するために援用される架空の概念だ。

誰にも同じことができるわけではない。だが、能力を計測する物差しは存在しない。受験に合格し、スポーツの試合に勝ったり芸術で成功しても、あるいは起業がうまくいって大金を手にしても、それが能力によるのか、偶然や運、人脈の助けの結果なのかを判別する術はない。遺伝・環境・偶然という外因が重なり合って生まれる差異、つまりくじ引きの結果による格差を正当化するために能力という「内因」を持ち出すのである。意志も能力も、神という外部の根拠を失った近代が個人内部に捏造する虚像だ。

ほとんどの政治哲学者や倫理学者は処罰と格差の分析および正当化を自由概念に依拠し、当人に制御できない所与の差異が原因で扱いに違いが生じてはいけないと考える。お前は生まれつき邪悪な不良品だから処刑する、黒人は肉体労働に従事せよ、女にできる仕事は事務だけだとは言わない。前近代の処罰や格差の論理はこれだった。どのように悪意が形成されたかは問題でなく、神の摂理に反する事実そのものを犯罪と認定して処理すればよかった。身分制度も運命あるいは神の定めとして理解されてきた。ところが超越的根拠を失った近代は処罰と格差の根拠を個人の内因に帰属しなければならない。ゆえに所与ではなく、行為だけを罰する。生まれでなく、各自の能力に応じた格差だけを認めるメリトクラシーが称揚される。

序章で区別した正義論に戻ろう。ノージックは主体と能力の外因説を拒否し、存在＝行為と理解するから格差も処罰も正当と認める。ドゥオーキンは主体と所与を区別し、前者を原因とする処罰と格差は正しいが後者による懲罰や貧富差は認めないと常識的見解を採る。ところがロールズの正義論では処罰と格差への対応が異なる。能力は遺伝・環境・偶然が育むのだから、そこから生産物への権利は発生しないと主張する。ならば犯罪行為も同様に外因群の相互作用の結果だと認めなければならない。したがって処罰は正当化できないはずだ。ところが犯罪を起こした犯人を罰するべきだとロールズは常識を踏襲する（Rawls, 1971）。つまり富の分配においては能力の外因説を説きながら、処罰に関しては意志が外因の産物である事実を受け入れない。これでは整合性に欠ける。サンデルはこう批判した（Sandel, 1982）。ロールズ理論の矛盾をどう解釈するか。

カントの純粋主体から出発したロールズは「負荷なき自己（unencumbered Self）」あるいは「脱身体化された自己（disembodied Self）」を想定し、外因が生み出す属性を剝ぎ取っても自由意志が残ると信じる（Sandel, 1982）。才能の外因説を採りながらロールズは主体を手放さない。外因の相互作用に還元できない自由意志をこうして密輸入すれば、近代の処罰原理の枠内に留まれる。他方、抽象的存在である主体と違い、能力は脳を含む身体に張り付く具体的属性だ。ゆえに能力から生ずる格差はロールズに受け入れられない。そこからサンデルが批判するロールズの矛盾が出てくる。

ロールズの立場は我々の素朴な感覚にも近い。能力がどう決まるかと尋ねられれば、天賦、幸運の賜物、遺伝の結果、教育の成果などという答えが返ってくるだろう。つまり外因の産物と認めるに吝《やぶさ》かでない。能力が身体あるいは脳という道具の性質だと理解されるからだ。ところが意志や主体は魂のごとく自分の存在そのものと感じられるため、外因由来の事実が受け入れられない。この錯覚は社会心理学において「根本的帰属誤謬（fundamental attribution error）」と呼ばれ、性別・年齢・文化にかかわらず広範に観察される（Ross, 1977）。

ところで、この錯覚は「根本的」という形容からうかがえるようなヒトの脳の癖でない事実が後に判明した。例えばアジア人やアフリカ人に比べて西洋人により強い（Markus & Kitayama, 1991）。学歴が高く、社会階層を上昇するほど強い。子どもよりも大人の方がこの錯覚に囚われやすい。社会化の過程で学習されるバイアスであり、近代個人主義の産物だからだ（Beauvois, 1984; Dubois, 1987）。

中世の魔女裁判のような凄まじい暴力を社会は今も行使し続ける。だが、根拠の内部化のおかげで真相が人間の目から隠される。自由意志の虚構が処罰を正当化し、能力の虚構が格差の自己責任をでっち上げる。

以上、第4章から第7章まで近代の思考形式を分析した。神を喪失した近代は自由・普遍・権利という張り子の大伽藍を築き、社会契約論や正義論という空言を編み出した。個人と社会の間に陣取る矛盾は絶対に解消できない。主体にしがみつく政治哲学や法学の様々な試みはどれも、神の臨終によって瓦解する砂上の楼閣を押し留めるための虚しい抵抗だ。正義論の正体は神学であり、自由と平等は近代の十戒である。近代は神という外部を消し去った後、根拠の内部化を目論む。その結果、自己責任を問う強迫観念が登場する。

ここまでの議論をまとめておこう。①能力は遺伝・環境・偶然という外因が作る。したがって能力に自己責任はなく、格差は正当化されない。メリトクラシーや法の下の平等は階級支配を隠蔽するためのイデオロギーであり、遺伝・環境論争は科学を装う階級闘争の表現である。

②格差はなくならないし、減っても人間を幸せにしない。格差の問題はその大小になく、本質は差異を生む運動である。人間が互いに比較する存在である以上、差異はなくせないし、そこから苦しみや嫉妬が永遠に続く。

さて、最後の章はこの悲観的結末から人間をどう救い出すのか。偽の問いに逃げ、偽の答えを求める道から引き返し、本当の問いに立ち返ろう。

終章

偶然が運ぶ希望

どこにも内因はない。すべてが外因により生成され、主体は存在しない。こう主張してきた。ならば、世界は最初から決定づけられているのか。何をしても社会は変わらないのか。我々の人生は運命を辿るだけなのか。ここに勘違いがある。システムは自己完結しない。予期しない未来を偶然が可能にする。歴史とは何なのか。真理とは何を意味するのか。

正義論は偶然による不幸を中和し補償する制度を模索する。これが六つ目の思い違いだ。偶然の価値と力を知らない。偶然は欠陥でもなければ、邪魔者でもない。偶然の積極的意義を掘り起こし、開かれた未来を見つけ出そう。

†偶然の突破口

人間が気づかないだけで実は過去がすべてを決定している、偶然は存在しない。フランスの物理学者ピエール＝シモン・ド・ラプラスは今から二〇〇年前、『確率の哲学的試論』にこう書いた。

ゆえに宇宙の現在は過去の結果だと理解し、次の状態の原因だと考えなければならない。ある瞬間における自然界の全物質の力と状態を把握でき、かつそれらのデータを解析できる知性が存在すれば、宇宙の最も大きな物体や最も軽い原子の運動を一つの式に表現できる。つまりこの知性にとって不確実がなくなり、未来も過去もその眼に現在として映るだろう。

(Laplace, 1814)

「神はサイコロを振らない」という有名なセリフを残し、量子力学の非決定論を拒んだアインシュタインも同じ立場かも知れない。晩年(一九四九年)、ニールス・ボーアに宛てた書簡の言葉だ。

君はサイコロ遊びをする神を信じている。だが、ぼくはなにか客観的に存在している世界の法則の完全な規則性を信じています。[……]量子力学の偉大な初期の成功も、私を改宗させ、根源的なサイコロ遊びを信じるようにし向けることはできません。(ボーア 1969、小山 1997より引用)

未知数として時間tが運動方程式に含まれる。だが、これは空間座標の変数と変わらない。tに数値が代入されるやいなや世界の状態が完全に決定される。未来は誰にもわからないという意味での時間とは違う。ラプラスが言う通り、未来と過去が現在に還元される。

ある数学定理が証明される瞬間は歴史上の一時点だ。ピタゴラスの定理は紀元前五世紀に発見された。だが、論理的な意味で定理は最初から公理に含まれる。そうでなければ演繹できない。演繹とは必然的に至る道筋の明示だ。数学と同じ論理構造に歴史が従うならば、世界は原初から決定されている。

しかし我々の了解する歴史は違う。法則を破る出来事、因果律に楔を打ち込んで方向を変える契機の積み重ねが歴史であり、真の変化だ。歴史が初期条件の自動展開でなく、断絶が生まれるのはどうしてか。ここで人間の自由が持ち出される。だが、すでに検討したようにこの常識的解決は採れない。出来事にはそれを起こす原因となる他の出来事が必ずある。そして、その原因たる出来事も他の原因によって生じる。したがって因果関係の連鎖が無限に続く。カント『実践理性批判』の有名な章句を引こう。「自然による因果律」の説明だ。

［……］私が行為する瞬間において私は決して自由でない。［……］私に自由にならないもの

によって、いかなる瞬間にも私の行為が必然的に規定されるからだ。すでに予定された秩序にしたがって次々と無限に続く出来事群の流れを私は追うだけであり、私自身がみずから出来事を開始することはできない。無限に続く出来事群の流れは自然界における連鎖だから、私の原因は絶対に自由でない。(Kant, 1788、強調カント)

ところが一九世紀フランスの哲学者アントワーヌ・オーギュスタン・クールノーは決定論に則りながらも偶然を積極的に定立した。独立する二つの力学系を考えよう。各系が内部の因果律によって完全に決定されても、二つの系が出会う場面では偶然が生ずる。雨の日、屋根から瓦が落ちてきて、散歩する人の頭を直撃する。その時その場所の瓦落下は因果律に完全に絡め取られる事象だ。他方、散歩する人がその時その場所を通ったのも決定論的出来事だ。だが、屋根の傷み具合と通行人の散歩は無関係である。瓦の落下と通行人の位置は独立の事象をなすから、瓦落下による怪我は偶然の事故だ。原因が未知であるゆえに偶然と錯覚されるのでない。偶然は実在する(Cournot, 1875)。

今日の世界は昨日の世界から派生した、そして昨日の世界は一昨日の世界から起きた。これでは今日の状況が初期条件によってすでに決定されていた、人類の未来が最初からすべて決まっていたことになる。だが、偶然が世界を変える。ほんの小さな揺らぎが未来を大きく左右する。

†嘘から出た実《まこと》

根も葉もない噂が銀行を破綻に追い込む例が米国社会学者ロバート・マートンの『社会理論と社会構造』に出てくる。銀行の支払いが不能に陥るという噂を信じた預金者たちが、支払い停止になる前に預金を引き出そうと窓口に殺到する。経営状態が実際は良好だったのに、誤った情報を信じた人々の行動が倒産の現実を作り出す（Merton, 1957）。この循環プロセスをマートンは「予言の自己成就」と呼んだ。

偏見や信念が現実を創出する循環現象は多い。女に仕事はできないと考える経営者は女性を管理職にしないし、このような考えが広まる社会では女性管理職が増えない。幾重もの障害を乗り越える努力を女性が諦め、結婚という他の就職口に救いを求める。こうして女性のプロ意識や野心も衰える。ひるがえって、管理職に女性が少ない事実を見て、やはり女に仕事は無理だと経営者が納得する。就職や結婚に際して差別された外国人が苛立ち、暴力を振るう。だから奴らは雇えないと人事部長が嘯き、国際結婚を認めなくてよかったと親が胸を撫で下ろす。最初に差別した者は先入観の正しさを確認し、それがまた差別を呼ぶ循環ができあがる。

マートンは個人の主観的認識と集団現象の循環に注目したが、個人次元の同じメカニズムが

「ピグマリオン効果」と呼ばれ、社会心理学で研究されている(総括はSnyder, 1984)。嫌だと思う人に対して我々は無意識に否定的態度をとる。すると相手が敏感に反応し、気分を害する行動に出る。そして、やはり彼奴は嫌いだと確認し、初めにとった自分の態度を正当化する。逆に相手に好意を持てば、それに反応して相手も礼儀正しい言葉を返す。そして最初に思っていた通り優しい、いい人だと確信する。

生徒の潜在能力に教師が先入観を持つ時、生徒に同じく接しているつもりでも無意識に違う対応をする。その結果、学力差が現れる(Rosenthal & Jacobson, 1968)。授業で褒められた子は先生が好きになり、科目に好奇心を示す。面白いから勉強がはかどる。成績が上がり得意科目になる。先生や他の生徒から認められて自信がつき、さらに勉強が進む。スポーツや芸術の世界も同様だ。

医療現場でも患者と医者の間に同じメカニズムが働く。プラシーボ効果は虚構が実際の力を発揮する例だ。薬用成分が含まれていなくても薬だと信じると効果がある。例えば手術後にモルヒネを使用すると七二%の患者に効いたのに対し、鎮痛剤だと偽って、ただの生理的食塩水を注射した場合でも四〇%の患者に鎮痛効果がみられた。モルヒネの方がよく効くのは当然だが、その大半がプラシーボ効果のおかげである。胃潰瘍の患者にプラシーボを与え、「この薬は新しく開発されたばかりで非常に効果が高い」と医師が説明する場合には七割の患者に向上が認められた一方で、看護師が事務的に出す場合には患者の三割以下にしか有効でなかった。投与の仕方によっても効果は異なる。プラシーボは錠剤・座薬・筋肉注射・静脈注射・点滴など様々な形で処方できるが、ほぼこの順で効果が高まる。特に点滴だと「薬」が注入される間ずっと患者が意識するのでよく効く（Lemoine, 1996）。鎮痛作用などの感覚にとどまらず、胃酸や血液中の白血球・コレステロール・グルコース・コルチコイドの量などの生理的変化も起こす（Dantzer, 1989）。だからこそ新薬認可に際しては二重盲検試験を実施してプラシーボ以上の効果を証明する必要がある。

　ホメオパシー（同毒療法）もプラシーボ効果だ。有毒物質を健康者に投与すると病気の症状が現れる。ところが病人が摂取する場合は逆に症状が押さえられ、健康状態が改善される（第一法則）。そして普通の薬と反対にホメオパシーは希釈すればするほど効くとされる（第二法則）。薬用成分を一般に一〇〇の三〇乗（10^{60}）、つまり1/1000000000000000000000000000000000000000000000000000000000000以上に水で薄めた液を砂糖玉に吸収させたレメディと呼ばれるものを使用する。アボガドロ定数（6.02×10^{23}）をはるかに超える希釈度であり、薬用成分はまったく残らない。巨大なプールを想像しよう。一辺の長さが太陽から地球までの距離の二〇〇万倍ある立方体だ。一〇〇の三〇乗に薄めた溶液（「溶質の含まれない溶液（solute-free solution）」であり、表現からして矛盾する。Maddox, Randi & Stewart, 1988）は、このプールに薬用物質一ccを溶かした場合に相当する。もちろん一度には希釈できない。ホメオパシーは希釈液から少量だけ採って、それをまた希釈する手続きを繰り返すからこれほどに薄められるのである。つまり、その正体はプラシーボ効果だ（詳しい分析は小坂井2013、2018）。

軽度の病気にならホメオパシーは十分効く。ただ、それは心理メカニズムによるのであり、ホメオパシーでもお守りでも観音様の水でも新興宗教の祈禱でも、あるいは幸運の壺や印鑑でも同じである。気功・鍼灸・アロマテラピー・オステオパシー・カイロプラクティックなどもプラシーボ効果だ（Singh & Ernst, 2008/2009）。以前には紅茶キノコとか尿療法という民間療法やマイナスイオン・ゲルマニウム・トルマリンなどの俗信も流行した。どれも偽科学であり、健康になったとすれば、プラシーボ効果である。効き目がないと言うのではない。だが、それは心理効果による。

フランスで処方される薬品の三五％から四〇％がプラシーボの代用品として使われている（Lemoine, 1996）。本物の薬をプラシーボとして利用すると副作用がある。だから、薬用成分が含まれず、危険のないプラシーボの方が好ましい。だが、プラシーボを薬と偽って薬局で売ると詐欺になるので利用できない。ただし病院内ではプラシーボを利用できる。患者が睡眠薬を希望する。夜間に看護師しかいない場合など、誤った処置を避けるため、その場では睡眠薬だと偽ってプラシーボを与えておき、翌日、報告を受けた医師が適切な対応をする方が安全である。

臨床心理学や精神分析も実はプラシーボでないか。フロイト、ジャック・ラカン、カール・ユングが壮大な物語を作り上げたが、それらは物的証拠に支えられた科学的証明ではない。ロールシャッハ投影法などに頼る学派も同様だ（Wood *et al.* 2003）。精神と身体の関係が不明な以上、心理療法によって心身症が治る理由はわからない。心身症は確かに存在するし、臨床心理学や精神分析は有効だ。その事実は疑えない。だが、治癒の原因が何かは別の問題だ。心理カウンセリングをプラシーボでないかと疑うのは貶めるためでない。そもそもプラシーボ効果が謎なのである。

第7章で意志の虚構性を説いた。以上の議論はそれと矛盾しない。すでに書いたように学習機能に主体も意志も必要ない。イヌやネコと同様に人間も外界に反応し、学習しながら適応する。精神は脳の活動であり、認知システムの産物だ。人工知能と原理は変わらない。

予言の自己成就・ピグマリオン効果・プラシーボ効果はハウツー本が説くような意識的努力では生じない。心理カウンセリングが有効なのは当人が気づかないメタレベルで何かが変わるからだ。擬制と虚構の違いと同様、変化のプロセスが意識されては変化できない。影響されていないと錯覚するから影響が起きる。虚構性が隠されるおかげで虚構が効果を現す。どうせすべてが虚構なら、良い虚構を作るべきだという識者がいるが、それは勘違いだ。虚構性が意識された瞬間に虚構は失効する。

人間だけでなく社会も情報蓄積を通して学習し変容する。社会を擬人化するのではない。人々の相互作用から規範が生まれ、それに各人が縛られる。政治家の発言も左右される。社会はいったん動き出すと人間の意識を離れて自律運動する。社会内部の対立や揺らぎが正のフィードバックを受け増幅し、循環メカニズムが生み出される。こうして無根拠から社会秩序が誕生し、時が経てば変遷してゆく(Hayek, 1979)。

†偶然と必然の密約

くじ引きで代議士を選ぶ方法に第4章で触れた。古代アテネ時代からフィレンツェ共和国・ヴェネツィア共和国を経てモンテスキュー・ルソー・ロベスピエールなどが支持した。最近くじ引き政治が再び見直されている。だが、それは成功するだろうか。偶然はその姿が露わになると機能しない。偶然である事実が人間の意識から隠され、あたかも必然のごとく錯覚される必要がある。偶然は責任を負えないからだ。神がいた時代にはくじ引きの結果が神託として受け入れられた。御神籤《おみくじ》という文字にも神が入っている。単なる偶然の結果でなく、神や天の啓示だと信じられた。だが、そのような霊力はもはや失われた。

ウィリアム・スタイロンの小説『ソフィーの選択』に劇的な場面が出てくる。アウシュヴィッツ強制収容所前で二人の子と毒ガス室への「選別」を待つソフィーにナチの軍医が残酷な提案をする。「子どもを一人だけ助けてやる。どちらかを選べ」。この惨い選択を彼女はすぐさま拒否する。だが、「もういい。二人とも向こうに送れ」と部下に告げる軍医の声を聞いて「娘を連れて行きなさい」と発作的に叫んでしまう。こうして息子の命だけが救われる(Styron, 1979)。

ソフィーはどうすべきだったのか。彼女には二つの可能性しかない。一つはどちらかの子を犠牲にして、残る子の命を救う道。もう一つは選択自体を拒んで子どもが二人ともガス室で殺される道だ。ソフィーは選択し、一人を救った。しかし、それにより凄まじい良心の呵責に苦しむ。娘の死の責任を背負うからだ。乱数表やサイコロを持ち出して息子と娘のどちらを犠牲にするか決定しても罪悪感は消えない(Dupuy, 2002b)。選択は神の導きだった、運命の定めだった。こう錯覚すれば責任が外部に転移され、心が軽くなる。神や運命を恨めば、罪の意識の矛先が自分から逸れる。

我が子が癌に罹り、逝く。偶然ならば別の結果もありえたはずだ。なのに何故死んだのか。答えが出ないまま苦悶が続く。出来事を制御できないのは偶然でも運命でも同じだ。しかし偶然と違って運命は決定論であり、他の結末はありえなかった。運命として諦める。責任を引き受ける外部は神や天のように主体として現れなければ機能しない。隠された大きな意志が関与すると感じる時、人は諦め、救われる。

偶然が必然の反意語だという常識は誤りだ(中島2009が詳しく論じている)。こんな例を想像しよう。宝くじ売り場の前を通りがかり、何気なく一枚買ったら当たって一億円を手にする。思いがけない偶然に驚く。次の場合はどうか。事業に失敗し、あとは夜逃げか自殺しかないと途方に暮れる人がいる。宝くじ売り場の前を横切った時、ビルの広告をふと見上げたら「人生は賭だ」という映画のセリフが目に飛び込んできた。藁をも摑む気持ちで一枚買ってみる。それが一億円の当たりくじだった。この場合、偶然よりも運命を読み取る人の方が多いだろう。

世界が根拠なく偶然に生成されても人間は必然と真理を見いだす。思考実験しよう。黒玉と白玉が一つずつ箱に入っている。中を見ないで玉を一つ取り出した後、同じ色の玉を一つ加えて箱に戻す。黒玉を引いたなら箱の中は黒玉二つと白玉一つになる。この作業を繰り返す。最初は玉が二つしかないから黒玉を一つ加えると割合が半分から三分の二へと大きく変化する。ところが一〇〇〇個入った箱に玉を一つ追加しても状況はほとんど変わらない。ハンガリー出身の数学者ジョージ・ポリアが考えた「ポリアの壺」と呼ばれる問題だ。試行が進むにつれ、付け加えられる新情報の相対的重みが次第に小さくなる。単純化されているが人間や社会に蓄積される記憶や解釈のモデルだ。

作業を何度も繰り返すうちに、ある一定の値に黒玉の割合が収束する。その数値を書き留めてから再び初期状態に戻して試行を繰り返し、新たな収束値を記録する。こうして試行を無限回繰り返せば、当然ながら黒玉と白玉の割合の平均値は二分の一になる。ところが各回の収束値は〇から一の間で無作為に揺れる（Varela, 1979）。実験の場面を想像しよう。玉の割合が一定の値に少しずつ収束してゆく。まるで世界秩序が最初から定まっており、真理に向かって箱の世界が進展するかに見える。だが、白玉と黒玉一個ずつの状態に戻して実験をやり直すと今度は先ほどと違う値に落ち着く。定点に収束してシステムが安定するのは今回も同じだ。しかし箱の世界が向かう真理は異なる。

我々の世界に現れる真理は一つでも、歴史を初期状態に戻して再び展開すれば異なる真理が出現する。歴史はやり直しが利かない。そのおかげで我々は真理を手に入れる。真理・偶然・必然・恣意・普遍・運命・一回性・超越・意味・進歩、実は同じことだ。

言語・市場・宗教・道徳などの社会制度が成立した歴史は検証可能かも知れない。だが、そこに法則は見つからない。無根拠から出発しながら偶然を介してシステムが成立し、根拠が後追いの形で仮現する。ある定点に人々が引きつけられるように見える。ところが実際には定点が初めからあるのではない。人間が影響しあいながら生み出すにもかかわらず、真理がもともと存在していたかのような錯覚が定点生成後に起きる。真理だから納得するのではない。善き行為だから尊び、美しいから愛でるのではない。逆だ。人間の相互作用が真善美の出現を演出する。

時間が経ち、システムがある状態に至る。現在から過去に時間を遡れば、システムが変遷した道筋が同定される。したがって最初から現在の状態が決定されていたかのように見える。だが、その道筋を法則に還元できなければ、到着点に至る道筋の情報量を縮小できない。数字の羅列を考えよう。繰り返しがあれば、kずつ加算する、加速度aをかけるなどの規則で表現できる。ところがランダムな数列は繰り返しを含まない。したがって数列を示すためには全体をそのまま書き出すしかない。未来に生じる事象を知る一番速い方法は実際にシステムがその時点に至るまで待つことに他ならない。

ダーウィン進化論も偶然を内包するアプローチであり、未来予測不可能な開放系をなす。進化と聞くと、種が変遷する法則が存在する気がするが、それは誤解だ。生物が進化する方向は偶然決まる。


ダーウィンはすべての生物に当てはまる発展法則といったものを排除した。［……］ある形質が適応的か否かは、形質の側からは決まらず、状況依存的である他はない。同じ形質がある状況では有利になり、別の状況では不利になる。有利・不利を決める決定論的な法則は存在しない。自然選択説の要諦はここにある。［……］生物が徐々に高等になったのは、生

> 物に秩序を増大させる何らかの法則が内在しているからではなく、自然選択の結果たまたまそうなったにすぎないのである。（池田 2002）

歴史には目的もなければ根拠も存在しない。この点を明らかにしたのがダーウィン進化論最大の功績だ。竹内啓『偶然とは何か――その積極的意味』からも引いておこう。

> ダーウィンの進化論は、キリスト教神学と決別するものであったのみならず、それまでのニュートン力学的宇宙観にも亀裂を生じさせるものであったことに留意しなければならない。すなわちそれは、ニュートンの不変の宇宙とは違い、宇宙の中に新しいものが生まれる、本質的な変化が生じることを主張したからである。
>
> ダーウィンは、生物の進化は突然変異と自然選択によって起こるということを、膨大な事例を集めて立証した。そこで主張されていることは、突然変異という偶然が、自然選択というふるいにかけられながら累積していくことによって、新しい種を生み出すという創造がなされるということである。そこでは、偶然は無知に基づく予測不可能性でも、あるいは、必然性からの単なる逸脱でもない、積極的な役割を果たしている。これは、ニュートン物理学の機械的な宇宙観にはまったくない考えである。

この考えはきわめて革命的であって、進化論を事実としては受け入れた人々にもなかなか理解されなかったところであった。ダーウィンは生物が進化し、古い主から新しい種が生まれることを「必然的」と考えたが、それはニュートン力学の想定する「必然性」とは本質的に異なる。ある時点で、これからどのような方向に進化が起こるか、それによってどのような新しい種が生まれるかを予測することは不可能なのである。（竹内2010、強調小坂井。改行を減らした）

歴史が実際に展開されるまで、どのような世界が現れるか誰にもわからない。それでも「真理」が発露する。

価値の生成メカニズム

正しさはどのように定まるのか。価値の成立プロセスは法律と違う。価値は人間が意図して決めたり、理屈を通して定着するのでない。神や自然あるいは運命などが生み出すのでもない。あくまでも人間が作る。それなのに何故、自然に生まれる、最初からある、あるいは神がもたらしたと錯覚するのか。

こんな場面を想像しよう。火事だという叫びでパニックが起き、誰もが逃げ道を探す。実はデマだったと知ってもパニックは容易に収まらない。逃げる必要がないと思っても周りの人々が逃げ続けるから、私も逃げなければ踏みつぶされてしまう。しかし私が逃げれば隣人も逃げる。誤報だったと全員が知ってもパニックは終わらない。危険がないと隣人も私もわかった。だが、その事実を相手が知っているかどうか不明だ。だから逃げる方が無難だ。こうして、逃げる必要がないと思いながらも仕方なしに皆逃げ続ける。道徳・宗教・価値・言語・経済・噂・流行・戦争などの集団現象はこうして生成される。各人の行為の集積にすぎないにもかかわらず、集団現象は当事者から遊離する。自律運動する集団が人間を操る逆転現象がこうして生まれる（Dupuy, 1991）。

オーストリア出身の科学哲学者ハインツ・フォン゠フェルスターが示した集団自律性の考察を挙げよう（Dupuy, 2002a）。人々は緩やかな関係で結ばれている場合もあれば、堅固な関係に縛られ自由が利かない場合もある。相互関係が緊密であればあるほど、集団現象が自分たちにも制御できない状況として集団内の当事者に感じられる。世間のしきたりや集団の掟が強固であればあるほど各人の選択余地が少ない。

集団を外から観察する者の視点を今度は考えよう。人々が堅固に結ばれているほど、集団現象を予測しやすい。各自の自由度が小さければ、集団全体に関する情報と各自の情報が重複する。したがって集団行動を定式化できるので予想しやすい。逆に集団内の自由度が大きければ、各人の意図がわかっても全体の動きは予想できない。集団内の相互作用が強ければ強いほど、集団が一枚岩の意志で動かされるように集団外の人間の目に映る。

ゆえに人々の相互関係が強い時、集団内の当事者の印象と、集団現象の外からの把握が必然的にずれる。集団内に生ずる感覚も、集団外からの観察も客観的な情報に支えられている。したがって、どちらかだけが正しい認識で他方が錯覚なのでない。内側から見ても外側から見ても集団はこうして当事者の意図を離れて自律運動する。

実際には事実でないのに誰もがそう信じていると勘違いする認知バイアスが社会心理学で研究されている（Gorman, 1986; Ross *et al.*, 1977）。アンデルセン童話「裸の王様」を考えればわかりやすい。人々が相互に縛られ、マスコミや他人の意見に影響されやすい社会においては特に、ある一定方向にバイアスのかかった世論が形成されやすい。実は賛成していなくとも反対意見の明示を控えてしまう。有名人の不倫叩きや麻薬使用者のマスコミリンチもそうだ。各自の本音と異なる世論が出来上がる。日本が米国に戦争を仕掛けた時、反対の声を挙げる可能性は潰された。負けるに決まっていると確信する軍人でさえも反対できなかった。国民一人ひとりの考えが実際にはそれほど変化しないのに集団の決断は左右に大きく振れる。

全体は部分の総和を超える。人間が作った秩序なのに、どの人間に対しても外的な存在になる。誰にも、権力者にさえ自由にならない状態ができるおかげで、社会秩序は誰かが勝手に捏造したものでなく、普遍的価値を体現すると感じる。こうして結晶する外部の最たる例が神だ。商品や宗教など自ら作りだした生産物に人間自身が捕らわれ、操られる。マルクス主義が批判した疎外（Entfremdung）だ。だが、この現象を異常事態としてだけ把握してはならない。ヘーゲル哲学の外化（Entäußerung）は道徳など集団生産物が人間自身から遊離する現象をいう。腐敗と発酵のように人間にとっての意味は反対でも疎外と外化は同一の社会現象だ。各人の主観的価値・行為が相互作用を通して集団的価値へと昇華されるプロセスである（Ricœur, 1990）。

疎外／外化の仕組みに気づかず、人間が主体性を発揮できなくなる状況をマルクスは批判した。対してドイツの社会学者マックス・ヴェーバーは疎外／外化の事実を人間が知ってしまったために、社会秩序の超越的意味が失われ、本来の恣意性がむき出しになる事態を問題視した。つまりマルクスが批判したのは自由の喪失であり、ヴェーバーにとっての問題は意味の崩壊だった（Vandenberghe, 1997）。人間の生産物が遊離・外化し自律運動するプロセスが阻害されれば、価値の無根拠が露わになり、人間は生きられない。人間の相互作用がなければ、いかなる社会も生まれないし変化もしない。歴史の意志や民族の運命などは存在しない。しかし社会秩序は、生産者である人間自身を超越する存在として我々の前に現れる。どの人間にも操作できないからこそ普遍の錯覚をもたらす。

人間の未来は人間自身にも決められない。それは二重の意味で不可能だ。人間は意識的・合理的に思考し行動する存在ではない。逆に行動を合理化し、行動に合致する意識が後に生ずる(Festinger, 1957)。もし人間が意識的・合理的な存在だとしても、人間の相互作用から生成される集団現象は当事者の意図を離れて自律運動する(Hayek, 1979)。何をしても未来は変わらないというのではない。多数派と少数派の対立から世界が変わる。だが、どちらが勝利するかはわからない(Moscovici, 1976b)。

歴史の偶然に左右されながら人間世界が成立し、流転する。秩序に根拠は存在しない。道徳などの社会制度が成立する際、どの形に落ち着くか原理的に不可知だ。ところが人間は合理化=正当化せずにいられない。ゆえに、秩序を支える本当の仕組みが明らかにされぬまま、社会と時代の常識に応じた物語が紡がれる。人間の意識に上らない実際の構造と、制度を説明する虚構がこうして齟齬をきたす。

†信頼の賭け

仲間を殺され、殺した敵に復讐する。復讐した者を今度は敵の仲間が的にかける。報復が新たな標的を生み出す。原因の消去作業が同じ原因を再生産する。入力と同じ値を出力する関数$F(x)=x$だ。いったん開始されれば、それ以降、外部入力が要らない自律循環システムである。

対して贈与では時間が反対方向に流れる。相手を信じて先に切っておく約束手形であり、未来完了形の虚構が循環運動を生み出す。復讐は過去に原因を見いだし、贈与は未来に原因を据える。

二つのシステムはよく似ている。だが、決定的に違う点がある。復讐は、過去の状況が次の状況を必然的に導く安定したプロセスだ。他方、贈与はシステムが展開されるごとに、相手を信頼すべきかどうかと疑問が頭をもたげ、いつ中断するかわからない。賭けを内在する不安定な構造だ。復讐に復讐で返すという過去への自動反応に代えて、前もって相手を信頼し回路を反転する（Anspach, 2002）。未来に向けて投げかける根拠なき賭けだ。だが、それなくして人の絆は築けない。利益を受けたから返礼するという過去から未来へと作用する義理や義務の関係は真の信頼を生み出さない。

臓器移植の驚くべき事例がある（Anspach, 2013）。米国アリゾナ州に住むバーバラとロナルドは幸せな毎日を送っていた。ところがバーバラが腎臓病を患い、移植が必要になる。伴侶ロナルドが腎臓提供を申し出るが、残念ながら組織適合性が低い。移植希望者リストには七万二〇〇〇人もの患者が登録している。順番を待っていては手遅れになる。

そこでアイデアが浮かぶ。臓器の売買は禁止されている。しかし二〇〇七年以降、米国では臓器の物々交換が可能になった。臓器を必要とするAの家族や友人が見知らぬ患者Bに臓器を提供する代わりに、Bの家族や友人がAに臓器を「返す」。ただし契約締結は許されない。あくまでも提供者の自由に任さなければならない。そのため、移植手術を同時に行う必要がある。そうでないと臓器を移植された途端、レシピエントの家族・友人が怖気づき、臓器摘出を躊躇する可能性があるからだ。契約を交わして高額の違約金で縛れない以上、同時に施術しなければ、臓器を取り損なう恐れがある。同時でなければ捕虜交換は成立しない。それと同じ仕組みだ。

参加人数が多ければ多いほど組織適合者を見つける確率が高くなる。腎臓を必要とする患者Aに見知らぬBが健康な臓器を提供する。その代わりにBの妻がCから腎臓をもらう。そして今度はCの弟がDから臓器を受け取る。そして腎臓を受けたAの夫がDの娘に臓器を提供する。こうして贈与の連鎖を作れば、組織不適合の問題に対応しやすい。このアイデアを米国の移植医が考え出し、Alliance for Paired Donation という組織ができた。

ところで連鎖が長くなるほど、約束を反故にする者が出やすくなる。広大なアメリカ全土に散らばる多くの患者の同時手術は難しい。レシピエントの健康状態だけでなく、ドナーの都合もある。妻に臓器が本当に提供される保証がないのに、見知らぬ人の善意を信じて自分の臓器を先渡しできるだろうか。手術当日に尻込みしないか。妻の臓器移植が成功した後で、約束だからと自分の臓器を摘出できるだろうか。怖気づかないか。言い訳を見つけて拒否しても強制されない。それは臓器交換の契約を禁ずる法が守ってくれる。それでも臓器を差し出すだろうか。思いは誰も同じだ。ドナーとレシピエント一一組二二人の連鎖で行われた移植手術は二〇〇七年七月から二〇〇八年三月までの八カ月にわたった。それでも腎臓摘出を辞退した者は一人もいなかった。信頼が機能し、契約や市場の論理に贈与が勝利したのだ（Rees *et al.*, 2009）。

契約に守られ、警察の実力行使を背景に義務が履行される保証があれば信頼は要らない。裏切られる可能性を知りながら、それでも判断を停止して信じる。「不条理ゆえに我信ず（Credo quia absurdum）」。二世紀頃、カルタゴに生まれたキリスト教神学者テルトゥリアヌスが発したとされる言葉だ。データなど正しい証拠が十分あれば、信じる必要はない。推論や検証の結果に従うだけである。合理的に判断する以上、信じるという論理飛躍は生じない。信頼は不合理な現象だ。対岸にうまく到達できるかどうかわからない。それでも大丈夫だと信じて跳ぶ。どこかで思考を停止して信じるから愛が生まれ、信頼の絆が結ばれる。

†偶然が紡ぐ未来

泥沼化したパレスチナ紛争、尖閣諸島や竹島をめぐる係争など、どちらの側が正しいかを判定しても解決しない。相手の悪意や挑発に対する正当防衛だと双方とも信じる。過去の行為が仕返しを自動的に生む復讐のメカニズムだ。過去が未来を生む復讐の循環が、未来から現在に働きかける信頼のプロセスに変わる契機は何だろうか。

問題の原因を除こうとしてもシステム内部の論理で考える限り、状況は悪化するだけだ。寝ようと焦ると、よけい眠れない。眠ろうと意識する事態がそもそも矛盾している。悪循環に歯止めを掛けるためにはシステムの論理に惑わされないでメタレベルから介入する必要がある。

一九世紀半ばに中東から英国に伝えられた寓話がある。アラブの老人が三人の息子に遺言をしたためた。長男には財産の半分を、次男には四分の一を、そして末っ子には六分の一を与える。ところが遺産は一一頭のラクダだ。生きたままでは分配できない。兄弟喧嘩が始まる。村の裁判官に伺いを立てたところ、謎めいた判決が下った。「わしのラクダを一頭やるから遺産に加えよ。アラーの思し召しのおかげでラクダは再び、わしに戻るだろう」。今や一二頭になった財産の半分すなわち六頭を長男が取り、四分の一である三頭を次男が受け、六分の一に相当する二頭を末っ子がもらう。こうして遺産は分配され、平和が戻る。

ラクダが一頭余った。そして予言通り裁判官に返された。結局分配されずに余ったという意味では、このラクダは無用だった。だが、そのおかげで分配が可能になり、兄弟に平穏が戻ったという意味では不可欠な要素だ。外部から来たトリックスターは役目を終えた後、再び外部に帰ってゆく（一人も損も得もしていない。数学的説明は小坂井 2018）。

社会システムを媒介項が稼働させる論理構造はすでに見た。人間世界を超越する神、供犠、魔女裁判、犯罪のスケープゴート、ホッブズのリヴァイアサン、ルソーの一般意志、贈与を可能にするハウ、信頼という約束手形、臓器をモノ化する国家……。人間世界内部で生まれながらも外部にはじき出される媒介項のおかげで社会システムが成立する（Dupuy, 1992a, b）。

ほんの小さな出来事をきっかけに人は異なる道を歩み出す。偶然出会った人や本が人生を変える。偶然に翻弄される受動的印象と異なり、偶然を介して変革プロセスに人間が積極的に参加する。予言の自己成就、ピグマリオン効果を思い出そう。

頭だけで考えても行動の変化には結びつかない。人間は合理的動物でなく、行動した後に合理化する動物だからだ。精神が行動を司るのでなく逆に、行動を説明し正当化するために思考が紡がれる。だから考えが変わっても行動が変化するとは限らない（Festinger, 1957; Beauvois & Joule, 1981）。

ところが一つ例外がある。強烈な感情だ。怒り・悲しみ・喜び・驚き・感動が人間の生き方を劇的に変える（小坂井 2013、James, 1990）。おそらく、これら感情が頭だけに発火する精神状態でなく、一種の身体反応だからにちがいない。悲しいから泣くのか、泣くから悲しいのか。生理的反応が感情を導くのか、逆に感情が生理的反応を起こすのかという議論がダーウィン以来行われてきた（総括は Rimé & Scherer, 1989）。

感情と身体運動が思考枠を崩す例を挙げよう。我が子を失って悲観にくれる若い母の物語だ。

赤ん坊を生き返らせて欲しい。母親は会う人ごとに訴えていた。村人は同情し、ガウタマ・シッダールタという高僧に頼めば奇跡を起こしてくれると勧める。彼女の願いに耳を傾けた釈迦は「それは気の毒だ。助けてあげよう。村へ帰って芥子の種を二、三粒貰ってきなさい」と言う。母親は喜んで走り去ろうとする、その時、釈迦が付け加える。「ただし死者を一度も出したことのない家から種を貰ってこなければならない」。

半狂乱の母親に釈迦の真意は計り知れない。村にとって返した彼女に人々は芥子の種を喜んで差し出す。ところが二つ目の条件に対しては「とんでもない。うちでは父や母だけでなく、娘も亡くしたばかりだ」。そんな答えしか返ってこない。最初のうちは希望を捨てずに尋ね歩くが、家から家を駆けめぐるうちに釈迦の言葉の意味が分かってきた。生きとし生けるものはいつか必ず死ぬ。ほとんど村をまわった頃、母親は心の平安を取り戻したという（長尾 1967）。

この説話には重要な教訓が三つある。①「こんな当たり前のことが、どうしてわからなかったのか」と、悟った後では当人も訝るほど答えは自明だ。答えが最初から目前にあったのに既存の思考回路が邪魔して見えなかった。②頭で考えるだけでは納得できない。釈迦がすぐに答えを与えても母親は聞き入れなかった。身体を動かし、自ら努力して初めて回路の外に出られた。つまり身体感覚が心理を変えた。そして最も大切な点③子の復活を願う心がまさしく苦しみの原因をなしていた。求める答えこそが問題だった。無理な解決を諦めた時、同時に苦悩も消え、救われる。釈迦の出した謎解きが袋小路から母親を連れ出し解放する。これが本当の理解であり、教育だ。

思考枠の誤りに気づくためには迂回路をしばしば必要とする。サッカーに喩えるならば、ゴールまでの最短距離は直線を描かない。サイドにボールを振って敵エリア深く侵入してからセンタリングでゴールを襲う。後方に潜伏するミッドフィールダーにボールを戻してシュートを決める。それがゴールへの最短距離だ。常識を覆すためには、こういう寄り道が欠かせない。

変われば変わるほど元のままというフランスの格言がある。構成要素が変わってもシステムの構造は変わらない。新しい知識を学んでも既存システムの内部に変化が留まるうちは堂々巡りを繰り返す。ところがシステムに無関係な要素を偶然が運んでくる。偶然出会った異邦人のまなざしがシステムを壊し、変化させる。多様性が偶然の出会いを生み、異端者や少数派が既存の思考回路と別の世界に連れていってくれる。そして偶然は必ずやってくる。誰にも、必ずやってくる。

あとがき

本書を綴った最初の動機は不平等に対するやり場のない怒りだった。株を売り買いしたり情報を集めるだけで巨万の富を稼ぐ企業がある一方で、貧困に苦しむ多くの人がいる。貧乏な家庭に生まれたというだけで将来へのチャンスを奪われる若者がいる。近所の子と同じように誕生日を愛児に祝ってやれない母子家庭がある。極貧の中で孤独死する老人が後をたたない。どうして世界はこれほど不公平なのか。なぜ貧しい国と富める国があるのか。

今から二〇年ほど前、中学の同窓会があり、懐かしい顔と再会した。女性はほとんどが主婦になっていた。私よりも成績の良かった才女が大学卒業後、結婚し子を産み、仕事を辞めていた。パートタイマーとして安い賃金で働く主婦もいた。性別が違うだけなのに、見えない圧力を行使して社会は人間の道を押し曲げる。周知の事実に今更ながら気付かされ、陰鬱な気分になった。

二〇〇二年の『民族という虚構』に続き、二〇〇八年に『責任という虚構』を上梓した時、虚構論はもう終わりにするつもりだった。主体の問いに対する答えが見つかり、私自身はそれで満足したからだ。だが、処罰の虚偽同様、格差も同じ欺瞞にまみれていると後に気づいた。応報正義も分配正義も同じ嘘の論理に貫かれている。この社会問題に何らかの答えを出さない限り、私の使命は終わっていない、自分の問いに最後まで答えていない。その想いに突き動かされ、本書の準備を始めた。かなり前のことだ。

『責任という虚構』も本書も骨子は共通する。内因は存在しない。人間は外因の沈殿物であり、主体は虚構だ。したがって処罰も格差も正当化できない。これが核をなす主張である。ところが今回はこの結論に困惑した。以前は難なく受け入れられたのに、なぜ今度は戸惑ったのだろうか。前著が扱った具体的材料ホロコースト・死刑・冤罪は、どこか他人事だったのかもしれない。私自身が犯罪をなすとは思わないし、犯罪に巻き込まれたり冤罪の犠牲になる可能性にも現実感がない。主体の不在がまだ抽象的な次元にとどまり、切実な問題でなかったのだろうか。

格差は身近なテーマだ。新書という媒体を選んだのも多くの読者にメッセージを届けたかったからだ。と同時に、その具体性が私を躊躇させた。私の人生は挫折の連続だった。才能の無さに悔しい思いを何度もしてきた（小坂井2017）。望みに手が届かなかった原因が私にないのなら怒りを何にぶつければよいのか。成し遂げた小さな成果も私の手柄ではない。パリ大学の教員になり、いささかながら本も出してきた。精一杯の精神の闘いや努力も私の功ではない……。

論理的考察が導いたこの結論に私の実存が抵抗した。俄には受け入れられなかった。この答えで良いのかと何度も自問した。だが、他の結論は見つからなかった。思考は実存と切り離せない。困った。本当に、困った。

そんな時、偶然に救われた。学習・記憶・変化は主体を必要としない。内因を否定しても決定論には陥らない。偶然の意味は語り尽くせないが、私の疑問の少なくとも一部に本書が答えてくれた。操り人形のイメージとは違う。人形を操る主はどこにもいない。波に揺られ、どこに流されるかわからない、我々は川に浮かぶ一枚の枯れ葉だ。格差も支配もなくならない。だが、誰が勝ち組になり誰が負け組になるかは決まっていない。想像以上に世界は開かれている。これが小論のたどり着いた浅瀬だ。

ベートーヴェンは最初、ピアニストとして名声を博した。だが、二〇代後半より難聴が悪化し、聴衆の前に出るのを厭うようになる。仕方なく演奏家の道を諦め、作曲家に転じた。耳が聴こえるままだったなら、あの荘厳な音の宇宙は生まれなかった。歴史に名が残ることもなかっただろう。美男美女の基準も時代・社会により変遷する。生まれつきの容姿はどうしようもない。だが、どの時代に生まれるかで同じ姿も評価が変わる。世界には偶然が満ちている。

ケストラー『ユダヤ人とは誰か』とサンド『ユダヤ人の起源』に第6章で言及した。彼らはユダヤ神話の嘘を暴きながらも、苦悩する同胞に優しいまなざしを絶やさない。シオニストはナチスと同じように人種神話を信じた。離散ユダヤ人が血縁集団をなすという虚構に頼らざるをえなかった。ホロコーストの悲劇を乗り越える上で、心理的にも政治的にもそれ以外の道はなかった。運命を受け入れた上で、それでも今日の嘘を乗り越えて未来を見つめよう、そうすれば必ず世界は開かれる。二人がこう励ます。彼らの誠実と謙虚、そして勇気に私も学びたい。

身体に障害を持って誕生する人、美しさに恵まれない者、貧困家庭に生を享ける者はなくならない。不幸がきっかけで新たな可能性が開くこともある。だが、辛い一生を送らざるをえない場合も多い。主体を否定する私論には結局、弱者救済の道が閉ざされるのか。なるようにしかならないなら、本書の議論は無駄だったのか。執筆を終え、どんなに頑張っても釈迦の掌から逃れられない孫悟空のような無力感を禁じえない。

だが、それは私論の誤りを意味しない。主体が近代のイデオロギーだという確信は揺らがない。四辺を持つ三角形を描く試みのように、格差問題は原理的に解けない。人間の思うように世界を築けるという信仰こそ、近代が仕掛ける囮であり、その罠に気づかなければ、堂々巡りを続けるだけだ。数学を始めとして、問題に答えが存在するかどうかを知ることは決定的な意味を持つ。答えが存在するならば、試行錯誤するうちにいつか解決するにちがいない。何世代かかってもよい。いつか誰かが答えを見つけてくれるだろう。だが、答えが存在しなければ、どれだけ考えても問題は永久に解けない。ならば、問いを見直さねばならない。進む先が行き止まりだと示すのも重要な仕事だ。

格差を糾弾する書は、家庭環境が生む能力差を学校教育が是正し、公平な競争を保証すべきだと論じる。だが、その方向に解決はない。格差は絶対になくならない。それどころか格差が小さくなればなるほど、人間はよけいに苦しむ。

能力を正当に評価すべきだと説く論者がいる。だが、この発想は出発点がすでにおかしい。評価は比較であり、必然的に同質化をまねく。多様性は逆に比較不可能な才能が共存する状態だ。平等で客観的な評価は個性と相容れない。我々が目指すべきは全員が少数派として生きられる、多様性に溢れる社会だろう。偶然がもたらすチャンスを活かせる社会が望ましい。

規範論は均一化を導く。何が正しいかを皆で決めようという提案だからだ。同じ「良いもの」に皆が引きつけられ、社会が画一化する。第4章で警告した積極的自由と同じ問題だ。「不倫」や麻薬使用者に対するマスコミの過酷なリンチ、裁判で無罪判決が下った元容疑者に対して世間が執拗に続ける制裁。セクハラやパワハラを司法でなく、懲罰権を持たない企業や学校が裁く。地獄への道は善意で敷き詰められているという格言を思い出そう。より良い生き方を目指す時点ですでに我々は誤った道を踏み出している。

マルクスの有名な言葉がある。

哲学者たちは世界をいろいろ解釈してきたにすぎない。大切なのは世界を変革することだ。
(フォイエルバッハ・テーゼ11)

規範論を練る思想家はこの引用を好む。だが、どうしても解けない問題は世の中にたくさんある。なぜ貧困家庭に生まれたのか、なぜ身体に障害を持って生まれてきたのか、なぜ美人に生まれなかったのか、なぜ、こんなに若いのに死ななければならないのか、なぜ、他でもない我が子が殺されねばならなかったのか。誰にでも起こりうる不幸ばかりだ。これらの問いにどう答えるか。貧富の差を減らす政策を練る、身体障害者を差別しない文化を普及する、バリア・フリー環境を整備する、人間の価値は美醜では決まらないと説く、難病を克服するために医学を発展させる、防犯教育を充実させるとともに、法制度の厳罰化を通して犯罪防止にいっそう努める……。

しかし、そのような答えでは問題の本質に到底届かない。大切な問いほど、答えは存在しない。病にかかれば、誰もが治療して元気になりたい。だが、人はいつか必ず死ぬ。この現実にどう対峙するか。善悪・正義・平等の問いも同じだ。

思想家の提言はたいてい無力だ。名もない市民の素朴な思いと同様、私論を含め、学問は一つの意見として常識や世論の形成に与る。だが、それ以上でも、それ以下でもない。今でも神を信じる人がいるし、迷信もなくならない。科学者にとって当たり前の知見でも、それを受け入れない人は多い。虚構の内容は変わる。だが、一つの虚構が消えても、他の虚構が必ず生まれる。規範論は問題の根から目を背け、逃げ道ばかり探している。問題の原点にさえ、我々はまだ到達していない。

第6章で人の絆を検討したのは、個人主義を排し、他者のために生きよという意味ではない。意識しようがしまいが、否応なしに人間は他者との関係の中で生きている、それ以外に生きようがないという記述論である。一九七〇年代、学生運動が盛んだった頃、「歴史的必然として資本主義が崩壊し、共産主義社会になるのが本当なら、ゲバ棒や火炎瓶で武装し、警官隊に殴られて痛い目をみないでも寝て待っていれば、そのうちに革命が起きるだろうに」と嘲笑する人がいた。だが、それは勘違いだ。経済条件の悪化によって人間がそのように突き動かされると考えれば、これも規範論ではない。むろん、その言明が正しいかどうかは別の問題だ。

正しい答えが存在しないから、正しい世界の姿が絶対にわからないからこそ、人間社会のあり方を問い続けなければならない。現在の道徳・法・習慣を常に疑問視し、異議を唱える社会メカニズムをどうしたら確保できるか。なるほどと感心する考えや学ぶ点だと納得される長所は簡単に受け入れられる。だが、自己のアイデンティティが崩壊する恐怖に抗して、信ずる世界観をどこまで相対化できるか。誤りだと思われる意見や、社会にとって有害にみえる逸脱者にどれだけ真摯に対峙できるか。

少数派の権利を保護せよと言うのではない。彼らの存在が全体主義から世界を救うのだ。学校は多数派の常識を揺るがし、全体主義に陥らないための安全装置たりうるか。実社会のしがらみや圧力から若者を守りながら個性を育む時空間として機能できるか。多様性を生み出し、いざという時には支配体制に揺さぶりをかけ、抵抗する砦たりうるか。

表向きのテーマが変わっても結局私は同じ問いを追い続けている。数学の命題を証明する際、すでに依拠した定理は今後二度と使用禁止だと言われると困る。同様に私論でも他に適切な材料が見つからなかったり、説得力に欠ける例しかなければ、同じ議論を用いるほかない。それに拙著をすべて持っている読者は少ないだろうから、「○○の何ページを読め」と指示するのも不親切だ。主体を批判する第7章の主張は『責任という虚構』および『神の亡霊』と大きく重なるが、それ抜きに私論は理解できない。減らすよう努めたが、やむを得ない重複についてはご寛恕を乞う。

繰り返しには積極的な意図もある。自らの文章を読み返しながら、こんな意味が隠れていたのかと私自身驚かされる。例を挙げるならば、臓器提供の推定同意と死体の国有化は『神の亡霊』でも扱っている。だが、臓器提供を促進するための政策としか当時は理解していなかった。これが実はドナーとの同一化を避けるために必要な臓器モノ化の手続きだとわかったのは本書執筆のおかげだ。死の意味を考えた前著がなければ、世界の外にはじかれた死者が人の絆を生み出す媒介構造にも気づかなかっただろう。

私論は常識に真っ向から反する。文章は平易を心がけたが、主張が常識を逆撫でるために、理解しにくいと感じる読者もいるだろう。この種の難しさは論理的に説いても乗り越えられない。神は存在しないとキリスト教徒に説くようなものだからだ。神の不在を完全に証明できても信者は受け入れない。近代の思考枠の外に出るには同じ困難が待ち構える。近代が胎動させた大転換が我々の思考を今も拘束し、存在を記述する私論を当為として誤読するバイアスは近代のイデオロギーに直結している。

脳科学・認知科学・社会学・社会心理学において主体はすでに舞台を降りている。だが同時に、日常感覚の自由や責任は別次元の問題として専門知識とかみ合わない。自由や責任に触れるやいなや、感情的反応を伴って主体が呼び戻される。時代や社会の相対性を知る歴史家や文化人類学者も同様に、身近な問題となると途端に自由と責任の擁護に回る。行為の因果論を否定し、主体概念を批判する哲学者も市民としては、近代社会で責任を支える自由意志を手放さない。だから主体や責任の虚構性に言及すると強い反発が返ってくる。

普遍と主体、この原理的に矛盾する二つの信奉が近代を特徴づける。神の臨終を聞いた時、これからは自分たちが世界を築き上げるのだと人間は誓った。意志の力を信じ、歴史変遷は人間が司るのだと了解した。理性を通じて真理が明らかにされ、世界は次第に良くなると確信した。哲学者の多くはこのエピステーメーに搦め捕られ、自由意志を擁護し、普遍を志向する。そこに自由と責任の規範論を練り上げる罠が待ち受ける。規範論を旨とする法哲学・政治哲学・倫理学にとって主体の否定は、神の存在を神学が否認するに等しい暴挙なのだろう。神がいない世界で秩序をどう根拠付けるか。普遍を求める哲学者にこそ、この問いが深刻になる。

必要かつ十分な要素だけで数学の証明は構成される。だが、必要十分条件だけ提示しても人は納得しない。政治演説は特に繰り返しが多い。マーティン・ルーサー・キングの名演説I have a dream はその典型だ。最初の方でOne hundred years later（一〇〇年を経た今日）という句、次にNow is the time（今こそ、その時だ）がそれぞれ続けて四回繰り返される。後半の佳境に入るとI have a dream（私には夢がある）という句が八回、そして演説の終結部に達するとLet freedom ring from（……から自由の鐘を鳴り響かせよう）と一〇回も繰り返される。演説を一〇分の一に縮めても趣旨は通じる。だが、それでは人の心は動かない。わかるとは世界観が変わるという意味だ。宗教の改宗や悟りと同じプロセスだ。

第4章から第6章の材料が格差にどう繋がるかがわかりにくかった読者もいるだろう。だが、私自身が私論を受け入れる上で、この補助線が必要だった。正義とは何か、真理とは何か、自由と平等は何を意味するのか。人はなぜ他者と絆を紡ぐのか、差別や犯罪はどうして起きるのか、集団はどう機能するのか……。これらの問題を考え、曲がりなりにも答えが見つからなければ、格差の問いが焦点を結ばなかった。したがって結論にも到達しなかった。長い補助線を引いたのは、そのためである。

本書を綴る上で友人三人との対話に助けられた。私論の論理整合性をめぐって北海道大学の法社会学者・尾崎一郎氏の明晰な整理と的確な分析がなければ、本書を書き上げられなかっただろう。執筆中に根本的な問題に何度もぶつかり、上梓を諦めかけたこともある。そんな時、尾崎さんの示唆が新たな光を投げかけ、他の視点へと導いてくれた。

発達心理学者として愛知県立大学で長年教鞭を執られた加藤義信氏はフランスの発達心理学者ルネ・ザゾの研究を教示し、遺伝・環境論争の道標を与えてくださった。加齢による遺伝率上昇の謎を解くヒントをくれたのも加藤さんである。行動遺伝学が用いる「遺伝率」の批判的検討でも大いに助けていただいた。

本を上梓するつど、パリの翻訳家・渡辺一敏氏に相談に乗ってもらい、私の考えの勇み足を指摘してもらっている。すべての宿題には答えられなかったが、彼の疑問に触発されて今回も思考が随分と進んだ。能力概念が架空の社会装置だと気づいたのも渡辺さんのおかげだ。いただいたメールの該当部分を挙げておこう。

格差と能力は表裏一体という気もしますね。貧富でも成果でもいいですが、可視的な差異が生じた場合に、不可視な「能力」という原因で説明し、正当化する。能力に応じた格差は正当というのは同語反復ではないかと思います。

メールを通して帯広畜産大学の性格心理学者・渡邊芳之氏から多くの示唆を受けた。氏の著作や論文を知ったおかげで遺伝・環境論争の理解が深まった。執拗な質問にも丁寧に答えてくださった。

第1章から第3章までの内容は最初、二〇二〇年三月に東京で行ったオンライン講演「教育という虚構」(ウィーシュタインズ株式会社主催)で端緒がついた。真の学校教育を求め続ける今村正治・後藤健夫・鳥居健介・赤司展子の諸氏が企画してくださったおかげだ。第5章で扱ったフランスの「黄色いベスト」運動については『法律時報』(二〇一九年八月号)に「正義論というイデオロギー」を寄稿した後、社会学者・清家久美氏と出口治明学長のご厚意により別府の立命館アジア太平洋大学(APU)で話す機会を賜った。

筑摩書房で上梓した今までの拙著に加え、今回も北村善洋氏(ちくま学芸文庫編集長)に担当していただいた。編集者と著者の間に信頼がなければ本作りはうまくいかない。著者同様、出版を通して社会に訴えかけたいと編集者は願う。版元の利益を度外視しても出したい本がある一方で、売れると予想しながらも自分が出すべきではないと判断する場合もあるだろう。ジャーナリストや出版人がただの商売人では困る。北村さんという良き理解者を得られた僥倖に改めて驚いている。

皆さんに心から感謝申し上げる。

二〇二一年秋　パリ西郊外サン・ジェルマン・アン・レーの閑居にて

小坂井敏晶

劉建利「中国における臓器移植の法的問題の現状と課題」『比較法学』2019年，53巻2号，151-169頁。
我妻洋／米山俊直『偏見の構造 ── 日本人の人種観』NHKブックス，1967年
渡辺慧『知るということ ── 認識学序説』東京大学出版会，1986年，ちくま学芸文庫，2011年
渡辺幹雄『ハイエクと現代自由主義』春秋社，1996年
渡邊芳之「「遺伝と環境」論争が紡ぎ出すもの」，佐藤達哉編著『心理学史の新しいかたち』誠信書房，2005年
渡邊芳之『性格とはなんだったのか ── 心理学と日常概念』新曜社，2010年

収
瀧川裕英『責任の意味と制度――負担から応答へ』勁草書房，2003年
瀧澤毅「マスク着用にインフルエンザ予防のエビデンスはあるか？ EBMによる検討」千葉科学大学紀要3，2010年，149-160頁
竹内啓「因果関係と統計的方法」，行動計量学14巻1号，1986年，85-90頁
竹内啓『偶然とは何か――その積極的意味』岩波新書，2010年
橘玲『言ってはいけない残酷すぎる真実』新潮新書，2016年
橘木俊詔『遺伝か，能力か，環境か，努力か，運なのか――人生は何で決まるのか』平凡社新書，2017年
橘木俊詔『格差社会――何が問題なのか』岩波新書，2006年
次田瞬『人間本性を哲学する――生得主義と経験主義の論争史』青土社，2021年
津田博幸「天皇がまとう魂」別冊宝島94『もっと知りたいあなたのための天皇制・入門』1989年，132-151頁
鄭大均《テイ・タイキン》『在日韓国人の終焉』文春新書，2001年
東京大学教育学部附属中等教育学校編『ふたごと教育　双生児研究から見える個性』東京大学出版会，2013年
長尾雅人「仏教の思想と歴史」『世界の名著2　大乗仏典』中央公論社，1967年
長尾龍一，日本大百科全書（ニッポニカ），小学館，1984年
中島義道『時間と自由――カント解釈の冒険』講談社学術文庫，1999年
中島義道『後悔と自責の哲学』河出文庫，2009年
仲野徹『エピジェネティクス――新しい生命像をえがく』岩波新書，2014年
ハイエク，F. A.「抽象の第一義性」（吉岡佳子訳），アーサー・ケストラー編著『還元主義を超えて』工作舎所収，1984年，421-448頁
橋本健二『新・日本の階級社会』講談社現代新書，2018年
深尾憲二朗「自己・意図・意識――ベンジャミン・リベットの実験と理論をめぐって」，中村雄二郎・木村敏編『講座生命　vol. 7』河合文化教育研究所，2004年所収，238-268頁
古田徹也『それは私がしたことなのか――行為の哲学入門』新曜社，2013年
N. ボーアほか『アインシュタインとの論争』東京図書，1969年
松岡亮二『教育格差――階層・地域・学歴』ちくま新書，2019年
村石幸正「あとがき」，東京大学教育学部附属中等教育学校編『ふたごと教育　双生児研究から見える個性』東京大学出版会，2013年所収，237-242頁

池田清彦『生命の形式 ── 同一性と時間』哲学書房，2002 年
池田清彦編著『遺伝子「不平等」社会』岩波書店，2006 年
遠藤利彦「双生児研究の二つの顔」，東京大学教育学部附属中等教育学校編『ふたごと教育　双生児研究から見える個性』東京大学出版会，第Ⅲ部第 3 章，2013 年，197-236 頁
大澤真幸『生きるための自由論』河出ブックス，2010 年
大庭健『他者とは誰のことか』勁草書房，1989 年
大庭健『自分であるとはどんなことか』勁草書房，1997 年
大庭健『「責任」ってなに？』講談社現代新書，2005 年
加藤義信「ザゾと「フランス学派」」別冊『発達』20，「発達の理論─明日への系譜」ミネルヴァ書房，1996 年
苅谷剛彦『学校・職業・選抜の社会学』東京大学出版会，1991 年
苅谷剛彦『大衆教育社会のゆくえ ── 学歴主義と平等神話の戦後史』中公新書，1995 年
苅谷剛彦『階層化日本と教育危機』有信堂，2001 年
苅谷剛彦『アメリカの大学・ニッポンの大学』中公新書ラクレ 2012 年
黒田亘『行為と規範』勁草書房，1992 年
河野哲也『環境に拡がる心 ── 生態学的哲学の展望』，勁草書房，2005 年
河野哲也『意識は実在しない』講談社選書メチエ，2011 年
小坂井敏晶『異文化受容のパラドックス』朝日選書，1996 年
小坂井敏晶「開かれた国家理念が秘める閉鎖機構 ── フランス同化主義をめぐって」，石井洋二郎／工藤庸子編『フランスとその〈外部〉』東京大学出版会，2004 年，106-126 頁
小坂井敏晶『人が人を裁くということ』岩波新書，2011a 年
小坂井敏晶『増補 民族という虚構』ちくま学芸文庫，2011b 年
小坂井敏晶『社会心理学講義』筑摩選書，2013 年
小坂井敏晶『答えのない世界を生きる』祥伝社，2017 年
小坂井敏晶『神の亡霊 ── 近代という物語』東京大学出版会，2018 年
小坂井敏晶『増補 責任という虚構』ちくま学芸文庫，2020 年
小浜逸郎『「責任」はだれにあるのか』PHP 新書，2005 年
小山慶太『神さまはサイコロ遊びをしたか ── 宇宙論の歴史』講談社学術文庫，1997 年
作田啓一『個人主義の運命 ── 近代小説と社会学』岩波新書，1981 年
佐々木司「双生児の医学とデータベース」，東京大学教育学部附属中等教育学校編，『ふたごと教育　双生児研究から見える個性』東京大学出版会，2013 年，151-173 頁
鈴木道彦「解説 ── 橋をわがものにする思想」，フランツ・ファノン『黒い皮膚・白い仮面』（海老坂武・加藤晴久訳，みすず書房，1968 年）所

Vandenberghe, F., *Une histoire critique de la sociologie allemande. Aliénation et réification. T. 1, Marx, Simmel, Weber, Lukács*, La Découverte, 1997.
Varela, F., *Principles of Biological Autonomy*, North Holland, 1979.
Visscher, P.M., Hill, W. G. & Wray, N. R., "Heritability in the genomics era — concepts and misconceptions", *Nature Reviews Genetics, 9*, 2008, 255–66.
Wade, P., "'Race', nature and culture", *Man, 28*, 1993, 17–34.
Waldmann, M. R. & Dieterich, J. H., "Throwing a bomb on a person versus throwing a person on a bomb. Intervention myopia in moral intuitions", *Psychological Science, 18*, 2007, 247–253.
Waterlot, G., «La religion civile de Jean-Jacques Rousseau», *Conférence de Ghislain Waterlot (Université de Genève) donnée aux Charmettes*, le 20 juin 2009.
Watson, J. B., *Behaviorism*, revised edition, University of Chicago Press, 1930.［ジョン・B・ワトソン『行動主義の心理学』安田一郎訳，ちとせプレス，2017 年］
Wilson, E. O., *Sociobiology: The New Synthesis*, The Belknap Press of Harvard University Press, 1975.
Wilson, R. S., "The Louisville twin study: Developmental synchronies in behavior", *Child Development, 54*, 1983, 298–316.
Wood, J. M., Nezworski, M. T., Lilienfeld, S. O., & Garb, H. N., *What's Wrong with the Rorschach?*, Jossey-Bass, 2003.
Young, M., *The Rise of the Meritocracy, 1870–2033*, Penguin Books, 1958/1970.［マイケル・ヤング『メリトクラシー』窪田鎮夫・山元卯一郎訳，講談社エディトリアル，2021 年］
Zazzo, R., *Les jumeaux, le couple et la personne*, PUF, 1960/91.
Zazzo, R., *Le paradoxe des jumeaux, précédé d'un dialogue avec Michel Tournier*, Stock, 1984/2009.

安藤寿康『遺伝子の不都合な真実——すべての能力は遺伝である』ちくま新書，2012 年
安藤寿康『遺伝と環境の心理学——人間行動学入門』培風館，2014 年
安藤寿康『日本人の 9 割が知らない遺伝の真実』SB 新書，2016 年
安藤寿康『「心は遺伝する」とどうして言えるのか』創元社，2017 年
池上俊一『動物裁判——西欧中世・正義のコスモス』講談社現代新書，1990 年
池田清彦『分類という思想』新潮選書，1992 年

392–409.

Styron, W., *Sophie's Choice*, Vintage, 1979.［ウィリアム・スタイロン『ソフィーの選択』上・下，大浦暁生訳，新潮文庫，1991 年］

Suber, P., *The Case of the Speluncean Explorers. Nine New Opinions*, Routledge, 1998.

Tajfel, H. *Differentiation between Social Groups: Studies in the Social Psychology of Intergroup Relations*, Academic press, 1978.

Talmon, J. L., *The Origins of Totalitarian Democracy. Political Theory and Practice during the French Revolution and beyond*, Penguin Books, 1952.［J・L・タルモン『フランス革命と左翼全体主義の源流』市川泰治郎，拓殖大学海外事情研究所，1964 年］

Thomson, J. J., "The trolley problem", *The Yale Law Journal, 94*, 1985, 1395–1415.

Tocqueville, A. de, *De la démocratie en Amérique*, Gallimard, 1961 [première édition: 1835].［アレクシ・ド・トクヴィル『アメリカのデモクラシー』全 4 巻，松本礼二訳，岩波文庫，2005–08 年］

Tocqueville, A. de., *L'Ancien Régime et la Révolution*, Gallimard, 1967 [première édition: 1856].［アレクシ・ド・トクヴィル『旧体制と大革命』小山勉訳，ちくま学芸文庫，1998 年］

Tribalat, M., *De l'immigration à l'assimilation. Enquête sur les populations d'origine étrangère en France*, La Découverte/INED, 1996.

Tucker-Drob, E. M., Briley, D. A. & Harden, K. P., "Genetic and environmental influences on cognition across development and context", *Current Directions in Psychological Science, 22*, 2013, 349–355.

Tucker-Drob, E. M., Rhemtulla, M., Harden, K. P., Turkheimer, E. & Fask, D., "Emergence of a gene × socioeconomic status interaction on infant mental ability between 10 months and 2 years", *Psychological Science, 22*, 2011, 125–133.

Turkheimer, E., Haley, A., Waldron, M., D'Onofrio, B. & Gottesman, I., "Socioeconomic status modifies heritability of IQ in young children", *Psychological Science, 14*, 2003, 623–828.

Tyler, T.R., Boeckmann, R. J., Smith, H. J. & Huo, Y. J., *Social Justice in a Diverse Society*, Westview Press, 1997.

Unger, P., *Living High & Letting Die. Our Illusion of Innocence*, Oxford University Press, 1996.

Vacherot, E., *La démocratie: Essai sur les sciences politiques*, Van Meenen et Cie, 1860.

Van Reybrouck, D., *Contre les élections*, Babel, 2014.

ク『科学としての倫理学』城戸寛訳，亜紀書房，1980 年］
Schnapper, D., *La France de l'intégration. Sociologie de la nation en 1990*, Gallimard, 1991.
Scubla, L., «Est-il possible de mettre la loi au-dessus de l'Homme? Sur la philosophie politique de Jean-Jacques Rousseau.», *in* J.-P. Dupuy, *Introduction aux sciences sociales. Logique des phénomènes collectifs*, Édition Marketing, 1992, p. 105–143.
Shields, J., *Monozygotic Twins Brought up Apart and Brought up Together. An Investigation into the Genetic and Environmental Causes of Variation in Personality*, Oxford University Press, 1962.
Simmel, G., *Philosophie des Geldes*, Duncker & Humblot, 1977［1. Ausg. 1900］.［ゲオルク・ジンメル『貨幣の哲学』居安正訳，白水社，1999 年］
Simmel, G., "Untersuchungen über die Formen der Vergesellschaftung", in *Allgemeine Soziologie, Makrosoziologie, spezielle Theorien und Schulen, Entwicklung und Geschichte der Soziologie*, Duncker & Humblot, 1908.
Singh, S. & Ernst, E., *Trick or Treatment? Alternative Medicine on Trial*, Corgi Books, 2008/2009.［サイモン・シン，エツァート・エルンスト『代替医療のトリック』青木薫訳，新潮社，2010 年］
Smiley, M., *Moral Responsibility and the Boundaries of Community. Power and Accountability from a Pragmatic Point of View*, The University of Chicago Press, 1992.
Smith, A. *The Wealth of Nations*, edited by R.H. Campbell, A.S. Skinner and W.B. Todd, Clarendon Press, 1976［1st edition: 1776］.［アダム・スミス『国富論――国の豊かさの本質と原因についての研究』上・下，山岡洋一訳，日本経済新聞出版社，2007 年］
Snyder, M., "When belief creates reality", *in* L. Berkowitz (Ed.), *Advances in Experimental Social Psychology*, vol. 18, Academic Press, 1984, p. 247–305.
Sokol, D. K., Moore, C. A., Rose, R. J., Williams, C. J., Reed, T., Christian, J. C., "Intrapair differences in personality and cognitive ability among young monozygotic twins distinguished by chorion type", *Behavior Genetics, 25*, 1995, 457–66.
Sombart, W., *Warum gibt es in den Vereinigten Staaten keinen Sozialismus?*, Mohr, 1906.
Spencer, H., *The Principles of Biology*, 1864.
Stoolmiller, M., "Implications of the restricted range of family environments for estimates of heritability and nonshared environment in behavior-genetic adoption studies", *Psychological Bulletin, 125*, 1999,

mi les hommes, in *Œuvres complètes. III. Du contrat social. Écrits politiques*, Gallimard, 1964, p. 111-236［première édition: 1755］.［ジャン＝ジャック・ルソー『人間不平等起源論』坂倉裕治訳，講談社学術文庫，2016 年］

Rousseau, J.-J., *Du contrat social ou principes du droit politique*, in *Œuvres complètes. III. Du contrat social. Écrits politiques*, Gallimard, 1964, p. 347-470［première édition: 1762］.［ジャン＝ジャック・ルソー『社会契約論』作田啓一訳，白水 u ブックス，2010 年］

Rowe, D. C., Jacobson, K. C., & Van den Oord, E. J. C. G., "Genetic and environmental influences on vocabulary IQ: Parental education level as moderator", *Child Development, 70*, 1990, 1151-1162.

Ruffié, J., *De la biologie à la culture*, Flammarion, vol. 2, 1983.

Sacks, O., *The Man Who Mistook his Wife for a Hat*, Gerald Duckworth & Co., 1985.［オリヴァー・サックス『妻を帽子とまちがえた男』高見幸郎・金沢泰子訳，ハヤカワ・ノンフィクション文庫，2009 年］

Saint-Sernin, B., «La causalité», *in* D. Andler, A. Fagot-Largeault & B. Saint-Sernin（Eds.）, *Philosophie des sciences II*, p. 825-938, Gallimard, 2002.

Sand, S., *Comment le peuple juif fut inventé. De la Bible au sionisme*, Flammarion, 2008/2010.［シュロモー・サンド『ユダヤ人の起源――歴史はどのように創作されたのか』高橋武智監訳，ちくま学芸文庫，2017 年］

Sandel, M.J., *Liberalism and Limits of Justice*, Cambridge University Press, 1982.［マイケル・J. サンデル『リベラリズムと正義の限界』菊池理夫訳，勁草書房，2009 年］

Sandel, M.J., *The Tyranny of Merit. What's Become of the Common Good?*, The Penguin Press, 2020.［マイケル・サンデル『実力も運のうち――能力主義は正義か？』鬼澤忍訳，早川書房，2021 年］

Sauce, B. & Matzel, L. D., "The paradox of intelligence: Heritability and malleability coexist in hidden gene-environment interplay", *Psychological Bulletin, 144*, 2018, 26-47.

Scarr-Salapatek, S. "Race, Social Class, and IQ", *Science, 174*, 1971, 1285-1295.

Scarr, S. & Weinberg, A., "IQ test performance of Black children adopted by White families", *American Psychologist, 31*, 1976, 726-739.

Scarr, S., Pakstis, A. J., Katz, S. H., Barker, W. B., "Absence of a relationship between degree of White ancestry and intellectual skills within a Black population", *Human Genetics, 39*, 1977, 69-86.

Schlick, F. M., *Fragen der Ethik*, Springer, 1930.［モーリッツ・シュリッ

Piketty, T. *Le capital au XXIe siècle*, Seuil, 2013.［トマ・ピケティ『21 世紀の資本』山形浩生・守岡桜・森本正史訳，みすず書房，2014 年］
Plomin, R., *Nature and Nurture. An Introduction to Human Behavioral Genetics*, Brooks/Cole Publishing, 1990.
Plomin, R., DeFries, J.C., McClean, G.E. & Rutter, M., *Behavioral Genetics*, W.H. Freeman, 1997.
Poincaré, H., *La science et l'hypothèse*, Flammarion, 1917.［アンリ・ポアンカレ『科学と仮説』河野伊三郎訳，岩波文庫，1959 年］
Poincaré, H., *Science et Méthode*, Flammarion, 1920.［アンリ・ポアンカレ『改訳 科学と方法』吉田洋一訳，岩波文庫，1953 年］
Popper, K., *The Open Society and its Enemies*, Routledge, 1945.［カール・ポパー『開かれた社会とその敵』全 2 巻（第 1 部：プラトンの呪文，第 2 部：予言の大潮 —— ヘーゲル、マルクスとその余波），内田詔夫・小河原誠訳，未來社，1980 年］
Rawls, J., *A Theory of Justice*, Revised Edition, 1999［1st edition: 1971］, The Belknap Press of Harvard University Press.［ジョン・ロールズ『正義論 改訂版』川本隆史・福間聡，神島裕子訳，紀伊國屋書店，2010 年］
Rees, M.A., Kopke, J.E., Pelletier, R. P., Segev, D. L., Rutter, M. E., Fabrega, A.J., Rogers, J., Pankewycz, O. G., Hiller, J., Roth, A. E., Sandholm, T. Utku Ünber, P. U., Montgomery, R. A., "A nonsimultaneous, extended altruistic-donor chain", *The New England Journal of Medicine*, *360*, 2009, 1096–1101.
Richard, B., *Les emblèmes de la République*, CNRS Editions, 2012.
Ricœur, P., «Aliénation», in *Encylopædia Universalis*, 1990, vol. 1, p. 819–823.
Rimé, B. & Scherer, K. (Eds.), *Les émotions*, Neuchâtel/Paris, Dalachaux et Niestlé, 1989.
Rosenbaum, R., *Explaining Hitler: The Search for the Origins of His Evil*, Random House, 1999.
Rosenthal, R. & Jacobson, L., *Pygmalion in the Classroom*, Holt, Rinehart & Winston, 1968.
Ross, L., "The intuitive psychologist and his shortcomings", *in* L. Berkowitz (Ed.), *Advances in Experimental Social Psychology*, Academic Press, vol. 10, 1977, p. 173–220.
Ross, L. & Nisbett, R. E., *The Person and the Situation. Perspectives of Social Psychology*, Pinter & Martin, 1991/2011.
Rousseau, J.-J., *Discours sur l'origine et les fondements de l'inégalité par-*

河出文庫，2012 年]
Mischel, W., *Personality and Assessment*, J. Wiley & sons, 1968.
Montesquieu, *De l'esprit des lois*, 1748. [シャルル＝ルイ・ド・モンテスキュー『法の精神』全 3 巻，野田良之他訳，岩波文庫，1989 年]
Morin, E., *La rumeur d'Orléans*, Seuil, 1969. [エドガール・モラン『オルレアンのうわさ —— 女性誘拐のうわさとその神話作用』杉山光信訳，みすず書房，1997 年]
Moore, D., "Entitlement and justice evaluations: Who should get more, and why?", *Social Psychology Quarterly, 54*, 1991, 208–23.
Moscovici, S., *La Psychanalyse, son image et son public*, PUF, 1976a [première édition: 1961].
Moscovici, S., *Social Influence and Social Change*, Academic Press, 1976b.
Moscovici, S., «Le ressentiment, suivi d'extraits d'interviews», *Le Genre humain, 11, La société face au racisme*, 1984-1985, p. 179-186.
Moscovici, S., «La nouvelle pensée magique», *Bulletin de Psychologie, 405*, 1992, 301-24.
Nisbett, R. E., *Intelligence and How to Get it*, W. W. Norton, 2009. [リチャード・E・ニスベット『頭のでき —— 決めるのは遺伝か、環境か』水谷淳訳，ダイヤモンド社，2010 年]
Nisbett, R. E., Aronson, J., Blair, C., Dickens, W., Flynn, J., Halpern, D. F. & Turkheimer, E., "Intelligence. New findings and theoretical developments", *American Psychologist, 67*, 2012, 130–59.
Nisbett, R. E. & Wilson. T. D., "Telling more than we can know: Verbal reports on mental processes", *Psychological Review, 84*, 1977, 231-59.
Nozick, R., *Anarchy, State, and Utopia*, Basic Books, 1974. [ロバート・ノージック『アナーキー・国家・ユートピア —— 国家の正当性とその限界』嶋津格訳，木鐸社，1995 年]
Paicheler, G., *L'invention de la psychologie moderne*, L'Harmattan, 1992.
Pascal, B., *Pensées*, Gallimard, 1977. [ブレーズ・パスカル『パンセ』前田陽一・由木康訳，中公文庫（改版），2018 年]
Perry, E. & Francis, B., *The Social Class Gap for Educational Achievement: A Review of the Literature*, 2010.
Persson, I., "A defense of extreme egalitarianism", *in* N. Holtug & K. Lippert-Rasmussen (Eds.), *Egalitarianism: New Essays on Nature and Value of Equality*, Clarendon Press, 2007, p. 83-98.
Peugny, C., *Le destin au berceau. Inégalités et reproduction sociale*, Seuil, 2013
Pichot, A., *La société pure. De Darwin à Hitler*, Flammarion, 2000.

ック『人間知性論』全 4 冊，大槻春彦訳，岩波文庫，1972-77 年]
Lottman, H. R., *L'épuration : 1943-1953*, Fayard, 1986.
Maddox, J., Randi, J., & Stewart, W. W., "'High-dillution' experiments a delusion", *Nature, 334*, 1988, 287-289.
Mairet, G., *Le principe de souveraineté. Histoires et fondements du pouvoir moderne*, Gallimard, 1997.
Manent, P., *Histoire intellectuelle du libéralisme*, Calmann-Lévy, 1987. [ピエール・マナン『自由主義の政治思想』高橋誠・藤田勝次郎訳，新評論，1995 年]
Manin, B., *Principes du gouvernement représentatif*, Flammarion, 2019 [Première édition: 1995].
Markus, H. & Kitayama, S, "Culture and the self: Implications for cognition, emotion, and motivation", *Psychological Review, 98*, 1991, 224-253.
Marx, K. *Zur Kritik der politischen Ökonomie*, 1859. [カール・マルクス『経済学批判』武田隆夫他訳，岩波文庫，1956 年]
Marx, K. *Le capital. Critique de l'économie politique*, Éditions Sociales, 1977 [première édition: 1867, 1885, 1894]. [カール・マルクス『資本論』全 9 冊，向坂逸郎訳，岩波文庫，1969-70 年]
Matalon, B., *Décrire, expliquer, prévoir. Démarches expérimentales et terrain*, Armand Colin, 1988.
Maurin, L. & Savidan, P., *L'état des inégalités en France*, Belin, 2006.
Mauss, M., «Essai sur le don. Forme et raison de l'échange dans les sociétés archaïques», in *Sociologie et anthropologie*, PUF, 1983 [première édition: 1950], p. 142-279. [マルセル・モース『贈与論』吉田禎吾・江川純一訳，ちくま学芸文庫，2009 年]
McCord, W.M. & Demerath, N. J., "Negro versus white intelligence: a continuing controversy", *Harvard Educational Review, 28*, 1958, 120-135.
McGurk, F. C.J., "Negro versus white intelligence: An answer", *Harvard Educational Review, 29*, 1959, 54-62.
Mednick, S., Gabrielli, W. F. J., Hutchings, B., "Genetic influences in criminal convictions: Evidence from an adoption cohort.", *Science, 224*, 1984, 891-93.
Merton, R. K., *Social Theory and Social Structure*, The Free Press, 1957. [ロバート・K・マートン『社会理論と社会構造』森東吾他訳，みすず書房，1961 年]
Milgram, S, *Obedience to Authority. An Experimental View*, Pinter & Martin, Ltd., 1974. [スタンレー・ミルグラム『服従の心理』山形浩生訳，

ラー『ユダヤ人とは誰か――第十三支族・カザール王国の謎』宇野正美訳，三交社，1990 年］

Laplace, P.-S., de, *Essai philosophique sur les probabilités*, 1814. ［ピエール＝シモン・ラプラス『確率の哲学的試論』内井惣七訳，岩波文庫，1997 年］

Le Monde, «Gilets jaunes: une enquête pionnière sur la «révolte des revenus modestes», 11/12/2018.

Leach, E. R., *Political Systems of Highland Burma*, Bell, 1954. ［E・R・リーチ『高地ビルマの政治体系』関本照夫訳，弘文堂，1987 年］

Lemaine, G. & Matalon, B., *Hommes supérieurs, hommes inférieurs? La controverse sur l'hérédité de l'intelligence*, Armand Colin, 1985.

Lemoine, P., *Le mystère du placebo*, Odile Jacob, 1996.

Leonard, G. B., "A southerner appeals to the north: Don't make our mistake", *Look, 28*, 1964.

Lerner, M. J. & Simmons, C. H., "Observer's reaction to the 'innocent victim': Compassion or rejection?", *Journal of Personality and Social Psychology, 4,* 1966, 203–210.

Lerner, M. J., *The Belief in a Just World: A Fundamental Delusion*, Plenum, 1980.

Lévi-Strauss, C., *Les structures élémentaires de la parenté*, Mouton, 1967 [première édition: 1949]. ［クロード・レヴィ＝ストロース『親族の基本構造』福井和美訳，青弓社，2000 年］

Lévi-Strauss, C., *Le regard éloigné*, Plon, 1983. ［クロード・レヴィ＝ストロース『はるかなる視線』新装版，全 2 巻，三保元訳，みすず書房，2006 年］

Lewin, K., *Resolving Social Conflicts*, Harper & Brothers Publishers, 1946 [1st edition: 1935]. ［カート・レヴィン『社会的葛藤の解決――グループ・ダイナミックス論文集』末永俊郎訳，創元社，1954 年］

Lewontin, R. C., Rose, S. & Kamin, L. J., *Not in our Genes. Biology, Ideology and Human Nature*, Haymarket Books, 1984.

Libet, B., *Mind Time. The Temporal Factor in Consciousness*, Harvard University Press, 2004. ［ベンジャミン・リベット『マインド・タイム――脳と意識の時間』下條信輔・安納令奈訳，岩波現代文庫，2021 年］

Lifton, R. J. & Mitchell, G., *Who Owns Death? Capital Punishment, the American Conscience, and the End of Executions*, HarperCollins Publishers, 2002.

Locke, J. *An Essay Concerning Human Understanding*, edited by P. H. Nidditch, Clarendon Press, 1975 [first edition: 1689/1690]. ［ジョン・ロ

Hobbes, T., *Leviathan*, edited by Richard Tuck, Cambridge University Press, 1991 [first edition: 1668]. [トマス・ホッブズ『リヴァイアサン』全4冊，水田洋訳，岩波文庫，1954-85年]
Hood, B. M., *The Science of Superstition. How the Developing Brain Creates Supernatural Beliefs*, HarperOne, 2010.
Hume, D., *A Treatise of Human Nature*, Penguin Classics, 1969 [1st edition: 1739-40]. [デイヴィド・ヒューム『人性論』全4冊，大槻春彦訳，岩波文庫，1948-52年]
Huxley, A. *Brave New World, and Brave New World Revisited*, Harper Perennial, 1932/2004. [オルダス・ハクスリー『すばらしい新世界〔新訳版〕』大森望訳，ハヤカワepi文庫，2017年]
Isaacs, J. B., *International Comparisons of Economic Mobility*, Brookings Institution, 2016.
Ishiguro, K., *Never Let Me Go*, Faber and Faber, 2005. [カズオ・イシグロ『わたしを離さないで』土屋政雄訳，ハヤカワepi文庫，2008年]
Jacquard, A., *Eloge de la différence. La génétique et les hommes*, Seuil, 1978.
Jacquard, A., *Au péril de la science?* , Seuil, 1982.
James, W., *The Varieties of Religious Experience*, The Library of America, 1990 [1st edition: 1840]. [ウィリアム・ジェイムズ『宗教的経験の諸相』上・下，桝田啓三郎訳，岩波文庫，1969-70年]
Jensen, A. R., "How much can we boost IQ and scholastic achievement?", *Harvard Educational Review, 39*, 1969, 1-123.
Jones, C. & Aronson, E., "Attribution of fault to a rape victim as a function of respectability of the victim", *Journal of Personality and Social Psychology, 26*, 1973, 415-419.
Joseph, J., *The Gene Illusion*, Algora, 2004.
Jouvenel, B. de, *Les débuts de l'État moderne. Une histoire des idées politiques au XIXe siècle*, Fayard, 1976.
Kant, I., *Kritik der praktischen Vernunft*, 1788. [イマヌエル・カント『純粋理性批判』熊野純彦訳，作品社，2012年]
Kantorowicz, E., *The King's Two Bodies. A Study in Mediaeval Political Theology*, Princeton University Press, 1957. [E・H・カントーロヴィチ『王の二つの身体』上・下，小林公訳，ちくま学芸文庫，2003年]
Koestler A., *The Sleepwalkers*, Macmillan, 1959. [アーサー ケストラー『ヨハネス・ケプラー——近代宇宙観の夜明け』小尾信彌・木村博訳，ちくま学芸文庫，2008年]
Koestler, A., *The Thirteenth Tribe*, Hutchinson, 1976. [アーサー・ケスト

J・グールド『人間の測りまちがい――差別の科学史』上・下，鈴木善次・森脇靖子訳，河出文庫，2008年]
Graham, L., *Lysenko's Ghost. Epigenetics and Russia*, Harvard University Press, 2016.
Greene, J., Cushman, F. A., Stewart, L. E., Lowenberg, K., Nystrom, L. E., Cohen, J. D., "Pushing moral buttons: The interaction between personal force and intention in moral judgment", *Cognition, 111*, 2009, 364–71.
Greene, J., *Moral Tribes. Emotion, Reason, and The Gap between us and them,* Atlantic Books, 2013. [ジョシュア・グリーン『モラル・トライブズ――共存の道徳哲学へ』上・下，竹田円訳，岩波書店，2015年]
Grey Walter, W., *Presentation to the Osler Society*, Oxford University, 1963.
Grmek, M. D., *Histoire du sida*, Payot & Rivages, 1989/1995.
Grossman, D., *On Killing. The Psychological Cost of Learning to Kill in War and Society*, Back Bay Books/Little, Brown and Company, 1996. [デーヴ・グロスマン『戦争における「人殺し」の心理学』安原和見訳，ちくま学芸文庫，2004年]
Gurr, T. R., *Why Men Rebel*, Paradigm Publishers, 1970.
Harris, S., *Chalk Up Another One. The Best of Sidney Harris*, Rutgers University Press, 1992.
Haskins, R. & Kemple, J., "A new goal for America's high schools: College preparation for all", *The Future of Children*, 2009.
Hauser, M., Cushman, F., Young, L., Jin, R. K.-X., Mikhail, J., "A dissociation between moral judgments and justifications", *Mind & Language, 22*, 2007, 1–21.
Haworth, C. M. A., Wright, M. J., Luciano, M., Martin, N. G., de Geus, E. J. C., van Beijsterveldt, C. E. M., ... Plomin, R., "The heritability of general cognitive ability increases linearly from childhood to young adulthood", *Molecular Psychiatry, 15*, 2010, 1112–1120.
Hayek, F. A., *Law, Legislation and Liberty*, Routledge & Kegan Paul, 1979. [F・A・ハイエク『法と立法と自由 I－III』西山千明・矢島鈞次監修，春秋社，2007–08年]
Herrnstein, R. J. & Murray, C., *The Bell Curve. Intelligence and Class Structure in American Life,* The Free Press, 1994.
Hilberg, R, *The Destruction of the European Jews*, Holmes & Meier, 1985 [1st edition: 1961; tr. fr., *La destruction des Juifs d'Europe,* 3 vol., Gallimard, 2006]. [ラウル・ヒルバーグ『ヨーロッパ・ユダヤ人の絶滅』上・下，望田幸男・原田一美・井上茂子，柏書房，1997年]

1957.［レオン・フェスティンガー『認知的不協和の理論 ―― 社会心理学序説』末永俊郎訳，誠信書房，1965 年］
Finkielkraut, A., *Le Juif imaginaire,* Seuil, 1980.
Fischbein, S., "IQ and Social Class", *Intelligence, 4,* 1980, 51-63.
Flament, C. (1981a), «L'analyse de similitude: une technique pour les recherches sur les représentations sociales», *Cahiers de Psychologie Cognitive, 1,* 375-395.
Flament, C. (1981b), «Sur le pluralisme méthodologique dans l'étude des représentations sociales», *Cahiers de Psychologie Cognitive, 1,* 423-427.
Flynn, J. R., "IQ gains over time", *in* R. J. Sternberg (Ed.), *Encyclopedia of Human Intelligence,* Macmillan, 1994, 617-23.
Foot, P., "The problem of abortion and the doctrine of the double effect", *Oxford Review, 5,* 1967, 5-15.
Frankfurt, H. G., "Alternate possibilities and moral responsibility", *The Journal of Philosophy, 66,* 1969, 829-39.
Fuller, L., "The case of the speluncean explorers", *Harvard Law Review, 62,* 1949, 616-645.
Galton, F., *Hereditary Genius,* Macmillan, 1869.
Galton, F., "The history of twins, as a criterion of the relative powers of nature and nurture.", *Fraser's Magazine 12* , 1875, 566-76.
Gazzaniga, M. S., *Le cerveau dédoublé,* Dessart et Mordaga, 1970,
Gazzaniga, M. S., *The Mind's Past,* University of California Press, 2000.
GESIS, *International Social Survey Programme, ISSP 2009 - Social Inequality IV, Variable Reports,* 2017.
Gillette, A., *Eugenics and the Nature-Nurture Debate in the Twentieth Century,* Palgrave Macmillan, 2007.
Girard, R., *Mensonge romantique et vérité romanesque,* Grasset, 1961.［ルネ・ジラール『欲望の現象学 ―― ロマンティークの虚像とロマネスクの真実』吉田幸男訳，法政大学出版局，1971 年］
Godbout, J. T., *Le don, la dette et l'identité. Homo donator vs homo œconomicus,* La Découverte/M.A.U.S.S. 2000.
Godbout, J. T., *Ce qui circule entre nous. Donner, recevoir, rendre,* Seuil, 2007.
Goldhagen, D. J., *Hitler's Willing Executioners. Ordinary Germans and the Holocaust,* Knopf, 1996.［ダニエル・J・ゴールドハーゲン『普通のドイツ人とホロコースト ―― ヒトラーの自発的死刑執行人たち』望田幸男監訳，ミネルヴァ書房，2007 年］
Gould, S. J., *The Mismeasure of Man,* W.W. Norton, 1981.［スティーヴン・

Dupuy, J.-P., *Pour un catastrophisme éclairé. Quand l'impossible est certain*, Seuil, 2002a.［ジャン＝ピエール・デュピュイ『ありえないことが現実になるとき――賢明な破局論にむけて』桑田光平・本田貴久訳，ちくま学芸文庫，2020 年］

Dupuy, J.-P., *Avions-nous oublié le mal?* , Bayard, 2002b.

Dupuy, J.-P., *Petite métaphysique des tsunamis*, Seuil, 2005.［ジャン＝ピエール・デュピュイ『ツナミの小形而上学』嶋崎正樹訳，岩波書店，2011 年］

Durkheim, E., *Les règles de la méthode sociologique*, Félix Alcan, 1895.［エミール・デュルケーム『社会学的方法の規準』菊谷和宏訳，講談社学術文庫，2018 年］

Durkheim, E., *Sociologie et philosophie*, Félix Alcan, 1924.［エミール・デュルケーム『社会学と哲学』佐々木交賢訳，恒星社厚生閣，1985 年］

Duru-Bellat, M., *L'inflation scolaire*, Seuil, 2006.

Dworkin, R., *Justice for Hedgehogs*, Harvard University Press, 2011.

Dworkin, R., *Sovereign Virtue. The Theory and Practice of Equality*, Harvard University Press, 2002.［ロナルド・ドゥウォーキン『平等とは何か』小林公他訳，木鐸社，2002 年］

Edmonds, D., *Would You Kill the Fat Man? The Trolley Problem and What Your Answer Tells Us about Right and Wrong*. Princeton University Press, 2014.

Einstein, A., «La mécanique de Newton et son influence sur la formation de la physique théorique», in *Œuvres choisies, vol. 5, Sciences, Éthiques, Philosophie*, Seuil/CNRS, 1991, p. 235–241.

El-Azem, S. J., «Sionisme. B. Une entreprise de colonisation», *Encyclopædia Universalis*, 1989, Vol. 21, p. 63–65.

Farmelo, G., *The Strangest Man. The Hidden Life of Paul Dirac, Quantum Genius*, Faber and Faber, 2010.［グレアム・ファーメロ『量子の海、ディラックの深淵――天才物理学者の華々しき業績と寡黙なる生涯』吉田三知世訳，早川書房，2010 年］

Fauconnet, P., *La responsabilité. Étude de sociologie*, Alcan, 1928 [première édition: 1920].

Ferret, S., *Le bateau de Thésée. Le problème de l'identité à travers le temps*, Minuit, 1996.

Ferro, M., *Les tabous de l'Histoire*, Nil editions, 2002.

Festinger, L., "A theory of social comparison processes", *Human Relations 7*, 1954, 117–40.

Festinger, L., *Theory of Cognitive Dissonance*, Stanford University Press,

Cournot, A.-A., *Matérialisme, vitalisme, rationalisme. Étude sur l'emploi des données de la science en philosophie*, première édition: 1875.
Crosby, F. J. *Relative Deprivation and Working Women*, Oxford University Press, 1982.
Crosland, C.A.R., *The Future of Socialism*, Jonathan Cape, 1956.
Dagognet, F., *La maîtrise du vivant*, Hachette, 1988.
Dantzer, R., *L'illusion psychosomatique*, Odile Jacob, 1989.
Danziger, K., *Naming the Mind. How Psychology Found its Language*, Sage Publications, 1997.
Darwin, C., *On the Origin of Species by Means of Natural Selection*, Dover Publications Inc, 2006 [first edition: 1859] [チャールズ・ダーウィン『種の起源』上・下，渡辺政隆訳，光文社古典新訳文庫，2009 年].
Dawkins, R., *The Selfish Gene*, Oxford University Press, 2006 [1st edition: 1976].
Deluz, A., «Un dualisme africain», *Échanges et communications – Mélanges offerts à Claude Lévi-Strauss*, Mouton, 1970, T. 2, p. 782–800.
Dennett, D. C., *Consciousness Explained*, Penguin Books, 1993. [ダニエル・C・デネット『解明される意識』山口泰司訳，青土社，1997 年]
Douglas, M., *How Institutions Think*, Syracuse University Press, 1986.
Dovidio, J. F.& Gaertner, S. L., *Prejudice, Discrimination, and Racism*, Academic Press, 1986.
DREES, *Baromètre d'opinion 2017*, mars 2018.
Dubois, N., *La psychologie du contrôle. Les croyances internes et externes*, Presse Universitaires de Grenoble, 1987.
Dumont, L., *Homo æqualis. Genèse et épanouissement de l'idéologie économique*, Gallimard, 1977.
Dumont, L., *Essais sur l'individualisme*, Seuil, 1983. [ルイ・デュモン『個人主義論考――近代イデオロギーについての人類学的展望』渡辺公三・浅野房一訳，言叢社，1993 年]
Dupuy, J.-P., *La panique*, Les empêcheurs de penser en rond, 1991.
Dupuy, J.-P., *Introduction aux sciences sociales. Logique des phénomènes collectifs*, Edition Marketing, 1992a.
Dupuy, J.-P., *Le sacrifice et l'envie. Le libéralisme aux prises avec la justice sociale*, Calmann-Lévy, 1992b. [ジャン=ピエール・デュピュイ『犠牲と羨望――自由主義社会における正義の問題』米山親能・泉谷安規訳，法政大学出版局，2003 年]
Dupuy, J.-P., «Rationalité», *in* M. Canto-Sperber (Ed.), *Dictionnaire d'éthique et de philosophie morale*, PUF, 2001, p. 1332–1338.

Baud, J-P., *L'affaire de la main volée. Une histoire juridique du corps*, Seuil, 1993.
Beauvois, J.-L., *La psychologie quotidienne*, PUF, 1984.
Bem, D. J., "Self-perception theory", *in* L. Berkowitz, *Advances in Experimental Social Psychology, 6*, 1-62, Academic Press, 1972.
Berlin, I., "Two concepts of liberty", in *Liberty*, Oxford University Press, 2008, p.166-217.［アイザィア・バーリン『自由論』新装版，小川晃一他訳，みすず書房，2018年］
Besançon, Y., «La mobilité sociale est tombée en panne», *Alternatives économiques, 366*, 2017, 78-81.
Bisseret, N. *Les inégaux ou la sélection universitaire*, PUF, 1974.
Boileau, C., *Dans le dédale du don d'organes. Le cheminement de l'ethnologue*, 2002.
Bouchard, T. J., & McGue, "Familial studies of intelligence: A review.", *Science, 212*, 1981, 1055-1059.
Bourdieu, P., «Le champ scientifique», *Actes de la Recherche en sciences sociales, 2*, 1976, 88-104.
Bronfenbrenner, U., "Nature with nurture: A reinterpretation of the evidence", *in* A. Montagu (Ed.), *Race and IQ*, Oxford University Press, 1975/1999, p. 153-183.
Browning, C. R., *Ordinary men. Reserve police battalion 101 and the Final Solution in Poland.*, HarperCollins Publishers Inc., 1992.［クリストファー・R・ブラウニング『増補　普通の人びと――ホロコーストと第101警察予備大隊』谷喬夫訳，ちくま学芸文庫，2019年］
Canter, S., "Personality traits in twins", *in* G. Claridge, S. Canter & W. I. Hume, *Personality Differences and Biological Variations: A Study of Twins*, Pergamon Press, 1973, p. 21-51.
Chemin, A., «L'insémination, un arrangement social centenaire», *Le Monde*, 20/09/2019.
Cloninger, C. R., Sigvardsson, S., Bohman, M., von Knorring, A.-L,"Predisposition to petty criminality in Swedish adoptees: II. Cross-fostering analysis of gene-environment interaction.", *Archives of General Psychiatry, 39*, 1982, 1242–47.
Corak, M., "Do poor children become poor adults? Lessons from a cross country comparison of generational earnings mobility", *IZA Discussion Paper, No. 1993*, March 2006.
Courbage, Y., «Qui sont les peuples d'Israël?», in *Israël. De Moïse aux accords d'Oslo*, Seuil, 1998, p. 487-495.

引用文献

Algan, Y., Beasley, E., Cohen, D., Foucault, M. & Péron, M. «Qui sont les Gilets jaunes et leurs soutiens?», *Observatoire du Bien-être du CEPREMAP et CEVIPOF*, n° 2019-03, 14 Février 2019.

Anderson, E. S., "What is the point of equality?", *Ethics, 109*, 1999, 287-337.

Anspach, M. R., *À charge de revanche*, Seuil, 2002.［マルク・R・アンスパック『悪循環と好循環――互酬性の形／相手も同じことをするという条件で』杉山光信訳，新評論，2012 年］

Anspach, M. R., «Don d'organes et réciprocité non marchande», *Revue du MAUSS*, 2013, N° 41, p. 183-190.

Arendt, H., *The Origins of Totalitarianism*, V. 3, Harcourt, Brace & World, Inc., 1951.［ハンナ・アーレント『全体主義の起原【新版】』全 3 巻，大久保和郎・大島通義・大島かおり訳，みすず書房，2017 年］

Arendt, H., *Between Past and Future*, The Viking Press, 1961.［ハンナ・アーレント『過去と未来の間』引田隆也・齋藤純一訳，みすず書房，1994 年］

Arendt, H., *Eichmann in Jerusalem. A Report on the Banality of Evil*, Penguin Books, 1994 [first edition: 1963].［ハンナ・アーレント『エルサレムのアイヒマン――悪の陳腐さについての報告【新版】』大久保和郎訳，みすず書房，2017 年］

Aristote, *Métaphysique*, Vrin, 1991.［アリストテレス『形而上学』上・下，出隆訳，岩波文庫，1959 年，1961 年］

Aron, R., *Les étapes de la pensée sociologique*, Gallimard, 1967.［レイモン・アロン『社会学的思考の流れ』全 2 巻，北川隆吉他訳，法政大学出版局，1974 年，1984 年］

Association Française pour l'Histoire de la Justice (AFHJ) (Ed.), *La cour d'assises. Bilan d'un héritage démocratique*, Documentations françaises, 2001.

Avis du Conseil National des Villes, «Les émeutes urbaines de novembre 2005», novembre 2006.

Balibar, F., *Einstein 1905. De l'éther aux quanta*, PUF, 1992.

Barnavi, E., *Une histoire moderne d'Israël*, Flammarion, 1982/1988.

Bateson, G., *Steps to an Ecology of Mind: Collected Essays in Anthropology, Psychiatry, Evolution, and Epistemology*, University of Chicago Press, 1972.

ちくま新書
1612

格差《かくさ》という虚構《きょこう》

二〇二一年一一月一〇日　第一刷発行

著者　小坂井敏晶（こざかい・としあき）

発行者　喜入冬子

発行所　株式会社筑摩書房
東京都台東区蔵前二-五-三　郵便番号一一一-八七五五
電話番号〇三-五六八七-二六〇一（代表）

装幀者　間村俊一

印刷・製本　株式会社精興社

ISBN978-4-480-07428-7 C0236

ちくま新書

029
カント入門
石川文康
哲学史上不朽の遺産『純粋理性批判』を中心に、その哲学の核心を平明に読み解くとともに、哲学者の内面のドラマに迫り、現代に甦る生き生きとしたカント像を描く。

1416
ハンナ・アーレント
——屹立する思考の全貌
森分大輔
激動の現代史において全体主義や悪と対峙し続けたユダヤ人思想家・アーレント。その思索の全貌を、哲学・政治・思想の各視点から七つの主著を精読し明らかにする。

265
レヴィ＝ストロース入門
小田　亮《まこと》
若きレヴィ＝ストロースに哲学の道を放棄させ、ブラジル奥地へと駆り立てたものは何か。現代思想に影響を与えた豊かな思考の核心を読み解く構造人類学の冒険。

1060
哲学入門
戸田山和久
言葉の意味とは何か。私たちは自由意志をもつのか。人生に意味はあるか……こうした哲学の中心問題を科学が明らかにした世界像の中で考え抜く、常識破りの入門書。

1076
感情とは何か
——プラトンからアーレントまで
清水真木
「感情」の本質とは何か？　感情をめぐる哲学的言説の系譜を整理し、それぞれの細部を精神史の文脈に置きなおす。哲学史の新たな読みを果敢に試みる感情の存在論。

1393
教養としての政治学入門
成蹊大学法学部編
いま政治学では何が問題になっているのか。政治史・政治理論・国際政治・福祉・行政学・地方自治などの専門研究者が12のテーマで解説する、知の最先端への道案内。

1014
学力幻想
小玉重夫
日本の教育はなぜ失敗をくり返すのか。その背景には、子ども中心主義とポピュリズムの罠がある。学力をめぐる誤った思い込みを抉り出し、教育再生への道筋を示す。